Die Gesellschaft
auf der Couch

W0089328

Es gehört zum Erbe Freuds, daß die Psychoanalyse nicht allein unter dem Gesichtspunkt einer therapeutischen Technik zu klinischen Zwecken betrachtet werden kann. Folglich deckt sich auch der mögliche Bereich einer psychoanalytischen Empirie keineswegs mit dem klassischen Setting. Damit ist unterstellt, daß diese Methode, zunächst ein Verfahren der Deutung von unbewußten Anteilen des Erlebens, Verhaltens und Handelns eines Menschen, ein Modell und Forschungsparadigma bildet, das auf sozialwissenschaftliche Untersuchungsfelder und Problemstellungen übertragen werden kann. Es gibt im deutschsprachigen Raum eine Reihe von Forschungsunternehmen und Forschungsinstitutionen, die mit dem Paradigma der psychoanalytischen Methode gezielten Fragestellungen mit sozialwissenschaftlicher Relevanz nachgehen. Die hier versammelten Beiträge eines Vortragszyklus im Psychoanalytischen Seminar Zürich zielen darauf, diese Projekte vorzustellen und die unumgänglichen Probleme theoretischer und methodologischer Natur zur Diskussion zu stellen.

Die Gesellschaft auf der Couch

Psychoanalyse als sozialwissenschaftliche Methode

Herausgegeben vom
Psychoanalytischen Seminar Zürich

athenäum

CIP-Titelaufnahme der Deutschen Bibliothek

Die Gesellschaft auf der Couch: Psychoanalyse als
sozialwissenschaftliche Methode / hrsg. vom Psychoanalyt. Seminar
Zürich. – Orig.-Ausg. – Frankfurt am Main: Athenäum, 1989
    (Athenäums Taschenbücher; Bd. 122)
    ISBN 3-610-04722-4
NE: Psychoanalytisches Seminar <Zürich>; GT

athenäums taschenbücher
Band 122
September 1989
Originalausgabe

© Athenäum Verlag GmbH, Frankfurt am Main 1989
Alle Rechte vorbehalten
Umschlaggestaltung: Karl Gerstner, Basel
Motiv: Freud's Couch im Freud-Museum, London
Satz: MPM, 8094 Reitmehring bei Wasserburg am Inn
Druck und Bindung: Poeschel & Schulz-Schomburgk, Eschwege
Printed in Germany
ISBN 3-610-04722-4

Inhalt

Vorwort

>»Kusch«, sagt der Mensch, der einen Hund
hat, zu seinem Hund. »Couch«, sagt der
Analytiker zu seinem Patienten. »Kusch«
und »Couch« fallen etymologisch zusammen. Beide Wörter stammen aus dem fran-
zösischen »Bett«. »Couch«, das Wort, kam
im frühen 20. Jahrhundert ins Deutsche.
Es ist in dieser Sprache nicht älter als die
Psychoanalyse. Es war ein neuer, sehr mo-
discher Begriff, als die Psychoanalyse neu
war.*

In der neueren deutschsprachigen Literatur zu einer kritischen Psychoanalyse beginnen sich die Titel zu häufen, in
denen die Couch, nach wie vor Inbegriff und wichtigstes
Mobiliar des psychoanalytischen Setting, aufgeführt ist. Erinnert sei an »Psychoanalyse auf der Couch« (1984) oder
»Jenseits der Couch« (1984). Nun soll gar der Gesellschafts-
körper auf der Couch in die Horizontale gelegt werden, auf
daß seine mal unverständliche, ja dunkle, zuweilen freilich
auch übermäßig deutliche Sprache mit ihren Codes und Sub-
codes, ihren verborgenen und offenen Strukturen dem analytischen Wahrnehmungs- und Erkenntnisvermögen zu Oh-
ren komme.

Die Theoriesprache der Psychoanalyse ist genauso wie die
Umgangssprache der sprechenden Menschen von Metaphern durchsetzt, die aus der Struktur der Sprache nun einmal nicht wegzudenken sind. Sprache und Sprechen *sind* im
wesentlichen Leistungen der Metaphorisierung, deren eigene Etymologie — das griechische *metaphérein* — nicht von
ungefähr »Übertragung« meint. Die Verdichtung im Traum,
neben der Verschiebung doch Werkmeister von dessen

---

* Vgl. P. von Matt, Das Szenische der Deutung, in: RISS, Zeitschrift für Psychoanalyse, Nr. 8/9, 1988, S. 154 ff.

Arbeit, ist im gleichen Maße metaphorisch beschaffen wie die Übertragungsneurose im psychoanalytischen Prozeß. Und weil im Kern des neurotischen Symptoms eine metaphorische Verkleidung von verdrängten und abgewehrten Triebwünschen vorliegt, kommt der Metapher, zusammen mit der metonymischen Beschaffenheit der Verschiebung, nicht nur im Erkenntnisgegenstand der Psychoanalyse, sondern erst recht in ihrer Methode jener paradigmatische Stellenwert zu, den Freud *zu Beginn* der »Traumdeutung« festhielt.

Hat es die Psychoanalyse also immer schon, wozu sie die innere Logik ihres Erkenntnisgegenstandes gleichsam nötigt, mit Metaphern zu tun, so dürfen füglich auch ihre Buchtitel solche in Anspruch nehmen. »Die Gesellschaft auf der Couch« meint denn schlicht dies: Das Grundproblem einer sozialwissenschaftlich gewendeten Psychoanalyse besteht darin, ihre vorzügliche Erkenntnis- und Untersuchungsmethode in die möglichen Felder sozialwissenschaftlicher Forschung zu *übertragen*. Was die Couch für die herkömmliche Empirie jenes Junktims von Heilen und Forschen, das die Psychoanalyse zunächst ist, verkörpert, das übernimmt eine angemessene Setting-Konstruktion einer sozialwissenschaftlich in Vorschlag gebrachten Psychoanalyse. Davon, daß die Probleme dieser Übertragung bei weitem nicht gelöst sind, möchten die Beiträge in diesem Band zeugen.

Die Probleme der Übertragung der psychoanalytischen Methode gehören zum Erbe Freuds, die Psychoanalyse nicht allein unter dem Gesichtspunkt einer therapeutischen Technik zu betrachten. Folglich deckt sich auch der mögliche Bereich einer psychoanalytischen Empirie — also das gesamte Feld der denkbaren Anwendungen der psychoanalytischen Methode — keineswegs mit dem klassischen Setting. Damit ist unterstellt, daß diese Methode, zunächst ja ein Verfahren der Deutung von unbewußten Anteilen des Erlebens, Verhaltens und Handelns eines Menschen zu therapeutischen Zwecken, ein Forschungsparadigma bildet, das auf sozialwissenschaftliche Untersuchungsfelder und Problemstellungen übertragen werden kann.

Die Beiträge des vorliegenden Bandes sind im wesentlichen überarbeitete Fassungen von Vorträgen, die im Wintersemester 1987/88 am Psychoanalytischen Seminar Zürich im Rahmen eines Zyklus zum Thema »Psychoanalyse als sozialwissenschaftliche Methode. Probleme der Theorie und Empirie« gehalten wurden. Es gibt im deutschsprachigen Raum eine Reihe von Forschungsunternehmen und Forschungsinstitutionen, die mit dem Paradigma der psychoanalytischen Methode ausgewählten Fragestellungen mit sozialwissenschaftlicher Relevanz nachgehen. Der Vortragszyklus zielte darauf, diese Projekte zum einen am Seminar vorzustellen, zum anderen die unumgänglichen Probleme theoretischer und methodologischer Natur zu diskutieren. Dabei ist Thomas Leithäusers Beitrag ein für diesen Band neu geschriebener Aufsatz; sein Bericht über die psychoanalytisch-sozialwissenschaftliche Auswertung von Max Frischs »Homo faber« wird noch dieses Jahr an anderer Stelle erscheinen. Gleichfalls wurde der Beitrag von Robert Heim eigens für diesen Band verfaßt.

Das vorliegende Buch möchte sich in einen bestimmten Kontext stellen: Einerseits trägt es mit den Beiträgen zum materialen Gehalt einer psychoanalytischen Sozialforschung seinen Teil zur Einlösung der Programmatik einer »Sozialforschung als Kritik. Zum sozialwissenschaftlichen Potential der Kritischen Theorie« (vgl. Bonß/Honneth, Frankfurt 1982) bei, andererseits ergänzt es die Aufsätze in »Zur Idee einer psychoanalytischen Sozialforschung« (Festschrift für Alfred Lorenzer, Frankfurt 1987). Schließlich greift es einen Faden auf, der mit »Psychoanalyse als Sozialwissenschaft« (Frankfurt 1971) im Deutschland der Nachkriegszeit erstmals, nachdem Alexander Mitscherlich hierfür das Terrain geebnet hat, geknüpft worden ist.

Für die Leitung des Psychoanalytischen Seminars Zürich (1987–1989)

Robert Heim

Thomas Leithäuser
Psychoanalytische Sozialforschung oder »wilde« Psychoanalyse?

I. Psychoanalyse als Psychologie und der Medicozentrismus

Folgende Fragen mag sich der als Therapeut arbeitende Psychoanalytiker stellen, wenn er sich mit Ergebnissen und Methoden psychoanalytischer Sozialforschung, sei es durch Lektüre, sei es durch einen Vortrag bekannt macht. Kann Psychoanalyse mehr und noch etwas anderes sein als die klinische Praxis, die Arbeit mit dem Patienten? Lassen sich psychoanalytische Begriffe und methodische Schritte der Psychoanalyse überhaupt aus der klinischen Arbeit herauslösen und welche Bedeutung gewinnen sie dann? Was wird bei der Anwendung der Psychoanalyse in der Sozialforschung aus so schwerwiegenden Unterscheidungen wie der von psychisch normal und psychisch krank, von Normalität und Pathologie? Werden nicht zwangsläufig wichtige begriffliche Differenzierungen aufgelöst? Der langjährig zum klinischen Experten ausgebildete Psychoanalytiker wird sich eines tiefen Unbehagens nicht erwehren können, wenn er sich mit den Entfremdungen klinischen Wissens und klinischer Erfahrung und den Verfremdungen der psychoanalytischen Methode in der Sozialforschung konfrontiert sieht.

Nicht, daß er nicht wüßte, daß Freud und viele andere Psychoanalytiker sich auch mit der Analyse von Kulturphänomenen beschäftigten. Aber dies geschah doch mehr im Sinne der Entwicklung der Metapsychologie und aufgrund der anwachsenden klinischen Erfahrung. Ein eigenes von der therapeutischen Praxis unabhängiges empirisches Forschungsfeld hatte Freud allerdings für die Psychoanalyse nicht entwickelt. Doch vorstellen konnte er sich ein solches schon und er hat eine Perspektive in dieser Hinsicht deutlich formuliert:

»Der Gebrauch der Analyse zur Therapie der Neurosen ist nur eine ihrer Anwendungen: vielleicht wird die Zukunft zeigen, daß sie nicht die wichtigste ist. Jedenfalls wäre es unbillig, der einen Anwendung alle anderen zu opfern, bloß weil die Anwendungsgebiete sich mit dem Kreis ärztlicher Interessen berührt.«[1]

Die Therapie der Neurosen ist nicht nur das wichtigste Anwendungsfeld der Psychoanalyse geblieben, sondern wurde auch zu einer institutionalisierten Praxis weiterentwickelt, die eines großen Ansehens sicher sein kann. Andere Anwendungsgebiete der Psychoanalyse dagegen, die Freud zum Beispiel in den Kultur-Gesellschafts-, Religions- und Sprachwissenschaften sah, blieben seither vergleichsweise unentwickelt. Die Freudsche Grundkonzeption von der Psychoanalyse harrt weiterhin ihrer Einlösung:

»Die Psychoanalyse ist ein Stück Psychologie, auch nicht medizinische Psychologie im alten Sinne oder Psychologie der krankhaften Vorgänge, sondern Psychologie schlechtweg, gewiß nicht das Ganze der Psychologie, sondern ihr Unterbau, vielleicht überhaupt ihr Fundament. Man lasse sich durch die Anwendung zu medizinischen Zwecken nicht irreführen, auch die Elektrizität und die Röntgenstrahlen haben Verwendung in der Medizin gefunden, aber die Wissenschaft von beiden ist doch die Physik.«[2]

Psychoanalyse ist also Psychologie schlechthin und entzieht sich vielleicht ein Stück weit dem Spartendenken in den Wissenschaften, der »Partmentalisierung des Geistes«. Dies wird deutlich, wenn man die Psychoanalyse mit jener Wissenschaft und Nomenklatur vergleicht, die sich unter dem Namen Psychologie an den Universitäten etabliert hat. Es ist nicht schwierig zu zeigen, daß Psychoanalyse eine Entwicklungspsychologie, eine Sozialpsychologie, eine Persönlichkeitspsychologie, eine allgemeine Psychologie, eine Methodenlehre und im Ansatz auch ein Physiologische Psychologie enthält, von einer klinischen Psychologie natürlich gar nicht zu reden. Während aber die Universitätspsychologie all die hier genannten Sparten weitgehend in einem arbeitsteiligen Nebeneinander begreift und lehrt, stehen sie in der Psychoanalyse in einer kritischen Verbindung, haben in ihrer Metapsychologie einen zusammenhängenden Unterbau, auf den sie kritisch reflexiv bezogen werden können; der sich zugleich mit dem Anwachsen psychoanalytischer Erfahrung umbildet und entwickelt. Die Sozialpsychologin Maria Jahode hat die kritische Herausforderung, die die Psychoanalyse somit für die Universitätspsychologie nach wie vor darstellt, nicht zuletzt auch wissenschaftstheoretisch herausgearbeitet.[3]

Die Psychoanalyse könnte also ein vielfältiges, wissenschaftliche Arbeitsteilung überschreitendes Forschungsfeld konstituieren, was sie, das ist einzugestehen, bislang nicht ausreichend versucht hat. Sie ist hauptsächlich auf das klinische Feld beschränkt, ihre Anwendung weitgehend den ärztlichen Interessen überlassen — ein Zustand der nicht von den wenigsten Psychoanalytikern gutgeheißen wird. Besitzstandswahrung und Revierdenken, das sich in den Wissenschaften zur Struktur verfestigt hat, die Erkenntnisgewinnung eher behindert als befördert, hat vor der Psychoanalyse nicht halt gemacht. Sie ist weniger zu einer Methode der Erkenntnis des menschlichen Lebens, individueller und kollektiver Verhältnisse, die sie nach Freud doch sein sollte, geworden, als zu einen spezifischen Heilverfahren, das allerdings, das muß herausgestellt werden, an Verständnis, Einsicht und Erkenntnis von Patient und Arzt unabdingbar gebunden ist. Psychoanalyse läßt sich nicht in eine rein medizinische Behandlungsform auflösen. Erkenntnis bleibt für eine mögliche Heilung in einer psychoanalytischen Kur für alle an ihr beteiligten konstitutiv. Gleichwohl kann es mit dem »Medicozentrismus« wie ihn Paul Parin und Goldy Parin-Matthey, an der auf ein Heilverfahren reduzierten Psychoanalyse kritisch herausarbeiten, nicht sein Bewenden haben, wenn die Psychoanalyse als eine allgemeine Erkenntnislehre nicht um entscheidende Früchte gebracht werden soll.

Unter »Medicozentrismus« verstehen Parin und Parin-Matthey die Ausrichtung des psychoanalytischen Denkens auf

Begriffe von Krankheit, Gesundheit, Heilung und Normalität:

»Einerseits gehört der praktische und theoretische Ansatz (der Psychoanalyse), der der Medizin verhaftet ist, zur Tradition und zum gesicherten Wissen über das wir als Analytiker heute verfügen. Andererseits wirkt Medicozentrismus wie ein Gewebe von Vorurteilen das dem Erkenntnisinteresse da und dort im Wege steht.«[4]

Parin und Parin-Matthey halten daher »die Umwandlung des Wunsches zu helfen in den Wunsch zu verstehen« für einen zentralen Schritt der psychoanalytischen Ausbildung.[5]

Für einen, der wie ich, sich nicht mit psychoanalytischer Therapie sondern mit psychoanalytischer Sozialforschung beschäftigt, ist die Parinsche Auffassung der Psychoanalyse ein hochwillkommenes Angebot. Geht es doch in der psychoanalytischen Sozialforschung von vornherein nicht um Helfen und Heilen, sondern um Verstehen, Begreifen und Erkennen. Die sich daraus herleitende Praxis ist eine der sozialen Veränderungen. An die Stelle des Medicozentrismus tritt eine gesellschaftliche Zentriertheit der Psychoanalyse, von der man nun allerdings hoffen muß, daß sie — da sie kritisch gewonnen, auch kritisch bleiben möge — sich nicht wiederum in einem Gewebe von Vorurteilen verfestigt. An Ethnozentrismus und Eurozentrismus gesellschaftlichen Denkens wäre hier zu erinnern. Schutz vor solchem Schicksal bieten keine Kriterien, sonstige Festlegungen, keine psychoanalytische Verbände, Organisationen und Institutionen. Allein der Weg der kritischen Reflexion und Selbstreflexion ist offen, eine schwieriges Unterfangen, das nicht selten bei Psychoanalytikern durch ein ausgeprägtes Clan-Bewußtsein nachdrücklich gestört wird. Von solcher, den Außenstehenden irritierenden psychoanalytischer Gestörtheit soll nunmehr die Rede sein.

II. Erfahrungen mit psychoanalytischer Sozialforschung

Der medicozentrische Blick mag bei vielen Analytikern zur Alltagsroutine ihrer Arbeit geworden sein und sich nicht selten mit den unbewußten Abwehrmechanismen in den Übertragungs- und Gegenübertragungsvorgängen in einer analytischen Therapie verbinden. Da der Medicozentrismus ein strukturelles Vorurteil ist, das wo möglich von Arzt und Patient gleichermaßen unausgesprochen geteilt wird, dürfte er im therapeutischen Prozeß besonders schwer bearbeitbar sein. Gleichermaßen kann der Medicozentrismus auch als »Anpassungsmechanismus« wirken, der dem Analytiker die Berufsrolle erleichtert; dazu verhilft, die Aufgaben des Analytikers von vornherein mit den therapeutischen Aufgaben des Helfens und Heilens zu identifizieren und die Erfahrungs- und Erkenntnisbildung zu vernachlässigen. So gesehen wäre der Medicozentrismus ein Mittel zur Identifikation mit der Berufsrolle, der Auffassung, die Psychoanalyse zum therapeutischen Beruf macht und damit den Unterschied zur Laienanalyse befestigt. Auf solche Weise medicozentrisch mediatisiert, werden Diskussionen über psychoanalytische Themen allzu rasch zu berufspolitischen Debatten in Vereinigungen, Verbänden und Clans und belasten das freie Argument, die freie Assoziation und die gleichschwebende Aufmerksamkeit; dies besonders bei jenen Themen, die, medicozentrisch gesehen, besser aus der Psychoanalyse draußen bleiben sollten, nämlich Fragestellungen und Verfahrensweisen einer psychoanalytischen Sozialforschung.

Ich möchte die Wirkungen einer solchen Restriktion der Psychoanalyse an eigenen Erfahrungen mit einem Vortrag vor Psychoanalytikern und psychoanalytischen Ausbildungskandidaten über eine Untersuchung erläutern, die ich als psychoanalytische Sozialforschung verstehe und gemeinsam mit einem Psychoanalytiker und Studierenden des Studiengangs Psychologie der Universität Bremen durchgeführt habe. In dieser Untersuchung haben wir einen literarischen Patienten aus Max Frischs Roman »Homo Faber« konstruiert und diesen in einen Kassenantrag für die Krankenkasse

15

eingetragen. Dabei hatten wir die Fragen nach Diagnose, Behandlungsplan und Prognose unausgefüllt gelassen und Psychoanalytikerinnen und Psychoanalytiker gebeten, Diagnose und Prognose für den Patienten homo faber zu stellen und für ihn einen Behandlungsplan zu entwerfen. Mit dieser Unternehmung hatten wir gewissermaßen zentral den Medicozentrismus in der Psychoanalyse evoziert, ohne daß uns dies zum Zeitpunkt der Untersuchung bewußt gewesen wäre. Es wurde so ein konfliktreicher und produktiver Prozeß zwischen uns und den Psychoanalytikern ausgelöst, von dem ich aber hier nicht weiter berichten möchte. Er ist an anderer Stelle analysiert und aufgeschrieben.[6] Hier möchte ich vielmehr von dem Reflex und der Reflexion berichten, die mein Vortrag über diese Untersuchung beim Publikum erzeugte. Ich stütze mich dabei auf mein am Tag nach dem Vortrag aufgeschriebenes Gedächtnisprotokoll.

Es waren etwa siebzig Zuhörerinnen und Zuhörer zu meinem Vortrag gekommen. Von vielen wußte ich, daß sie sich einer gesellschaftskritischen Orientierung in der Psychoanalyse verpflichtet fühlten und der Anwendung der Psychoanalyse in der sozialwissenschaftlichen Forschung gegenüber sehr aufgeschlossen und interessiert waren. Den Vortrag hatte ich als eine Art Werkstattbericht gehalten und die Bitte angeschlossen, in der nachfolgenden Diskussion auch Anregungen und Interpretationsvorschläge für die weitere Auswertung unseres Forschungsvorhabens zu machen. Nach einstündigem Vortrag begann, ohne daß eine Pause eingelegt wurde, sogleich eine überaus heftige Diskussion, die weitere eineinhalb Stunden dauerte. Nach den ersten zögernden und höflichen Fragen und ihrer Beantwortung stellte sich plötzlich ein gereiztes aggressives Diskussionsklima ein. Unzufriedenheit und Enttäuschung an dem vorgetragenen Projekt wurden geäußert und nicht selten mit abwertenden Kommentaren versehen. Weder sei der psychoanalytische Anteil noch der sozialwissenschaftliche deutlich geworden, vielmehr hätte das ganze den Eindruck eines unstrukturierten Gemisches ergeben. Es wurde deutlich, daß man bei der Psychoanalyse weder irgendwelche Zusätze noch Abstriche machen wollte, wie sie in unserem Projekt vorkamen. Die klinische Methode sollte unberührt bleiben; das Unbewußte war auf der Couch zu bearbeiten. Andererseits sollten klare Forschungsfragen und Hypothesen formuliert und durchgehalten werden, wie sich das für eine anständige sozialwissenschaftliche Untersuchung gehöre.

Auch das hatte ich verabsäumt; ich hatte vielmehr zu zeigen versucht, wie im Verlauf unseres Forschungsprozesses durch die analytische Aufarbeitung der unbewußten Übertragungen der Forschungsgruppe auf den Untersuchungsgegenstand, die verschiedenen Identifikationen mit dem homo faber, zur Veränderung der anfänglichen Fragestellungen und Hypothesen geführt hatten. Es ging um den Bedeutungswandel, den homo faber mit uns in unserem Projekt durchmachte. Das zu zeigen, war mir offenbar mit meinem Vortrag nicht gelungen.

Ich war überrascht; ich hatte mich im Freundesland gesellschaftskritischer Psychoanalytiker gewähnt und fand mich von Feindseligkeiten und Unverständnis umgeben wieder. Ich geriet bald ins Schwitzen, was mir selten geschieht, zog mein Jackett aus und krempelte die Hemdsärmel hoch. Statt bei meiner ursprünglichen Absicht zu bleiben und weitere Interpretationen zum homo faber anzuregen, begann ich das Projekt vehement zu verteidigen und fühlte mich nun selbst von meinen Kritikern enttäuscht. Auch hier noch läßt sich unschwer eine Verteidigung unseres sozialwissenschaftlich-psychoanalytischen Projektes herauslesen.

Die Diskussion entwickelte sich zunehmend zu einem Nichtanerkennungs-Anerkennungsspiel. Ich hatte zu Beginn des Vortrags erklärt, daß ich mich als Sozialpsychologe verstehe, selbst kein Psychoanalytiker sei und das Projekt gemeinsam mit einem Psychoanalytiker durchführte. Damit hatte ich nun allerdings durch unsere fachlichen Zuordnungen gerade jene Trennung von Psychoanalyse und Sozialwissenschaft selbst eingeführt, auf der in der Diskussion energisch insistiert wurde. Man hatte im übrigen auch keinen Werkstattbericht erwartet mit schwierig zu überschauenden Details, Schlußfolgerungen und Interpretationen, denen man auch noch nachhelfen sollte, sondern einen klar gegliederten Vortrag eines Psychologieprofessors über Psychoanalyse in der Sozialforschung am Beispiel des Projektes »homo faber als Patient?«. Mein Werkstattbericht mußte diese Erwartungen enttäuschen; er wurde als Aggression erlebt (und ich denke heute, daß dies nicht ganz zu Unrecht geschah; es war mir meine Aggression gegen die Psychoanalyse während meines Vortrags nicht klar) und aggressiv in der Diskussion beantwortet. Ich machte es den Psychoanalytikern leicht, sich im unübersichtlichen Gelände auf die medicozentrisch eingefärbte Berufsrolle mit ihrem arbeitsteiligen Selbstverständnis zurückzuziehen.

Sie kritisierten nicht als gesellschaftskritische Psychoanalytiker. Sie kritisierten methodologisch die Wissenschaftlichkeit unseres Projektes überhaupt. So wurde nach dem Ziel, dem Zweck und dem Sinn der Untersuchung gefragt und die Antworten auf diese Fragen alsbald als wenig überzeugend verworfen. Der Professor wurde vielmehr betreffend seiner Kompetenz in Methodologie geprüft. Was sollte man mit einem ziellosen, zwecklosen und sinnlosen Projekt anfangen, das nicht zur Erkenntnis sondern in die heillose Verwirrung eines Labyrinthes führte. Ich sah mich von Positivisten umringt, versuchte ihnen die Psychoanalyse als eine verstehende Wissenschaft und die kritische Hermeneutik ihrer Methode zu erklären, die sich gerade gegen die kategorialen Versteinerungen positivistischen Zuordnungsdenkens wendet. Solche Einwendungen wurden kurzerhand ignoriert. Ich war auf einen verlorenen Posten geraten.

Die Diskussion hatte sich in eine Szene verwandelt, die sich durch eine besondere Doppelpoligkeit auszeichnete. Der eine Pol war ich, der klinisch unausgebildete Sozialpsychologe, der den Psychoanalytikern ihr eigenes Handwerk als kritische Hermeneutik an einem sozialwissenschaftlich-psychoanalytischen Projekt erklärte. Damit war ein Fremder ins Revier eingedrungen. Der sozialpsychologische Professor, ein Wilderer, machte sich an etwas zu schaffen, das ihm verboten sein sollte. Am besten sollte er sich das doch selbst verbieten. Das Label für sein Tun war rasch gefunden: »Wilde Psychoanalyse!«

Der andere Pol waren die Psychoanalytiker, die sich die Sozialwissenschaft, in der sie nicht ausgebildet waren, ganz selbstverständlich erschlichen, die sie nicht ausreichend zur

Kenntnis genommen hatten und ihren kritischen Geist mit veralteten positivistischen Hüten zu beweisen suchten — auch eine art von Wilderei, wenn man wissenschaftliches Expertentum allzu ernst nimmt. So war eine produktive Kooperation zwischen Psychoanalyse und Sozialwissenschaft erst einmal verstellt. Man hatte sie in einem teutonischen Diskurs zerstört. Statt sich um die kritische Hermeneutik des Verstehens zu bemühen, hatten beide Seiten auf das instrumentelle Rüstzeug des homo faber zurückgegriffen. So hatte die Dynamik der Diskussion genau die Problematik aktualisiert, die wir mit unserem Projekt »homo faber als Patient« zu untersuchen unternommen hatten.

Die technischen Mittel des homo faber, die auf die Beherrschbarkeit von Natur, Gesellschaft und Menschen zielen, sind nun nicht in jedem Falle geeignet, Probleme zu analysieren, zu lösen und Konflikte zu bearbeiten, wie das auch die eben charakterisierte Diskussion belegt. Mit instrumentellen Verfahren, zumal in der Psychologie, wird eher etwas weggeschafft und beseitigt als verstanden und erkannt. Das dokumentiert jede nach positivistischen Kriterien angelegte Forschungsarbeit. Eine der Grundfragen unseres Projektes zielte auf die psychischen Folgen, die ein bloß technischer Umgang mit Problemen und Konflikten bewirkt. Dazu rekonstruierten wir aus verschiedenen philosophischen, soziologischen, psychologischen, psychoanalytischen und literaturwissenschaftlichen Studien das Syndrom des homo faber. Den konkretesten Aufschluß gab uns dazu, wie schon erwähnt, Max Frischs Roman »Homo Faber«. Dieser homo faber, der Ingenieur Walter Faber, klagt über ein Magenleiden, das er für eine mögliche Krebserkrankung hält. Max Frisch nennt ihn in einem Interview einen moribundus. Mit diesem moribundus hatten sich alle Projektteilnehmer auf eine zunächst unbekannte Weise identifiziert und hatten daher nur zu gute Gründe, ihn nicht sterben lassen zu wollen. Er wurde für uns zum Patienten, und an seiner statt kehrten wir — vielleicht um ihn zu retten — seine nach innen gerichtete Aggressivität nach außen. Es liegt nahe, daß dies auch durch meinen Vortrag geschah und die beschriebenen Reaktionen beim Publikum in der Diskussion erzeugte.

Ich hatte in meinem Vortrag die Aggressivität des homo faber, von der wir alle etwas haben, öffentlich preisgegeben, sie dem Publikum in meinem »Werkstattbericht« zum sezieren vorgehalten, und es damit — gewiß unbeabsichtigt — zu einem aggressiven Akt provoziert. Die Psychoanalytikerinnen und Psychoanalytiker hatten in einer Gegenübertragung reagiert; sie waren in die Position der »Chirurgen« geraten, denen Walter Faber sich gegen Ende des Romans ausgeliefert hatte und deren Operation er sehr fürchtete. Auch wir hatten die Operationen der Analytiker zu fürchten, denen wir unser Projekt, mit dem wir uns bis heute stark identifizieren, auslieferten. Wir hatten die Operationen der Psychoanalytiker dann zu fürchten, wenn wir es mit ihnen lediglich als medicozentrische Ärzte, als bloße Chirurgen, als Sezierer, Aufschneider, als homines fabri, als Seeleningenieure und -techniker zu tun bekommen würden. Wir provozierten und fürchteten zugleich eine Gegenübertragung als Folge unserer Übertragungen auf den homo faber und die Psychoanalytiker. Hier zeigt sich unser Mißtrauen, das wir der Psychoanalyse gegenüber hegen. Ist dies Mißtrauen unberechtigt? Ist nicht das medicozentrischen Verständnis der Psychoanalyse das des homo faber?

III. »Wilde« Psychoanalyse und das wissenschaftliche Definieren

Der Anwurf, das Projekt, das wir für ein Beispiel einer psychoanalytischen Sozialforschung halten, wenn nicht gar diese selbst sei »wilde« Psychoanalyse, gilt es jetzt zu klären. Was heißt »wilde« Psychoanalyse? Freud hat 1910 dieser Frage einen kleinen Aufsatz gewidmet, nicht zuletzt um die Professionalität der psychoanalytischen Arbeit herauszustellen und vor mißbräuchlicher Verwendung psychoanalytischen Denkens und seiner Begriffe zu warnen. Solchen Mißbrauch der Psychoanalyse stellt Freud an einem Ratschlag vor, den ein Arzt einer Frau gab, die ihn wegen großer Angstzustände konsultierte. Der Arzt leitete die Angstzustände aus der sexuellen Bedürftigkeit dieser Frau ab, die sich von ihrem Manne hatte scheiden lassen. Er schlug ihr drei Alternativen vor: zu ihrem Mann zurückkehren oder einen Liebhaber zu nehmen oder sich selbst zu befriedigen. Daß solche Vorschläge, von denen die Frau nicht von ungefähr keinen akzeptieren konnte, ihre Angstzustände eher verstärkten als milderten, bedarf keiner besonderen Erörterung. Die Sexualbefriedigung an sich ist kein allgemein verläßliches Heilmittel gegen Beschwerden der in Rede stehenden Art.

»Ein guter Teil dieser Menschen«, schreibt Freud in dem genannten Aufsatz, »ist ja der Befriedigung unter den gegebenen Umständen oder überhaupt nicht fähig. Wären sie dazu fähig, hätten sie nicht ihre inneren Widerstände, so würde die Stärke des Triebes ihnen den Weg zur Befriedigung weisen, auch wenn der Arzt nicht dazu raten würde. Was soll also ein solcher Rat, wie ihn der Arzt angeblich jener Dame erteilt hat?«[7]

Diese Frage ist keineswegs veraltet. Das monokausale, sich wissenschaftlich gebende Denken dieses schlichten Arztes ist nach wie vor weit verbreitet, nicht nur bei Ärzten, sondern auch in mannigfachen wissenschaftlichen Studien und Untersuchungen anderer Fächer. Es ist zugleich ein weit verbreitetes Muster unseres Alltagsbewußtseins und ein jeder könnte, tagtäglich, wenn er es wollte, den mehrfachen falschen Gebrauch dieses monokausalen Denkmusters bei sich selbst beobachten. Mann kann sogar den Eindruck gewinnen, daß sich dieses Denkmuster besonders hartnäckig bei der Osmose psychoanalytischer Kategorien in das Alltagsbewußtsein hält. Solcherlei Ratschläge, wie die des Arztes, scheinen zu einem Gesellschaftsspiel an gehobenen Stammtischen geworden zu sein. Die »wilde« Psychoanalyse könnte so eine weitere Verbreitung gefunden haben als die durch Wissenschaft und therapeutische Erfahrung fundierte. Was ist nun das völlig unpsychoanalytische an den Vorschlägen des Arztes? Das ist nicht nur ein grob gestricktes monokausales Denken; es ist auch ein vorurteilshafter Umgang mit psychoanalytischem Wissen überhaupt, der Erkenntnis und Erfahrung blockiert. Statt zu verstehen und aufzuklären, wirkt Psychoanalyse dann entlarvend und anprangernd. An so etwas wie »sexuelle Bedürftigkeit« heftet sich Hähme und Verachtung des Alltagsbewußtseins: er oder sie kommen mit ihrer Sexualität immer noch nicht zurecht, verstehen nicht das Einmaleins der Befriedigung. Psychoanalytische Begriffe wie oral, anal, genital, wie Narzißmus, Phallus, Ödipuskomplex werden in einem solchen Zusammenhange in einen restringierten Bedeutungshorizont eingesperrt. Mit ihnen wird nunmehr verordnet, was erlaubt ist und was nicht, was zu tun ist und was nicht. Sie werden zunehmend zu Normen und Instrumenten der Politik des Über-Ichs, die Herbert Marcuse als »repressive Entsublimierung« beschrieben hat, eine Verkehrung der Psychoanalyse in ihr Gegenteil also, deren Intention in der Stärkung des Ichs liegt, an dessen Autonomiezugewinn sie arbeitet und nicht an einer Versklavung unter ein im psychischen Apparat verselbständigtes und externalisiertes Über-Ich. Die häufig von kritischer Seite gestellte Frage, ob Psychoanalyse eine Anpassungswissenschaft sei, hat in solchen Verzerrungen des Alltagsbewußtseins ihre Referenz.

Ein weiterer Aspekt »wilder« Psychoanalyse läßt sich im Übergriff des positivistischen Denkmodus auf sie, in einer Art Merkmalsdenken erkennen. Neurotische Störungen werden in diesem Denkmuster allzu rasch zu Persönlichkeitsmerkmalen oder -eigenschaften verdinglicht, wobei die ihnen innewohnende Beziehungsdynamik verkannt wird. Ein äußerliches Zuordnen und Kennzeichnen tritt so an die Stelle von Verständnis. Ein Patient wird dann bei der Diagnose seines Symptoms zum Fallbeispiel einer schon vorgängig wissenschaftlich erforschten Symptomatik, zu der fälschlich Teile der psychoanalytischen Metapsychologie herhalten müssen. Es gibt gegenwärtig Versuche, solches psychoanalytische Fallwissen zu programmieren und für den behandelnden Arzt oder Psychologen durch einen Computer abrufbar zu machen. Abgesehen davon, daß durch solche Technik der positivistische Denkmodus sich nochmals verdinglicht, entfalten derartige Programme in der Regel für den Nutzer eine zusätzlich sozialisierende Kraft. Das Falldenken wird befestigt und verstellt zunehmend den Weg auf die individuelle Genese eines Symptoms und seine potentielle Dynamik, die sich in der therapeutischen Beziehung entfalten sollte, um so der Bearbeitung zugänglich werden zu können. »Wilde« Psychoanalyse wird durch Falldenken und seine computergestützte Ausbreitung eher noch systematisiert. Das »Wilde« an der Psychoanalyse ist dann paradoxerweise gerade ein positivistisches Ordnungsdenken und der mit diesem verbundene Einsatz von technologischen Mitteln.

Freud ging es in seinem Aufsatz über »wilde« Psychoanalyse darum, möglichen Schaden vom Patienten, den er durch eine vom Arzt falsch verstandene Psychoanalyse nehmen könnte, fernzuhalten. Ich zitiere Freuds drastisches Resümee:

»Wäre das Wissen des Unbewußten für den Kranken so wichtig, wie der in der Psychoanalyse Unerfahrene glaubt, so müßte es zur Heilung hinreichen, wenn der Kranke Vorlesungen anhört oder Bücher liest. Diese Maßnahmen haben aber ebenso viel Einfluß auf die nervösen Leidenssymptome wie die Verteilung von Menuekarten zur Zeit einer Hungersnot auf den Hunger. Der Vergleich ist sogar über seine erste Verwendung hinaus brauchbar, denn die Mitteilung des Unbewußten an den Kranken hat regelmäßig die Folge, daß der Konflikt in ihm verschärft wird und die Beschwerden steigert.«[8]

Aber auch die Belehrung bzw. Selbstbelehrung des Therapeuten im Sinne einer bloßen Benennung des unbewußten Konflikts als Ursache eines neurotischen Symptoms eines Patienten kann schädliche Wirkungen im Sinne »wilder« Psychoanalyse haben. Gegen eine solche sind auch ausgebildete Psychoanalytiker nicht gefeit; es können sich vielmehr ganz subtile Formen »wilder« Psychoanalyse in dem therapeutischen Prozeß entwickeln.

Dies kann zum Beispiel der Fall sein, wenn ein Therapeut eine Diagnose stellt. Sitzt er einem positivistischen Falldenken auf, gerät er dabei in Schwierigkeiten, auf die wir in unserem Forschungsprojekt aufmerksam wurden, von dem schon wiederholt die Rede war. Einige Psychoanalytiker berichteten von einem Gefühl der Bestätigung und Befriedigung, wenn sie nach etwa achtzig Analysestunden ihren Patienten erneut begutachteten und dann im Vergleich zur Diagnose in ihrem ersten Kassenantrag diese voll und ganz bestätigt fanden. Diese Erfahrung mag für gelungene Erstgespräche mit dem betreffenden Patienten sprechen und die analytische Kompetenz des Psychoanalytikers in einem solchen Erstgespräch bestätigen. Kritisch ließe sich allerdings fragen, was denn in diesen achtzig Analysestunden stattgefunden hat, wenn die Diagnose der psychischen Erkrankung des Patienten nach wie vor die gleiche geblieben ist. Gegen diese Frage ließe sich vielleicht einwenden, daß sich bei einem Patienten nach erst achtzig Stunden Analyse noch nicht viel geändert haben könne. Gleichwohl läßt sich der Eindruck nicht ganz abweisen, daß eine Diagnose, das in ihr begrifflich gefaßte Wissen, den Charakter einer Festschreibung und Festlegung gewinnen kann. Die Diagnose hätte dann eine definierende Gewalt, die sich auf den therapeutischen Prozeß strukturierend auswirken könnte. Als Definition machte sie den Therapeuten ein Stück weit blind gegenüber Entwicklungen des Patienten, die dem diagnostischen Vorausurteil nicht länger entsprächen. Der so zum Fall gemachte Patient hätte zusätzlich Mühe sich zu individuieren, die Psychoanalyse als seine Entwicklung, Selbsterfahrung und Selbsterkenntnis verstehen zu lernen. So ist die Vermutung nicht abwegig, daß sich Momente »wilder« Psychoanalyse, so der definitorische Gebrauch von Diagnosen, in die therapeutische Arbeit eines langjährig hochqualifiziert ausgebildeten Psychoanalytikers einschleichen.

Man kann sich nun fragen, ob eine echte Diagnose nicht erst nach einer abgeschlossenen psychoanalytischen Therapie gestellt werden kann, gewissermaßen im Nachhinein für eine vorauslaufende Zeitspanne der Analyse, um auf den Begriff zu bringen, um was es in der Analyse ging. So würde man den notwendig vorläufigen Charakter, den Diagnosen zu Beginn und im Verlauf einer Psychoanalyse haben, gewahr werden.

Ein solches differenziertes Umgehen mit Diagnosen, Begriffen und Definitionen hat seine gegenwärtigen durch den positivistischen Wissenschaftsbetrieb zurückgedrängte Tradition im Denken der großen Philosophie, die sich der Möglichkeit gewaltförmiger Verzerrungen der Erkenntnisfindung durch Definitionen wohl bewußt war. So geht Kant in der »Kritik der reinen Vernunft« auf die Problematik des De-

finierens von empirischen Begriffen — und mit solche haben
wir es in der Psychoanalyse zu tun — sehr nachdrücklich ein:

»[Denn] ich kann niemals sicher sein, daß die deutliche Vorstellung eines (noch verworrenen) gegebenen Begriffs ausführlich
entwickelt worden, als wenn ich weiß, daß dieselbe dem Gegenstand adäquat sei. Da der Begriff desselben aber, so wie er gegeben ist, viel dunkle Vorstellungen enthalten kann, die wir in der
Zergliederung übergehen, ob wir sie zwar in der Anwendung je-
derzeit brauchen: so ist die Ausführlichkeit der Zergliederung
meines Begriffs immer zweifelhaft, und kann nur durch vielfältig zutreffende Beispiele vermutlich niemals aber apodiktisch
gemacht werden. Anstatt des Ausdrucks: Definition, würde ich
lieber den der Exposition brauchen, der immer noch behutsam
bleibt, und bei dem der Kritiker sie auf einen gewissen Grad gelten lassen und doch wegen der Ausführlichkeit noch Bedenken
tragen kann.«[9]

Kant wendet sich also gegen das Apodiktische am Definieren, das der Erkenntnis des zu untersuchenden Gegenstands
Abtrag tut, die dunklen und verworrenen Vorstellungen von
ihm abschneidet, anstatt sie zu exponieren, zu explizieren
und in Klarheit zu überführen. In welcher Wissenschaft aber
hätten wir es mehr mit dunklen und verworrenen Vorstellungen von dem, was Sache ist, zu tun als in der Psychoanalyse.
Für ihre Empirie hilft das Definieren nicht viel weiter und
für ihre therapeutische Praxis ist es schädlich. Es zeichnet
den Stil der wissenschaftlichen Arbeit Freuds aus, daß ihm
das Apodiktische in seinen Begriffsbestimmungen nicht un-
tergekommen ist. Freuds begriffliche Arbeit ist die des Ex-
ponierens, entsprechend behutsam und zur weiteren Ausführlichkeit ihrer kritischen Ausarbeitung Veranlassung
gebend. Psychoanalyse erhält sich dann ihre Potenz der Erkenntnisfindung, wenn sie kritisch ihre Beziehung zum philosophischen Denken klärt und sich nicht in den Reigen jener Wissenschaften einreiht, deren

»Berufung auf wissenschaftliche Strenge heute längst nicht
mehr darin ihre Substanz hat, daß sie dem Dogmatismus entge-

gensteht, sondern daß sie im Gegenteil dazu dient, in einem eminenten Maß anstelle der lebendigen Beziehung zu einer Sache irgendwelche Denkkontrollen möglichst starrer Art auszuüben.«[10]

wie dies Adorno in seiner »Vorlesung zur Einleitung in die Erkenntnistheorie« an der positivistischen Wissenschaft kritisiert.

IV. Zum Gegenstand und Methode psychoanalytischer Sozialforschung

Die wissenschaftliche Sozialisation an den Universitäten ist nicht selten eine Einübung solcher Denkkontrollen, die weniger zu einer Genauigkeit des Denkens anhalten, als daß sie die Erkenntnisfähigkeit einschränken. Für den Untersuchungsgegenstand der Psychoanalyse ist eine in kontrollierende Definitionen eingekerkerte Haltung verheerend. Das Unbewußte entzieht sich der strikten und apodiktische Definition, die häufig nicht nur den Wunsch nach Klarheit — weniger noch den nach Klärung —, sondern den nach Revieraufteilung von Wissen und Wissenschaft ausdrückt. Das Unbewußte, um dessen Erhellung es der Psychoanalyse geht, ist geradezu die Folge solchen definitorischen Tuns. Qua Definitionem wird es als ein Nicht-Wißbares ausgeschlossen — ein Erkenntnisgegenstand non grata. Das Unbewußte läßt sich also nicht definieren, es läßt sich aber sehr wohl exponieren, ganz in dem Sinne, in dem Kant eine Exposition empirischer Begriffe fordert. Die psychoanalytische Therapie wäre danach als eine Exposition des Unbewußten auf der Couch aufzufassen. Es wird hier als eine maßgebliche Dimension der individuellen psychischen Struktur erkannt; die individualpsychologische Perspektive dominiert diese Exposition des Unbewußten.

Die Vorstellungen von seiner sozialen und gesellschaftlichen Vermitteltheit bleiben aber eher dunkel und verworren, bedürfen zu ihrer Exposition, der sie aufklärenden »Zergliederung« anderer empirischer Mittel. Solche Mittel können in der empirischen Sozialforschung von Psychologie und Soziologie gefunden werden, in Methoden des Interviews, der Gruppendiskussion, Textanalysen aber auch Verfahren der Handlungforschung. Diese lassen sich wiederum mit Methoden psychoanalytischer Supervision, Beratung und psychoanalytischen Interpretationsverfahren verbinden.[11] Es gibt hier gewiß ein weites Feld der Methodenentwicklung als Mittel, Unbewußtes zu exponieren. Empirische Forschung führt so gesehen erst zur begrifflichen Exposition ihres Gegenstandes und hat ihn nicht schon qua Definition von vornherein in der Tasche. Mit anderen Worden: der Begriff läßt sich nicht von seinem wie auch immer verworrenen Gegenstandsbezug ablösen. Das Verhältnis von Begriff und Gegenstand, der mit ihm begriffen werden soll, läßt sich aber methodisch, »zergliedernd« exponieren und damit klären.

Psychoanalytischer Sozialforschung geht es um das Verworrene, Soziale und Gesellschaftliche des Unbewußten. Sie entdeckt es weniger in seiner Isolation auf der Couch als mit den eben benannten methodischen Schritten im Alltagsleben und der Arbeitswelt.[12] Versuchen wir, von hier ausgehend zu einer Exposition des gesellschaftlichen Unbewußten als eines empirischen Begriffs zu gelangen. Alltag und Arbeit regulieren und organisieren sich nach Regeln und Normen von Sprechen und Handeln. Sie vermitteln Arbeit und Interaktion zu einer alltäglichen Praxis, die sich in meist nicht weiter befragten Routinen einschleift und befestigt. Man kann solche Alltagsroutinen von Sprechen und Handeln auch mit dem Begriff »Sprachspiel« beschreiben, den Ludwig Wittgenstein in seiner Sprachphilosophie entwickelt hat.[13] Der Sprachspielbegriff bietet sich an, weil es die psychoanalytische Sozialforschung in der Hauptsache mit gesprochenen und geschriebenen Texten der alltäglichen Rede zu tun hat. Während aber Wittgenstein Sprachspiele gewissermaßen idealtypisch, unabhängig von den realen gesellschaftlichen Zwängen analysiert, muß es einer psychoanalytischen Sozialforschung darauf ankommen, den Sprachspielbegriff zur Analyse spezifischer Verzerrungen alltäglicher Kommunikation und Interaktion zu verwenden. Man kann dann mit Alfred Lorenzer auch vom »gestörten Sprach-spiel«[14] als dem Gegenstand psychoanalytischer Sozialfor-schung sprechen.

Im »gestörten Sprachspiel« haben Sprechen und Handeln noch einen anderen Zweck als den der Herstellung der Ver-ständigung und Kooperation (Arbeit) und Kommunikation (Interaktion). Sie können zum Beispiel unangemessene Handlungsformen rationalisieren und Bedürfnisse und In-tentionen verschleiern und verdrängen. Alltägliche Sprach-spiele sind somit gespalten. Wie in der Neurose die Verstän-digung des einzelnen mit sich selbst unterbrochen ist, so kann — einmal abgesehen von der Neurose — die Verständi-gung von Individuen untereinander gestört sein. Sprachre-geln dienen dann dazu, konflikthafte Bereiche im Alltagsle-ben aus dem Bewußtsein (Alltagsbewußtsein) auszusperren. Die neurotischen Störungen können in einer sozialwissen-schaftlichen Perspektive als Besonderungen und Individuali-sierung einer allgemeinen Sprachzerstörung aufgefaßt wer-den. In der alltäglichen Kommunikation und Interaktion sind die Individuen jedoch Teilnehmer an Sprachspielen, de-ren Regeln sich, im Gegensatz zu den fixierten neurotischen Störungen, in Abhängigkeit von sozialen Situationen än-dern; das heißt, aus dem Bewußtsein ausgesperrte unbewuß-te, konflikthafte Bereiche des Alltagslebens können durch Änderungen sozialer Situationen, für die ihre Unbewußtma-chung vorteilhaft erschien, dem Bewußtsein ohne große the-rapeutische Anstrengungen wieder zugänglich werden. In dieser Hinsicht wird auch psychoanalytische Sozialfor-schung zu einer Forschung mit praktischer Absicht.[15] Hier geht es nicht allein um die Mehrung theoretischen Wissens, sondern mit der Erkenntnis des gesellschaftlichen Unbewuß-ten um die praktische Veränderung der Verhältnisse, durch die es erzeugt wird. So gesehen ist psychoanalytische Sozial-forschung zumindest der Absicht nach vergleichbar mit der psychoanalytischen Therapie ein ›kritisch-hermeneutischer und praktischer‹ Prozeß.

Dieser Charakter des Prozeßhaften, der praktische Prozeß der Untersuchungen psychoanalytischer Sozialforschung, ist zu exponieren, um den Weg ins begrifflich Verworrene des gesellschaftlichen Unbewußten zu kennzeichnen, das gesellschaftliche Unbewußte wissenschaftlich erfahrbar zu machen. Apodiktisches Definieren, das hier als ein Moment »wilder« Psychoanalyse im wohlgeordneten Sonntagsstaat kritisiert wurde, macht durch seine Mechanismen der Selektion und des Ausschließens gegenüber der prozeßhaften Erfahrung des gesellschaftlichen Unbewußten blind. Solches Definieren ist dann ein Abwehrmechanismus der Wissenschaften gegenüber unerwünschten Erkenntnissen.

Auf eine solche in den Wissenschaften gängige mit der Praxis des Definierens unbewußt gemachte Abwehr stießen wir nun immer wider in unserer Untersuchung »homo faber als Patient?«. Wir haben sie in dem von uns so bezeichneten homo faber-Syndrom kenntlich gemacht, das ich noch zum Abschluß charakterisieren möchte, um ein Beispiel von einem Bereich von gesellschaftlichen Unbewußtem zu geben, von dem wir alle ein Stück weit einvernommen und an dessen Herstellung wir alle auf die eine oder andere Weise beteiligt sind.

Für den homo faber, so nennen wir abgekürzt dies maßgeblich unser Denken, Sprechen und Handeln beeinflussende unbewußte Syndrom, muß die Welt mit technischen Mitteln beherrschbar sein. Natur, gesellschaftliche Verhältnisse, Menschen sind dem homo faber wie ein Stück Stoff, das er beliebig nach eigenem Gutdünken auseinanderschneiden und wieder zusammenflicken kann, eine Art gestaltloser Materie, die durch Technik ihre Struktur und überdauernde Form erhält. Alles Vorfindliche und Gegebene wird ihm zum Material. Sein Vertrauen setzt er in Werkzeuge und Maschinen (16). Er will eine beständige Welt bauen, die ihn in der von ihm gemachten Gestalt überdauert, ihn damit in seinem allgemeinen Wesen, obwohl als Einzelmensch sterblich, verewigt. Nur in seiner Befugnis soll es stehen, sein Bauwerk auch zerstören zu können. Der homo faber hat eine grandiose Phantasmagorie von einer technisch funktionierenden Welt. Diese allerdings findet spätestens ihre Grenze an der natürlichen Unvollkommenheit jener, die sich mit homo faber identifizieren und sich dieses Syndrom voll und ganz zu eigen gemacht haben. An der menschlichen Unvollkommenheit entzündet sich eine Ambivalenz des homo faber. Er kann sich nicht vollständig selber machen. Es bleibt ein naturhafter Rest menschlichen Gewordenseins, das er mit all seiner Technik nicht einzuholen vermag, ein Makel also, der gegenüber der Grandiosität der anwachsenden Technikwelt immer deutlicher hervortritt. Er kann seine Naturhaftigkeit nicht selbst produzieren, in bloße Technik verwandeln; seine Natur hat ihren eigenen Rhythmus, ihre eigene Zeit; sie bleibt vergänglich.

Die Differenz zwischen Mensch und der von ihm geschaffenen Technik wird immer größer. Günter Anders spricht von dieser Differenz als einem »prometheischen Gefälle«, aus dem die »prometheische Scham« des homo faber erwächst[17], ein Schamgefühl, das dem homo faber, demjenigen, der mit dem homo faber-Syndrom identifiziert ist, wie alle nachdrücklich spürbaren Gefühle unbehaglich ist, weil es ihn an etwas der Gerätewelt nicht Konformes gemahnt.

Dieses Schamgefühl tritt daher eher im gegenteiligen Gewande der Unverschämtheit und des Zynismus, in dem Bedürfnis, das allzu Menschliche abzuwerten oder wegzudefinieren, auf.

Solche Abwertung des Menschlichen gegenüber der Maschine formuliert der Homo faber von Max Frisch:

»Vor allem aber: die Maschine erlebt nichts, sie hat keine Angst und keine Hoffnung, die nur stören, keine Wünsche in Bezug auf das Ergebnis, sie arbeitet nach der reinen Logik der Wahrscheinlichkeit, darum behaupte ich: der Roboter erkennt genauer als der Mensch, er weiß mehr von der Zukunft als wir, denn er errechnet sie, spekuliert nicht und träumt nicht, sondern wird von seinen eigenen Ergebnissen gesteuert und kann sich nicht irren; der Roboter braucht keine Ahnungen — Sabeth fand mich komisch.«[18] (Sabeth, die die Tochter und zugleich die Geliebte von Walter Faber ist, läßt sich durch seine Größenphantasie von der Technik nicht sonderlich beeindrucken.)

Homo faber denkt als Technikphilosoph, dessen Herz allein der reinen Logik der Wahrscheinlichkeit, der exakten Erkenntnis, der Berechenbarkeit der Zukunft und der Irrtumslosigkeit schlägt. So denken viele Wissenschaftler und unter ihnen sind nicht wenige Psychologen und »wilde« Psychoanalytiker. Erlebnisse, Ängste, Hoffnungen, Wünsche, Spekulationen, Träume, Irrtümer und Ahnungen, so auch Liebe, Sexualität und Aggression sollen möglichst als Fehlerhaftes und Irrationales isoliert, kontrolliert und am besten gleich durch Technik ersetzt werden, die den Vorzug der Rationalität für sich habe. Technik wird so zum Mittel der Ausschaltung und Abschaffung menschlicher Mangelhaftigkeit, in die Ängste, Wünsche, Träume, Gefühle etc. umgedeutet werden. Hier haben wir das typische Sprachspiel des homo faber, das Restriktionen und Entdifferenzierung in die Welt einführt, in dem es Rationalität und Irrationalität wertend polarisiert. Der Bereich der Emotionen und Affekte wird im Arbeits- und Lebensentwurf des homo faber abgespalten und eingesperrt. Verarmung, Verwahrlosung und Verwilderung, ja Verrohung der Gefühle sind die Folge ihrer Verdammung ins Irrationale. Das ist das Gegenstück zur Affektbildung und Kultur der Gefühle, die die Psychoanalyse methodisch anstrebt. Das homo faber-Syndrom, der homo faber ist ein Phänomen der »Pathologie des Normalen« und somit ein Untersuchungsobjekt der psychoanalytischen Sozialforschung.

Anmerkungen

1. Sigmund Freud, Die Frage der Laienanalyse, Unterredungen mit einem Unparteilichen, Studienausgabe, Ergänzungsband, Schriften zur Behandlungstechnik, S. 339
2. Sigmund Freud, a. a. O., S. 343
3. Marie Jahoda, Freud und das Dilemma der Psychologie, Frankfurt 1985
4. Paul Parin, Goldy Parin-Matthey, Medicozentrismus in der Psychoanalyse, in: S. O. Hoffmann (Hrsg.), Deutung und Beziehung, Kritische Beiträge zur Behandlungskonzeption in der Psychoanalyse, Frankfurt 1983, S. 87

5. Paul Parin, Goldy Parin-Matthey, a. a. O., S. 93

6. Thomas Leithäuser, Klaus Schütt, Homo faber als Patient?, in: Thomas Leithäuser u. a., Lust und Unbehagen an der Technik, Frankfurt 1989

7. Sigmund Freud, Über »wilde« Psychoanalyse, Studienausgabe, Ergänzungsband, Schriften zur Behandlungstechnik, S. 137

8. Sigmund Freud, Über »wilde« Psychoanalyse, a. a. O., S. 139

9. Immanuel Kant, Kritik der reinen Vernunft, Hamburg 1956, S. 669/670

10. Theodor W. Adorno, Vorlesung zur Einleitung in die Erkenntnistheorie, Wintersemester 1957/58, Junius-Drucke, Frankfurt, S. 55

11. Thomas Leithäuser, Birgit Volmerg, Psychoanalyse in der Sozialforschung, Opladen 1988, S. 104 ff.

12. Birgit Volmerg, Eva Senghaas-Knobloch, Thomas Leithäuser, Betriebliche Lebenswelt, Eine Sozialpsychologie industrieller Arbeitsverhältnisse, Opladen 1986

13. Ludwig Wittgenstein, Philosophische Untersuchungen, Frankfurt 1960

14. Alfred Lorenzer, Sprachzerstörung und Rekonstruktion, Frankfurt 1973

15. Birgit Volmberg, Thomas Leithäuser, Ute Volmberg, Politisches Bewußtsein als Untersuchungsfeld interpretativer Sozialforschung, Politische Vierteljahresschrift (PVS), 22. Jg. 1981, Sonderheft 12, S. 437 ff.

16. Hannah Arendt, Vita activa oder vom tätigen Leben, München 1981, S. 297 ff.

17. Günther Anders, Die Antiquiertheit des Menschen, München 1956, S. 16 ff.

18. Max Frisch, Homo Faber, Ein Bericht, Frankfurt 1957, S. 75 ff.

Wolfgang Bonß
Zwischen Methodologie und Gesellschaftstheorie — Interpretationen von Fromm bis Habermas.

Das Stichwort »Psychoanalyse als Sozialwissenschaft«, das einem breiteren Publikum seit dem gleichnamigen Sammelband von Alfred Lorenzer et al. (1973) vertraut ist, verweist auf einen Diskussionszusammenhang, der Unterschiedliches umgreift. Auf der einen Seite fällt hierunter eine professionsinterne Selbstverständigungsdebatte, die darum kreist, inwiefern die von Freud selbst im Kontext der Naturwissenschaften begriffene Psychoanalyse ein sozialwissenschaftliches Selbstverständnis entwickeln müsse. Je nachdem, welche Antworten hierauf gegeben werden, zeigen sich Unterschiede sowohl im Verständnis von psychischen Störungen als auch in therapeutischer Hinsicht. »Psychoanalyse als Sozialwissenschaft« kann aber auch unabhängig von der diagnostischen und therapeutischen Praxis verstanden werden. Unter dieser Perspektive geht es um den Beitrag Freuds zur Entwicklung der Sozialwissenschaften selbst bzw. genauer: um die theoretische und methodische Bedeutung seiner Konzeptionen für das Verständnis sozialer Zusammenhänge.

Für praktizierende Analytikerinnen und Analytiker ist der zweite Problemkreis in der Regel nachrangig. Wenn überhaupt, stellt sich die Frage nach der sozialwissenschaftlichen Relevanz der Psychoanalyse hier in der folgenden Form: Was zeichnet den psychoanalytischen Blick auf die Gesellschaft aus, ist es überhaupt möglich, ihn aus dem Kontext des therapeutischen Setting zu lösen, und inwiefern verändert sich hierdurch die Psychoanalyse selbst? Für Sozialwissenschaftler hingegen ist nicht die Überschreitung der disziplinären Grenzen der Psychoanalyse das Problem, sondern die Möglichkeit ihrer Integration in den sozialwissenschaftlichen bzw. soziologischen Diskurs im engeren Sinne.

Daß die Integrationsmöglichkeit keineswegs negativ gesehen wird, zeigen die Kommentare einflußreicher soziologischer Autoren. Exemplarisch sei nur auf Talcott Parsons und Edward Shils hingewiesen: in ihrem Buch »Toward A General Theory of Action« nennen sie Freud in einem Atemzug mit Durkheim und Weber und bezeichnen ihn als einen der »great founders of the modern social theory« (Parsons/Shils 1951). Ähnlich äußert sich C. Wright Mills. Zwar steht Mills für eine ganz andere Tradition soziologischen Denkens, aber er trifft sich mit Parsons, wenn er davon spricht, daß durch Freud »das Problem der Natur der menschlichen Natur in aller Breite aufgeworfen worden« sei. (Mills 1959, 206).

Explizit desinteressiert oder ablehnend gegenüber psychoanalytischen Interpretationsmustern verhalten sich letztlich nur zwei Fraktionen: zum einen die behaviouristisch-verhaltenswissenschaftlichen Ansätze, wie sie etwa durch Homans (1961) oder Opp (1970) repräsentiert werden, und zum anderen die Verfechter einer utilitaristisch akzentuierten Gesellschaftsanalyse, als deren avancierteste Vertreter die sogenannten »Rational-Choice«-Theoretiker gelten können (vgl. Wiesenthal 1987). Jenseits dieser beiden Gruppen jedoch scheint die Psychoanalyse schon fast ein fester Bezugspunkt der Sozialwissenschaften zu sein — eine Feststellung, die freilich selbst zu relativieren ist. Denn nicht selten bleibt der Rekurs auf Freud als Klassiker moderner Sozialtheorie nur ein Zitat. Er wird genannt, ohne nach dem epistemologischen Status der Psychoanalyse für die Sozialwissenschaften zu fragen, und erst recht bleibt offen, wo und wie die Psychoanalyse auf die Praxis soziologischer Untersuchungen Einfluß gewinnen kann.

Daß hier recht unterschiedliche Lesarten möglich sind, möchte ich im folgenden an einem spezifischen Beispiel zeigen, nämlich anhand der Interpretationen zur Psychoanalyse, wie sie innerhalb der »Frankfurter Schule« formuliert worden sind. Hierbei werden im wesentlichen drei Konzepte zur Sprache kommen: die analytische Sozialpsychologie von *Erich Fromm*, die Konzeption von *Theodor W. Adorno* und schließlich die Anmerkungen von *Jürgen Habermas*, die als aktuell einflußreichstes, wenngleich forschungspraktisch kaum umgesetztes Plädoyer für eine sozialwissenschaftliche Wendung psychoanalytischer Argumentationsfiguren gelten können. Zwar unterscheiden sich die genannten Ansätze nicht unerheblich, aber gerade diese Differenzen sind lehrreich. Dies um so mehr, als die Argumentationen auf einen in der Intention einheitlichen Zusammenhang bezogen sind, dessen Ausfüllung keineswegs zufällig variiert. Die unterschiedlichen Thesen, wie sie von Fromm bis Habermas entwickelt worden sind, sind vielmehr als Ausdruck einer unabgeschlossenen Lerngeschichte zum Verhältnis von Psychoanalyse und Sozialwissenschaften zu begreifen, deren verschiedene Facetten dazu beitragen können, sich mehr Klarheit über die Möglichkeiten einer theoretischen und methodischen Integration zu verschaffen.

1. Die Anfänge der analytischen Sozialpsychologie

Den Ausgangspunkt der Psychoanalyse bilden bekanntlich keine sozialwissenschaftlichen Fragestellungen, sondern Probleme der Behandlung psychischer Störungen insbesondere aus dem neurotischen Formenkreis. Wie Freuds eigene Entwicklung zeigt, hat dies nicht unbedingt etwas damit zu tun, wie Gesellschaft und soziales Handeln zu begreifen sind — Freud selber fand sich jedenfalls nur zögernd zu gesellschaftstheoretischen »Verlängerungen« seiner Konzeptionen bereit. »Totem und Tabu« beispielsweise entstand 1913, »Massenpsychologie und Ich-Analyse« 1920 und »Das Unbehagen in der Kultur« noch einmal zehn Jahre später. Diese Arbeiten, die in den USA übrigens weit früher auf Resonanz stießen als in Europa, wurden von den etablierten Sozialwissenschaften zunächst kaum zur Kenntnis genommen. Eine Ausnahme bildete allein die marxistische Diskussion, die sich der Psychoanalyse seit den zwanziger Jahren zumindest von den Rändern her öffnete. Die Gründe hierfür macht ein Bonmot von Paul F. Lazarsfeld deutlich, der die Stimmung der linken Intellektuellen nach 1918 mit folgendem Satz zu charakterisieren versuchte:

»Eine beginnende Revolution muß die wirtschaftlichen Verhältnisse auf ihrer Seite haben (Marx); eine siegreiche Revolution braucht vor allem Ingenieure (Sowjetunion); eine erfolglose Revolution bedarf der Psychologie« (Lazarsfeld 1968, 149).

Diese Worte kennzeichnen in salopper Form das »Einfallstor« der Psychoanalyse in die Sozialwissenschaften, und zwar insbesondere in die »linken«, d. h. marxistischen Varianten. Am Anfang der Rezeption stand hier letztlich ein irritiertes Kopfschütteln, nämlich das Erstaunen darüber, daß sich die Menschen nicht so verhielten, wie es nach der Marxschen Theorie und nach den gängigen Vorstellungen rationalen bzw. »vernünftigen« Handelns zu erwarten gewesen wäre: Statt der »objektiv notwendigen« Revolution hatten sie einen pragmatischen Frieden gewählt — eine Entwicklung, die weder als Ausdruck bewußten politischen Handelns noch unbedingt als rein ökonomisch erklärbare Niederlage im Klassenkampf begriffen werden konnte. Daß die sozialistische Agitation die in sie gesetzten Hoffnungen nicht erfüllt hatte, ließ sich kaum bestreiten; unklar blieb freilich, warum dies so war, und bezogen auf die »Grundgewißheiten« marxistischer Gesellschaftsanalysen ergab sich dementsprechend in zweierlei Hinsicht ein theoretischer Klärungsbedarf:

— Auf der einen Seite zwang die Erfahrung der »verlorenen Revolution« zu einer tiefergehenden Beschäftigung mit dem Verhältnis von *Basis und Überbau* innerhalb der gesellschaftlichen Entwicklung. »Erfolgreich« war die Revolution ausgerechnet in Rußland gewesen, nicht hingegen in jenen Ländern, deren ökonomische Entwicklungsdynamik in hohem Maße durch den von Marx konstatierten Widerspruch von Produktivkräften und Produktionsverhältnissen gekennzeichnet war. Die ökonomische Analyse der »Basis«, so die naheliegende Schlußfolgerung, war somit durch sozialpsychologische Analysen des gesellschaftlichen »Überbaus« zu ergänzen, um so zu einem erweiterten und zugleich »verfeinerten« Marxismus zu gelangen — ein Anspruch, der quer durch alle Parteien vertreten wurde, aber sehr schnell auf Kritik stieß, sobald hiermit eine pointierte Ökonomismus- und Objektivismuskritik verbunden war.

— Der zweite, hiermit keineswegs identische Themenkomplex betraf die Stichworte *Unbewußtes und Bewußtsein*. Die Menschen handelten offensichtlich nicht so »rational«, wie es die Theorie von ihnen erwartete. Und sie handelten auch nicht immer »bewußt«, d. h. vor dem Hintergrund klarer Handlungsbegründungen, sondern waren durch unbewußte Momente bestimmt. Dieses Unbewußte in seinen regressiven, aber auch antizipatorischen Momenten theoretisch zu bestimmen, schien um so dringlicher, als es in der zeitgenössischen Lebensphilosophie als Irrationales gegen die Universalisierung der kapitalistischen Zweckrationalität ausgespielt und zu einer »höheren Macht« erhoben wurde — eine These, auf die der Marxismus zumindest solange keine Antwort geben konnte, wie er die einfache Gleichsetzung von »Unbewußtem« und »Irrationalem« unter umgekehrten Vorzeichen selbst betrieb und das Unbewußte als Irrationales abwertete bzw. verdrängte, ohne jemals nach der hiermit gesetzten Begrenztheit seines eigenen Rationalitäts- und Bewußtseinskonzepts zu fragen.

Daß man sich bei der Diskussion dieser Fragen gerade auf die Psychoanalyse und nicht auf irgendeine andere Form psychologischer Deutung stürzte, hängt sicherlich damit zusammen, daß allein sie für beide Problemstellungen (Basis/Überbau; Bewußtsein/Unbewußtes) anschlußfähig war. Wie Hans-Joerg Sandkühler (1970) und insbesondere Helmut Dahmer (1973) gezeigt haben, war das Diskussionsniveau freilich nicht soweit entwickelt, daß diese Anschlußmöglichkeiten zureichend herausgearbeitet werden konnten. So gab es kaum Berührungspunkte zwischen den auf eine marxistische Sozialpsychologie abzielenden Beiträgen der sogenannten »Freudomarxisten« von Bernfeld (1926) über Reich (1929) bis hin zu Fenichel (1934) und den auf die theoretischen Bestimmung des Unbewußten zielenden philosophischen Lesarten der Psychoanalyse, wie sie etwa von Ernst

Bloch (1923, 238 ff.) angedeutet wurden. Ebenso wenig wurde die Psychoanalyse mit der Kritik des aufklärerischen Rationalitätsbegriffs in Zusammenhang gebracht, wie diese sich seit dem Ende des 19. Jahrhunderts breit gemacht hatte. Für den Frankfurter Kreis — und dies kennzeichnet bereits seine Ausnahmestellung — spielten hingegen von Anfang an *beide* Perspektiven eine Rolle. Denn die Psychoanalyse wurde nicht nur unter dem sonst vorherrschenden Gesichtspunkt von Ökonomismus- und Objektivismuskritik (bzw. Basis und Überbau) diskutiert, sondern ebenso unter dem Stichwort »Unbewußtes und Bewußtseinskritik«, das in mancher Hinsicht sogar wichtiger war.

Exemplarisch läßt sich die hiermit verknüpfte Intention bereits an Adornos Abhandlung zum »Begriff des Unbewußten in der transzendentalen Seelenlehre« studieren. In dieser 1927 als Habilitationsprojekt entstandenen Arbeit, die noch stark durch die Schulphilosophie von Hans Cornelius geprägt, aber gleichwohl zu Unrecht in Vergessenheit geraten ist, versuchte Adorno in expliziter Abgrenzung vom Selbstverständnis der Psychoanalyse als Therapie (vgl. Adorno 1927, 225) die Freudsche Konzeption erkenntnistheoretisch zu begründen und die »Idee einer *allgemeinen Psychoanalyse* als allgemeine Erforschung der psychischen Dinge und ihrer dynamischen Zusammenhänge« zu entwickeln (ebd., 235). Möglich und erfolgversprechend erschien ihm dieses Unterfangen, weil sich »die Psychoanalyse ... dem Unbewußten gegenüber erkennend verhält« (ebd., 238), es nicht hypostasiert, sondern aufzuklären versucht. Indem sie auf eine nüchterne begriffliche Erkenntnis des Unbewußten abzielt, ist sie »auf Auflösung der unbewußten Tatbestände selbst gerichtet« (ebd., 320) und stellt »eine scharfe Waffe dar gegen jegliche Triebmetaphysik und bloße Vergottung organischen Lebens« (ebd.). Im Gegensatz zur »ontologischen Charakterologie und der ihr höchst verwandten Lebensmetaphysik« (ebd., 317) ermöglicht die Psychoanalyse eine »Entzauberung des Unbewußten« (ebd.), das damit den Charakter eines bloß »Irrationalen« verliert und einer rationalen, kritischen Rekonstruktion zugänglich wird.

Zu dieser Einschätzung, die für ihn Zeit seines Lebens prägend sein sollte, war Adorno nach eigenem Bekunden nicht zuletzt durch »wichtige Anregungen« Max Horkheimers gekommen, dem er im Vorwort auch explizit dankte (vgl. ebd., 82). Horkheimer selber hatte sich zwar noch kaum mit Freud beschäftigt, teilte aber die von Adorno skizzierte ideologiekritische Begründung für psychologische Analysen, die er im Rahmen seines Konzepts eines »interdisziplinären Materialismus« (vgl. Bonß/Schindler 1982) zugleich gesellschaftstheoretisch zu akzentuieren versuchte. Eine theoretisch interessierte Sozialwissenschaft, so Horkheimer in seiner Antrittsrede zur Übernahme des Direktorats am Frankfurter Institut für Sozialforschung, müsse sich vor dem Hintergrund einer prinzipiell ökonomiekritischen Fundierung vor allem mit der »Frage nach dem Zusammenhang zwischen dem wirtschaftlichen Leben der Gesellschaft, der psychischen Entwicklung der Individuen und den Veränderungen auf den Kulturgebieten im engeren Sinne« beschäftigen (Horkheimer 1931, 43). Die Einlösung dieses Postulats sollte über die Konstruktion einer sozialpsychologischen Theorie gelingen, die als eine »Psychologie des Unbewußten« (Horkheimer 1932, 135) das Verhältnis von Basis und Überbau bzw. Bewußtsein und Unbewußtem sowohl unter onto- wie phylogenetischen Gesichtspunkten begreiflich zu machen hatte. Ihre Aufgabe mußte es sein, »jene irrationalen, zwangsmäßig die Menschen bestimmenden Mächte« (ebd.) herauszuarbeiten, die dazu führen, daß »das Handeln numerisch bedeutender Schichten nicht durch Erkenntnis, sondern durch eine das Bewußtsein verfälschende Triebmotorik bestimmt ist« (ebd.), so daß ein auf Einsicht in die Wirklichkeit beruhendes Klassenbewußtsein nicht entstehen kann.

Diese Sätze, die neben der bereits von Adorno angesprochenen Aufkärungsfunktion der Psychoanalyse einen unübersehbaren Gegensatz von »Triebmotorik« und »Aufklärung« erkennen lassen, bildeten gleichsam den programmatischen Rahmen für die Argumentationen von Erich Fromm, der seit 1931 als Leiter der sozialpsychologischen Abteilung des Instituts wirkte. Sein Konzept einer »analytischen Sozialpsychologie«, das er in den ersten Nummern der Zeitschrift für Sozialforschung skizzierte (Fromm 1932 a, 1932 b), wurde allgemein als Einlösung der Horkheimerschen Postulate verstanden, obwohl es zu diesen durchaus Differenzen hatte. Während Horkheimer im Anschluß an die erkenntniskritisch akzentuierten Thesen Adornos der Sozialpsychologie eher den Status einer »Hilfswissenschaft« zuwies und davon ausging, daß man um so weniger »auf psychologische Erklärungen zurückgreifen (brauche), je mehr das geschichtliche Handeln von Menschen und Menschengruppen durch Erkenntnis aktiviert ist« (Horkheimer 1932, 135), begriff Fromm sie eher als eine sozialwissenschaftliche Grundlagendisziplin. So waren sozialpsychologische Analysen in seinen Augen nicht nur darauf beschränkt, pathologische Zustände aufzudecken. Denn aus dem Faktum, daß die psychische Struktur der Individuen sehr häufig deformiert ist, läßt sich kaum der Schluß ziehen, daß eine Überwindung dieser Deformationen zugleich auf eine Aufhebung der psychischen Struktur als solcher hinausläuft. Und auch wenn »Triebmotorik« und »Aufklärung« häufig entgegengesetzt sind, folgt hieraus keineswegs zwingend die bei Horkheimer angedeutete negative Besetzung des Triebbegriffs.

Allerdings war dieser Gegensatz zunächst weder Fromm noch Horkheimer klar. Er trat allenfalls indirekt zu Tage, nämlich darin, daß Fromm in seinen eigenen Argumentationen die erkenntniskritischen Thesen Adornos systematisch ausblendete und statt dessen an die Diskussionen der »Freudomarxisten« anknüpfte. Für diese war die Psychoanalyse als marxistische Psychologie und damit als sozialwissenschaftliche Grundlagendisziplin nur dann denkbar, wenn der Nachweis gelang, daß die Freudsche Theorie, wie Bernfeld (1926, 13) es einmal formulierte, »prinzipiell, ausschließlich und konsequent materialistisch« sei. Die hierauf bezogene Abgrenzung vom Idealismus, die weite Strecken der Debatte beherrschte, war freilich selbst durch jene ideologischen Fronten geprägt, an denen man sich abarbeitete. So operierten alle Beteiligten mit einem Idealismusverständnis, das ebenso schlicht wie fundamentalkritisch gestrickt war. Denn als idealistisch galten alle Ansätze, die in theoretischer Hinsicht den »Ideen« eine determinierende Bedeutung zusprachen, und die in methodischer Hinsicht mit »geisteswissenschaftlichen« Verfahren arbeiteten. Hiergegen wurde als positives Vorbild ein Materialismusverständnis gesetzt, wie es in Deutschland durch die Orthodoxie Kautskys und die sowjetischen Dogmatisierungen à la Deborin (1925) verbindlich gemacht worden war. Vor diesem Hintergrund wurden die naturwissenschaftlichen Momente der Freudschen Theorie fast zwangsläufig zum zentralen Argument für ihren materialistischen Charakter, und nicht selten erschien die Psychoanalyse als eine »Naturwissenschaft von der materialistischen Historik des Menschen« (Fenichel 1934, 240), die sich »der Biologie einzuordnen« (ebd., 232) habe, um das »psychische Geschehen prinzipiell aus materiellen Bedingungen zu verstehen« (ebd., 233).

Fromm teilte diese Rezeption durchaus. Ähnlich wie Bernfeld sah er den materialistischen Charakter von Marx und Freud darin, daß beide »nicht von Ideen, sondern vom irdischen Leben« (Fromm 1932a, 33) und den mit ihm verknüpften materiellen Bedürfnissen ausgehen. Hierbei wurde freilich völlig ausgeblendet, daß der angeblich »gemeinsame« Bezugspunkt bei Marx und Freud mit konträren Konnotationen versehen ist: Das Stichwort der »Bedürfnisse« wird bei Marx mit der Kategorie der *Arbeit*, bei Freud hingegen mit der des *Triebes* erläutert — ein Unterschied, dem Fromm keine weitere Aufmerksamkeit schenkte. Statt dessen stilisierte er die Triebwelt zu einer »Naturkraft, die gleich anderen unmittelbar zum Unterbau des gesellschaftlichen Prozesses gehört« (ebd., 49). Der Status dieser »Naturkraft« wurde dabei unterschiedlich beschrieben: Auf der einen Seite bildete für Fromm »die aktive und passive Anpassung des Triebes an soziale Tatbestände die Kernauffassung der Psychoanalyse« (ebd., 31). Der Triebapparat erscheine »immer schon in einer bestimmten, durch den gesellschaftlichen Prozeß veränderten Form« (ebd., 45) und werde über die Mechanismen der Sublimierung und Verdrängung in der Regel so domestiziert, daß »die Libido ... selbst zu einem das Klassenverhältnis stabilisierenden Moment wird« (ebd., 51). Auf der anderen Seite läßt sich die Libido nach Fromm jedoch nicht grenzenlos manipulieren. Unter der Voraussetzung wachsender Widersprüchlichkeit und Unterdrückung sei vielmehr damit zu rechnen, daß die funktional positive Beziehung zwischen den Trieben und den sie verformenden ökonomischen Organisationsprinzipien sich in ihr Gegenteil verkehre und libidinöse Energien mit aufsprengender Wirkung freigesetzt werden.

Die These von der Libido als naturalem Widerstandsmoment, die später vor allem von Marcuse (1955) aufgegriffen wurde, blieb allerdings vage und spielte nur eine untergeordnete Rolle. Weit wichtiger (und bezogen auf Horkheimer auch anschlußfähiger) war demgegenüber die Ausarbeitung des Begriffs der »libidinösen Struktur« (ebd., 51), den Fromm als Kern seiner Sozialpsychologie verstand. Definiert »als ein Produkt der Einwirkung der sozialökonomischen Bedingungen auf die Triebtendenzen« (ebd., 52), bilden die libidinösen Strukturen nach Fromm »gleichsam den Kitt, ohne den die Gesellschaft nicht zusammenhielte« (ebd., 50). Die theoretische Bestimmung der libidinösen Strukturen als eines autonomisierten, aber ohne die naturale Basis des Triebes nicht denkbaren Moment erfolgte in Parallelisierung psychologischer und soziologischer Gedankengänge. Nach Fromm entwickeln sie sich, wie die *individuelle* psychische Struktur, über die Mechanismen der Verdrängung und Sublimierung, verweisen aber auf einen überindividuellen Zusammenhang, der als *sozial*psychologischer nur aus den *sozial*ökonomischen Bedingungen der jeweiligen Lebenssituation erschlossen werden kann. Als zentraler Faktor für die Gefühls-, Bewußtseins- und Ideologieentwicklung innerhalb der verschiedenen Gesellschaftsschichten werden die libidinösen Strukturen, über die Familie als »psychologische Agentur der Gesellschaft« (ebd., 35) einsozialisiert, und ebenso wie die Familienstrukturen je nach Klassenlage differieren, unterscheiden sich auch die libidinösen Strukturen und die durch sie bestimmten Sozialcharaktere.

Mit diesen letztlich stark milieutheoretisch akzentuierten Thesen waren auch die Instanzen und Mechanismen benannt, über die sich der Zusammenhang zwischen Triebbasis und Ideologiebildung konkret herstellen sollte. Ähnlich wie Wilhelm Reich versuchte Fromm diese Argumentation unter Bezug auf die Freudsche Charakterologie und Sozialisationstheorie noch weiter zu differenzieren (vgl. Fromm 1932 b). Ausgehend von der Differenzierung zwischen oraler, analer und phallischer Phase, wurden dabei die im Rahmen der Libidoentwicklung entstehenden Verhaltensmuster als Dispositionen beschrieben, die sich im Zuge der Reifung zu je eigenen Typen bzw. Charakterstrukturen verfestigen können. In Anlehnung an Sombart und Weber kam es dann in einem zweiten Schritt zu einer Soziologisierung dieser Charakterstrukturen. So zog Fromm »in Anwendung der psychoanalytischen Charakterologie auf soziologische Probleme« (ebd., 268) den (Analogie-)Schluß, daß »die für den Menschen der bürgerlichen Gesellschaft typische libidinöse Struktur durch eine Verstärkung der analen Libidoposition charakterisiert ist« (ebd., 274). Umgekehrt seien beim Proletariat aufgrund seiner Stellung im Produktionsprozeß an sich die Bedingungen für die Herausbildung »genitaler« Charakterstrukturen günstig (vgl. ebd., 275). Diese Feststellung wurde allerdings zugleich eingeschränkt. Denn der bürgerliche Analcharakter und der proletarische Genitalcharakter waren für Fromm Idealtypen, die kaum in reiner Form auftreten und durch die kapitalistische Entwicklungsdynamik unter Umständen selbst »veralten« und sich verändern können — eine Feststellung, die angesicht der sich verstärkenden autoritaristischen Tendenzen innerhalb der Weimarer Republik durchaus nahe lag.

2. Ausdifferenzierungen und Revisionen

Als Fromm 1932/33 seine ersten Aufsätze in der »Zeitschrift für Sozialforschung« veröffentlichte, wurden sie im Institut als eine »radikale marxistische Sozialpsychologie« (Marcuse 1975, 15) wahrgenommen, deren materialistischer Gehalt durch die triebpsychologische Fundierung und die historisch-genetische Ausrichtung garantiert zu sein schien. Libidotheorie und genetische Orientierung bildeten nach Fromms damaliger Auffassung auch die Kernpunkte der »klassischen Psychoanalyse« (Fromm 1932a, 54), weshalb er sich mit seinem Entwurf in Übereinstimmung mit Freud sel-

ber glaubte. Dennoch bestanden bereits zu dieser Zeit zwei
klare, wenngleich eher beiläufig eingeführte Differenzpunkte:

— Zum einen distanzierte sich Fromm, ähnlich wie die meisten anderen Vertreter der Freudschen Linken, von der
  negativen Anthropologie Freuds. Die Behauptung, daß alle kulturellen Ausdrucksformen »phylogenetisch am Va-
  terkomplex« erworben werden, der schon für die »Ur-
  horde« im Sinne Darwins kennzeichnend sei (Freud
  1913, 158 f., 1923, 265), verfiel deshalb ebenso der Kritik
  wie die These vom »Todestrieb« bzw. den selbstdestruktiven Potentialen der Gesellschaft. Für Fromm waren dies
  unzulässige Projektionen bürgerlicher Vergesellschaftungs-
  formen, die um so prekärer erschienen, als sie die Möglichkeit einer befreiten Gesellschaft per se ausschlossen.
— Aus dem gleichen Grund kritisierte er aber auch die
  Freudschen *Therapievorstellungen.* Diese spiegelten
  nach seiner Auffassung nur das Diktum wieder, daß die
  Idee eines herrschaftsfreien Sozialzusammenhangs letztlich eine »haltlose Illusion« sei (Freud 1930, 103). So gehe
  es beim klassischen Setting mit dem Analytiker als kühl
  distanziertem Beobachter grundsätzlich nicht um eine
  Überwindung, sondern um eine Anpassung an etablierte
  Normen bzw. Verhaltensmuster — eine Einschränkung,
  die bei einer ›radikalen‹ Interpretation der psychoanalytischen Theorie ebenso wenig akzeptiert werden konnte
  wie für eine auf Veränderung hin orientierte therapeutische Praxis.

Beide Einwände faßte Fromm zum Vorwurf einer bürgerlichen Befangenheit Freuds zusammen, welche sich in der Ge-
neralisierung des Ödipuskomplexes ebenso niederschlage
wie in der skeptischen Einstellung gegenüber der Möglichkeit einer adäquaten Sexualbefriedigung überhaupt. Hierdurch werde die bürgerliche Verzichtsethik massiv bekräftigt
und unter der Hand zur allgemeinen Kulturnorm erhoben.
Der »Widerspruch zwischen bewußten Wertrelativismus und
unbewußter Bejahung der Tabus der Gesellschaft« (Fromm
1935, 394) kennzeichne auch die Aussagen zur Arbeits- und

Genußfähigkeit als Ziel der therapeutischen Behandlung. Indem Freud diese Zielgröße nur biologisch diskutiere, verschweige er die dahinter stehenden gesellschaftlichen Gehalte, die unbewußt positiviert werden. Gerade deshalb erweise sich die vom Analytiker geforderte kühle Objektivität und Sachlichkeit gegenüber dem Patienten letztlich als repressiv. Verdeckt durch die »typisch liberalistische Tendenz, jeden nach seiner Facon selig werden zu lassen« (ebd., 385), läuft sie auf einen therapeutischen Diskurs hinaus, der die Kälte der bürgerlichen Gesellschaft verdoppelt und ihre Wertvorstellungen insofern unangetastet läßt, als bei der distanziert-sachlichen Analyse nicht die Norminhalte zählen, sondern allein deren soziale Akzeptabilität bzw. Nützlichkeit.

Daß Freud die normativen Orientierungen und psychischen Strukturen der bürgerlichen Gesellschaft zu Unrecht universalisiere, versuchte Fromm zugleich unter Rekurs auf Konzepte zu zeigen, die gegen eine Universalisierbarkeit des Ödipuskomplexes sprachen. Zu diesem Zweck beschäftigte er sich ausführlich mit der Mutterrechtstheorie von J. J. Bachofen, die sich bereits bei Engels einer gewissen Beliebtheit erfreut hatte. Anregungen für ihre erneute Renaissance seit den zwanziger Jahren boten ethnologische Untersuchungen wie Malinowskis Studie über die Trobriander oder die Arbeiten von Margaret Mead. Mit ihren Beschreibungen matrilinearer Familiensysteme brachten diese Analysen Freuds negative Anthropologie für Fromm weit stärker ins Wanken als die Ausführungen Bachofens. Denn im Unterschied zu Bachofen lieferten sie empirische Belege für die Existenz einer Gesellschaft jenseits des Patriarchats — ein Ergebnis, das nicht nur auf die »Relativität der bürgerlichen Gesellschaftsstruktur« (Fromm 1934, 211) verweise, sondern auch deutlich mache, daß die Idee nichtentfremdeter gesellschaftlicher Organisationsformen weit mehr sei als bloße Spekulation.

Zwar läßt sich darüber streiten, ob die Arbeiten von Malinowski oder Mead tatsächlich die von Fromm unterstellten empirischen Belege liefern. Und ebenso läßt sich bezweifeln, ob die Idee einer nichtentfremdeten Gesellschaft jenseits ideologiekritischer Argumentationen überhaupt empirisch

»ausgemalt« werden kann. Aber wie dem auch sei — wichtiger ist an dieser Stelle, daß sich »patrizentrische« und »matrizentrische« Strukturen als vielschichtige soziale Einstellungsmuster kaum eindeutig aus der Sexualität begründen lassen. Die Rezeption der Mutterrechtstheorie gab somit bereits eine partielle Revision der Libidotheorie zu erkennen, die allerdings zunächst latent blieb. Zwar hatte Fromm nie daran geglaubt, daß sich die psychische Entwicklung allein aus der sexuellen ableiten lasse. Aber die Kategorien der Sublimierung und Verdrängung interpretierte er gleichwohl im Sinne Freuds und behandelte die nicht unmittelbar sexuellen als autonomisierte bzw. ›abgespaltene‹ Momente. Eine Veränderung deutete sich erst mit der 1936/37 begonnenen Studie zur Sozialpsychologie des Faschismus an, die ursprünglich als Fortsetzung der vorangegangenen Studien über »Autorität und Familie« (IfS 1936) konzipiert war. Nach dem Ausscheiden aus dem Institut im Jahre 1938 zerschlug sich jedoch dieser Zusammenhang, und Fromm begann mit einer Ausweitung und Umarbeitung des Projekts, die mehrere Jahre in Anspruch nahm und zu einem veränderten Verhältnis zur Freudschen Theorie führte.

Als Resultat dieser Arbeit entstand eines seiner wichtigsten und bekanntesten Bücher, nämlich »Escape from Freedom« (Fromm 1941) — eine breit angelegte Beschreibung der bürgerlichen Charakterentwicklung von den Anfängen der bürgerlichen Gesellschaft bis hin zum Faschismus. Mit dieser Abhandlung, die auf einer ausdrücklichen Distanzierung nicht von der Psychoanalyse insgesamt, wohl aber von der Libidotheorie basierte (vgl. ebd., 283), wurde Fromm zu einem der Gründungsväter der sogenannten ›neoanalytischen‹ bzw. ›revisionistischen‹ Schule. Er selber wehrte sich übrigens stets gegen die revisionistische Etikettierung, und dies insofern zu Recht, als »Escape from Freedom« keineswegs auf einem völlig neuen theoretischen Konzept basierte. Die Kritik und Relativierung der Libidotheorie erfolgte vielmehr aufgrund von ›Präzisierungen‹ der bisherigen Interpretation, die nicht aufgegeben, sondern genauer gefaßt und zugespitzt werden sollte.

Daß dieser Schritt als ›Nebeneffekt‹ zugleich eine Desexualisierung der analytischen Psychologie mit sich brachte, wird freilich an der veränderten Klassifikation der Triebe deutlich: Als neues, früher allenfalls als Zusatzmotiv angesprochenes Triebmoment taucht der »Drang nach Verbindung mit unserer Außenwelt« (Fromm 1941, 26) auf, der eine gleichberechtigte Stellung neben den Selbsterhaltungstrieben erhält. »Der Zwang, physisch bedingtem Drang Genüge zu tun, und die Notwendigkeit, Isolierung und moralisches Alleinsein zu vermeiden« (ebd., 29), erscheinen jetzt als »unwandelbar« feststehende »Faktoren der Menschennatur«, wohingegen der Sexualität keine eigenständige Bedeutung mehr zukommt. Zum existenziellen Grundbestand gehören vielmehr Selbsterhaltungs- und Sozialtriebe, und die entscheidenden Momente der Charakter- und Persönlichkeitsbildung werden nachdrücklich in dem nach dem Muster des Sexualtriebs als überformbar gedachten Drang zur Interpersonalität lokalisiert.

Das Zurückdrängen des Sexualtriebes und die Einführung der Idee eines ›Sozialtriebes‹ begründeten sich für Fromm vor allem aus Schwächen der Psychoanalyse als psychologisches Erklärungskonzept. Die Freudsche Theorie werde wichtigen psychologischen Phänomenen wie Einsamkeitsgefühlen oder Hospitalismus nur unzureichend gerecht; notwendig sei daher die Berücksichtigung zusätzlicher Erklärungsfaktoren. Allerdings wurde diese Erweiterung eindeutig mit einem Verlust an analytischer Schärfe bezahlt. Als »Drang zu leben, sich zu entfalten und die im Verlaufe der historischen Evolution... entwickelten Fähigkeiten auszuwirken« (Fromm 1941, 281), bestand die neue Trieb- bzw. »Menschennatur« aus einem recht diffusen Ensemble existenzieller Eigenschaften, das, ähnlich wie im früheren Konzept, naturalistisch begriffen wurde. Das Verhältnis zwischen der existenziellen Basis und ihren konkreten Erscheinungsformen erschien wiederum als eine gesellschaftliche Modifikation vorgesellschaftlicher Anlagen, die zur Herausbildung lokalhistorisch unterschiedlicher »Gesellschaftscharaktere« führt. Die milieutheoretische Orientierung blieb somit unverändert, obwohl der gesellschaftstheoretische Anspruch durchaus stieg. Denn die skizzierte Verbreiterung war für

Fromm gleichbedeutend mit einer Erhöhung der Reichweite des Erklärungsansatzes, und es war durchaus konsequent, wenn er in der Konstruktion der Sozial- bzw. »Gesellschaftscharaktere« den »Schlüssel zum Verständnis des Gesellschaftsprozesses« (ebd., 271) überhaupt erblickte.

Bei seinen ehemaligen Institutskollegen stieß diese Umakzentuierung zwar nicht nach außen, wohl aber intern auf erhebliche Kritik. So schrieb Horkheimer wenige Monate nach der Veröffentlichung von »Escape from Freedom« in einem Brief an Löwenthal (vgl. Jay 1973, 131), daß »Fromm und Horney auf eine Commonsense Psychologie zurückfallen«, die der Bedeutung der Psychoanalyse kaum gerecht werde. Oder, nicht gerade analytisch präzise, aber in der Intention eindeutig ausgedrückt: »Psychologie ohne Libido ist irgendwie keine Psychologie, und Freud war groß genug, von der Psychologie in dem ihr gesteckten Rahmen loszukommen.« Letzteres zeige sich vor allem in dem Konzept des Todestriebes und den damit verbundenen anthropologischen Kategorien. Selbst »dort, wo wir ihrer Verwendung und Interpretation durch Freud nicht zustimmen, stellen wir fest, daß ihre objektive Intention zutiefst richtig ist, und daß sie Freuds Fingerspitzengefühl für die Situation offenbaren«.

Diese Sätze machen deutlich, daß sich Horkheimer und Fromm erheblich voneinander entfernt hatten: Während Fromm die bisherige libidotheoretische Orientierung verwarf, wurde sie von Horkheimer weit stärker als zuvor vertreten. Zugleich lehnte er die früher mit Fromm geteilte Kritik am anthropologischen Pessimismus Freuds ab, der ihm unter philosophischen Perspektiven zunehmend aussagekräftiger erschien. Angesichts der realen Expansion der autoritären Herrschaftsformen, wie sie sich im Nationalsozialismus, in den autoritaristischen Tendenzen in anderen europäischen Ländern und in der stalinistischen Entwicklung der UdSSR niederschlugen, war die früher verfochtene Idee von der Transformation unbewußter Triebregungen in bewußte politische Aktion für Horkheimer kaum noch realistisch. Statt dessen ging er von einer unaufhaltsamen Perpetuierung, Perversion und Destruktion der bürgerlichen Gesellschaft aus. Diese konstituiere sich im autoritären Staat neu, und zwar in einer das Subjekt zerstörenden Form, die alle Möglichkeiten einer befreienden Selbstaufhebung zunichte mache und nur noch mit der Metapher des »Todestriebes« angemessen charakterisiert werden könne.

Die entsprechende Reinterpretation der Psychoanalyse wurde allerdings nicht von Horkheimer, sondern von Adorno geliefert, der 1938 in die USA gekommen war und schon bald entscheidenden Einfluß auf die Formulierung des institutsinternen Selbstverständnisses gewann. In mancher Hinsicht übernahm er den zuvor von Fromm besetzten Posten. Denn seine Lesart der Freudschen Theorie, wie sie sich bereits in der Abhandlung von 1927 angedeutet hatte, wurde nun eindeutig dominierend. Von Fromm unterschied sich Adorno vor allem dadurch, daß er die Psychoanalyse zwar als Theorie akzeptierte, ihre therapeutische Umsetzung jedoch radikal ablehnte. Der therapeutische Versuch, dem Patienten seine Verstümmelung nicht nur bewußt zu machen, sondern zugleich Möglichkeiten ihrer lebenspraktischen Bewältigung zu eröffnen, war in Adornos Augen ein prinzipiell ideologieverdächtiges Unterfangen (vgl. Adorno 1944, 77 f.), dem er das rigorose Diktum entgegensetzte, daß es »kein richtiges Leben im falschen« (ebd., 22) geben könne. Als gesellschaftlich produzierte Phänomene können die das Individuum belastenden Pathologien nicht therapeutisch aufgehoben werden, sondern müssen theoretisch-selbstreflexiv ausgehalten werden. Erst unter dieser Voraussetzung erschließe sich das kritische Potential der Psychoanalyse. Dieses liege gerade nicht in ihren therapeutisch-praktischen Möglichkeiten, sondern in jenen »Übertreibungen« (ebd., 56) der Freudschen Theorie, die sich als metaphorische Beschreibung und Selbstkritik eines Sozialzusammenhangs lesen lassen, in dem »die Menschen... atomisiert und durch eine unüberbrückbare Kluft voneinander getrennt sind« (Adorno 1946, 107).

Als Theoretiker einer Gesellschaft, in der das Individuum »nur noch durch Leiden, Lebensnot an die Totalität gebunden ist« (ebd.), hat Freud nach Adorno dort recht, wo er unrecht hat: Zwar sieht er das Subjekt nicht unter der Perspektive der totalen Vergesellschaftung, aber indem er sich auf das individuelle Leiden konzentriert, bringt er eine Entwicklungsdynamik auf den Begriff, die den Widerspruch zwischen Individuum und Gesellschaft auf die Spitze treibt und zugleich unsichtbar macht. Denn die wachsende Entfremdung, wie sie sich in der Gleichzeitigkeit von totaler Vergesellschaftung und totaler Vereinsamung der handelnden Subjekte niederschlägt, setzt keine neuen Protestpotentiale frei. Die Widersprüche »zersplittern« vielmehr; sie können nicht mehr systematisch erfahren werden, sondern verschwinden hinter der harmonisierenden Fassade einer organisierten Massenkultur mit autoritärem Zwang oder zwanghaftem Konsum, die als realer Schein wirksam ist und alle Konflikte so umdefiniert, absorbiert und verschleiert, daß sie sich nur noch im »einmaligen, bruchstückhaften Impuls« (ebd., 98), im individuellen Leiden enthüllen.

Begreift man die Psychoanalyse als eine Theorie des pathologischen Charakters der Gesellschaft jenseits der harmonistischen Oberflächenideologie, so gewinnen auch Libidotheorie und Todestriebhypothese einen neuen Sinn. Die Beschreibung der individuellen und sozialen Entwicklung als deformatorische Zähmung der naturalen Triebbasis erscheint nun weniger als ein positiv-einzelwissenschaftliches Modell zum Funktionszusammenhang des psychischen Apparates, sondern als eine zugespitzte Darstellung jener Dialektik von Emanzipation und Unterdrückung, die im Zeitalter der Kulturindustrie zu ungeahnt selbstdestruktiven Tendenzen führt. Indem Freud zeigt, daß das gesellschaftliche Prinzip der Herrschaft »phylogenetisch wie ontogenetisch … mit dem psychologischen der Triebunterdrückung koinzidiert« (Adorno 1946, 103), bindet er die psychologische Theorie in eine Theorie der gesellschaftlichen Totalität ein und hat so »vom Wesen der gesellschaftlichen Unterdrückung mehr erkannt als irgendein direkter Parallelismus von Charakter und sozialen Einflüssen es könnte« (ebd., 98).

Mit dieser These distanzierte sich Adorno nicht unbedingt von jenen naturalistischen Konnotationen des Triebbegriffs, wie sie in Fromms Rede vom Trieb als einer vorgesellschaftlichen Naturkraft zum Ausdruck kam, wohl aber von jenen milieutheoretisch akzentuierten Soziologisierungen der Psychoanalyse, die den Widerspruch zwischen Individuum und

Gesellschaft mehr verdeckten als offenlegten. »Anstatt das Individuum aus den gesellschaftlichen Prozessen herauszuschneiden, um dann deren formenden Einfluß zu beschreiben, hätte eine analytische Sozialpsychologie in den innersten Mechanismen des Einzelnen bestimmende gesellschaftliche Kräfte aufzudecken« (ebd., 100). Dies habe schon der Fromm der dreißiger Jahre versäumt. Aber offen ideologisch sei die alte Lesart erst durch die revisionistische Wende geworden. Mit ihrem therapeutisch motivierten Bemühen, »die Psychoanalyse in... (eine) realistische Richtung zu drängen« (ebd., 94) bleiben die Neoanalytiker der gesellschaftlichen Oberfläche verhaftet. Sie glätten die Antinomien des Freudschen Denkens und tragen »den Stempel der Harmlosigkeit... (eines) Pluralismus, der unbefangen Oberflächenphänomene und essentielle Bestimmungen der Gesellschaft nebeneinander herzählt« (ebd.). Hiermit genügt der Revisionismus zwar den Ansprüchen bürgerlicher Wissenschaftlichkeit, aber die Wahrheit der Gesellschaft, die allein über ein prinzipiell »kritisches Verhalten« (Horkheimer 1937, 261) erfahrbar ist, wird verfehlt. Was bleibt, ist eine Moralisierung und »bloße Wiederholung der Vorstellung der individualistischen Gesellschaft von sich selber« (ebd., 100), die keinen Reflexionsgewinn bringt, sondern eher zur Ab- statt zur Aufklärung führt.

3. Die methodologische Rezeption der Psychoanalyse

Mit den Argumentationen Adornos war eine Auseinandersetzung zwischen »revisionistischen« und »orthodoxen« Lesarten der Psychoanalyse eröffnet, die sich in der Folgezeit zunehmend zuspitzte und kaum mehr produktiv auflösen ließ. Zwar ist die Kontroverse insofern verwirrend, als Fromm und Adorno in manchen Punkten durchaus übereinstimmten und in vielen schlichtweg aneinander vorbeiredeten. Aber letztlich ging es auch weniger um Differenzen in der Interpretation der Psychoanalyse als materiale Theorie, sondern um ihre *epistemologische* Verortung, und zwar in kognitiver wie in praktischer Hinsicht. Wie die Kontrastierung von Therapie und Theorie und die Gegenüberstellung von wissenschaftlicher und philosophischer Lesart zeigen, ist hier der Kern des Konflikts zu lokalisieren. Seine Basis lag darin, ob die Freudsche Theorie mit therapeutischen Orientierungen gelesen wurde oder als eine reine Metapsychologie aufgefaßt wurde. Und wie die Positionen ausfielen, bestimmte sich vor diesem Hintergrund danach, ob sie als Philosophie oder als Wissenschaft wahrgenommen und wie beide Stichworte interpretiert wurden.

Während Fromm die Psychoanalyse eher als Wissenschaft denn als Philosophie wahrnahm, galt für Adorno das Gegenteil. Unter dieser Perspektive nahm er freilich ebenso eine »Revision« der Freudschen Konzepte vor wie Fromm. So hatte Freud seine Argumentationen keineswegs als »Philosophie«, d. h. als ein Wissen um die Gesamtheit von Geschichte und Gesellschaft, begriffen. Jenseits der therapeutischen Praxis waren sie für ihn vielmehr ein wissenschaftliches System, das auf eine kausalanalytische Erklärung isolierter Funktionszusammenhänge abzielte, die mit quasi naturwissenschaftlicher Exaktheit in ihrer Struktur und Genese beschrieben werden sollten. Diese Wahrnehmung teilte auch Fromm, und für seinen Revisionismus war ausschlaggebend, daß die Freudsche Theorie den selbstgesetzten szientistischen Ansprüchen offensichtlich nicht genügte. Denn bestimmte Phänomene, so Fromms Erfahrung aus der therapeutischen Arbeit, ließen sich mit der Libidoentwicklung kaum unmittelbar in Beziehung setzen. Als »exakte« Erklärung im kausalwissenschaftlichen Sinne versagte die Freudsche Erklärung vielmehr. Diese Einsicht hätte durchaus einen Ansatzpunkt zur Überwindung jener latent naturwissenschaftlich-naturalistischen Lesart bieten können, wie sie für die »Freudomarxisten« kennzeichnend war. Aber Fromm zog hieraus einen entgegengesetzten Schluß: Nicht das postulierte wissenschaftliche Selbstverständnis der Psychoanalyse wurde für ihn fraglich, sondern die Psychoanalyse selbst, die er nun als wissenschaftlich unzureichend bezeichnete.

Adorno — und mit ihm auch Horkheimer — argumentierte hingegen aus der Perspektive der Philosophie. Diese Rezeptionslinie ist insofern komplizierter, als aufgrund der explizit erkenntniskritischen Akzentuierungen zugleich die tradierten Grenzziehungen zwischen Philosophie und Wissenschaft unterlaufen wurden. Ausschlaggebend hierfür war die letztlich wissenssoziologisch fundierte These vom »Ende der systematischen Philosophie« (vgl. Bonß 1983, 202 ff.), die Adorno in gesellschaftstheoretischer Absicht bereits 1931 formuliert und auch auf die Psychoanalyse übertragen hatte. Als Metapsychologie stellte sich die Psychoanalyse dementsprechend als eine unorthodoxe Philosophie dar, die weder eine philosophisch-systematische noch eine wissenschaftlich-instrumentelle Erkenntnisproduktion darstellt. Mit ihrer Umwertung aller konventionellen epistemologischen Schematisierungen verweist sie auf den Versuch einer Erkenntnis des Ganzen in einer Situation, in der das Ganze »zersplittert« und damit uneinsichtig wird. Die Psychoanalyse ist rational aber nicht rationalistisch; sie geht induktiv statt deduktiv vor und analysiert die Gesamtheit nicht als abstrakt Allgemeines, sondern in der Konzentration auf das Individuelle, in den Brechungen des Einzelfalls. Sie betreibt Spurensuche und zielt darauf ab, ausgehend von scheinbar sinnlosen Symptomen, den Sinn des Ganzen exemplarisch zu dechiffrieren. Kurzum — sie lebt von dem Widerspruch, das Ganze nicht mehr als Absolutes fassen zu können und doch auf einen Begriff der Wahrheit des Ganzen nicht verzichten zu wollen.

Der Blick auf die Psychoanalyse als einer »Philosophie nach dem Ende der Philosophie« war ohne Frage weiterführender als die Frommsche Interpretation, die unter epistemologischen Gesichtspunkten zu Recht als Ausdruck einer »naiv-realistischen Erkenntnistheorie« (Adorno 1946, 100) kritisiert wurde. Gleichwohl hatte die Sichtweise Adornos Schwächen. Denn die Psychoanalyse wurde letztlich »halbiert«, nämlich allein als Metapsychologie diskutiert, und auch auf dieser Ebene beteiligte sich Adorno nicht unbedingt aus einer immanenten Rekonstruktion. So wurde weder der Zusammenhang von Theorie und Therapie bzw. therapeutischem Verfahren und Theoriebildung zum Thema gemacht noch der von Freud behauptete Funktionszusammenhang des psychischen Apparats. Der Frommsche Einwand, daß die Freudsche Theorie hier keine zureichenden Beschreibungen liefere, konnte dementsprechend gar nicht zur Kenntnis genommen bzw. zum Problem werden. Trotz anderer Vorzeichen ergab sich somit ein vergleichbares Defizit — verkannte man doch ebenso wie Fromm, daß die Psychoanalyse nicht nur als Philosophie, sondern auch als Wissenschaft jenseits der tradierten Definitionen begriffen werden mußte.

Eben hier liegt der Ansatzpunkt für jene Reformulierungen des Verhältnisses von Psychoanalyse und Sozialwissenschaft, wie sie von Jürgen Habermas skizziert worden sind. Auch Habermas geht nicht auf die triebtheoretischen Grundlagen der Psychoanalyse ein. Aber im Unterschied zu Adorno wird bei ihm die verdrängte Frage nach ihrem Wissenschaftscharakter neu aufgerollt und der Zusammenhang von therapeutischem Verfahren und Theoriebildung explizit zum Thema gemacht. Den Ausgangspunkt hierfür bildet eine Ausdifferenzierung des Wissenschaftsbegriffs, der in Anlehnung an die tradierte Unterscheidung zwischen Natur- und Geisteswissenschaften doppelt gefaßt wird. Wissenschaften, die sich mit der sozialen Um- bzw. Mitwelt beschäftigen und diese als intersubjektiv konstituierte zu rekonstruieren versuchen, arbeiten nach Habermas mit einer anderen Konzeption von Erkenntnissubjekt, -perspektiven und -verfahren als jene Wissenschaften, die sich mit der äußeren Natur beschäftigen und diese als eine gleichsam asozial existierende Welt zu beschreiben versuchen. Bei Gegenständen, die vorab aller intersubjektiven Konstitution analysiert werden können, sind die instrumentell-erklärenden Strategien nach dem Muster der Naturwissenschaften durchaus angemessen. Für die Psychoanalyse hingegen gilt dies entgegen ihrem eigenen »szientistischen Selbstmißverständnis« (Habermas 1968a, 300) nicht. Denn ihr Gegenstand ist ein intersubjektiv konstituierter, der als solcher nur mit nicht-instrumentell-verstehenden Strategien angegangen werden kann.

Letzteres zeigt sich auch in der Freudschen Darstellung der Psychoanalyse als Verfahren bzw. als angewandte Wissenschaft. Im Gegensatz zur Theorie wird die therapeutische

Praxis nämlich keineswegs szientistisch eingeführt. So arbeitet der Analytiker nicht nach dem Modell einer medizinischen Differentialdiagnose, bei der Symptome als subjektfreie Merkmale naturwissenschaftlich beschreibbarer Funktionsstörungen in den Blick treten. Die Symptome werden vielmehr als wechselseitiger Verweisungszusammenhang begriffen, der keine somatischen Ursachen hat, also nicht auf naturwissenschaftlich beschreibbare Funktionsstörungen rückführbar, sondern spurensichernd auszudeuten ist, um so eine »sonst nicht erreichbare Realität einzufangen« (Ginzburg 1980, 16). Diese verdeckte Realität läßt sich zwar ex post selbst wieder als Kausalzusammenhang beschreiben, aber mit naturwissenschaftlicher Kausalanalyse hat ihre Dechiffrierung nichts zu tun. Die Aufgabe des Therapeuten besteht vielmehr darin, aus den vom Patienten gelieferten Bruchstücken seiner Lebensgeschichte qua »szenischem Verstehen« (Habermas 1971, 317) eine sinnhafte Gesamtheit zu rekonstruieren, das die Symptombildung selbst begreiflich macht.

Wie sieht nun dieses szenische Verstehen als eine »besondere Form der Interpretation« (Habermas 1968a, 263) aus? Wie bei allen hermeneutischen Verfahren gilt auch für das szenische Verstehen, daß es sich »einer nicht-deduktiven Logik bedienen muß, indem sie einen Sinn unterstellt, ohne ihn vorab festzulegen« (Radtke 1985, 322 f.). Für die zu entschlüsselnden Szenen ist davon auszugehen, daß sie einerseits für sich sinnhaft gedeutet, d. h. auf eine nicht unmittelbar sichtbare explanatorische Struktur bezogen, und andererseits in ihrem Zusammenhang eine ›vollständige Struktur‹ im Sinne eines geschlossenen Verweisungskontextes bilden. Diese Anforderung besteht freilich auch für die klassische Texthermeneutik, von der die Psychoanalyse in doppelter Hinsicht unterschieden ist: Zum einen bezieht sie sich nicht auf Sinnzusammenhänge in der Dimension des bewußt Intendierten, sondern befaßt sich mit unbewußt produzierten Symbolisierungen, die — als pathologisch verzerrte — von den Subjekten selbst nicht verstanden werden können; zum anderen hat der psychoanalytische Verstehensprozeß keine ›toten‹ bzw. geronnenen Texte zum Gegenstand, sondern Aussagen lebendiger Individuen. Die Dechiffrierung der Pathologien verläuft deshalb als ein grundsätzlich intersubjektiver Prozeß, bei dem die intellektuelle Arbeit »zwischen Arzt und Patient derart geteilt (wird), daß der eine aus den fehlerhaften Texten des anderen ... *rekonstruiert*, während der andere, durch die hypothetisch vorgeschlagenen Konstruktionen des Arztes angeregt, sich *erinnert*« (Habermas 1968a, 282).

Sofern es, wie sowohl Freud als auch Adorno und Horkheimer anmerkten, um Aufklärung im Sinne der »Übersetzung des Unbewußten in Bewußtes« geht, handelt es sich beim psychoanalytischen Diskurs nicht einfach um die Übersetzung eines Textes im Sinne einer grammatikalisch korrekten Transformation. »Die Übersetzung selbst ist Reflexion« (ebd., 280), und die erfolgreiche Transformation erweist sich als gelingende »systematisch verallgemeinerte Selbstreflexion« (ebd., 234). Ausgangspunkt dieser Selbstreflexion sind die vom Analytiker vorzunehmenden Deutungsangebote, wie sie sich aus den psychoanalytischen Vorstellungen über ge- und mißlingende Sozialisationsprozesse in Verbindung mit Vorstellungen über verzerrte bzw. unverzerrte Kommunikation ergeben. Allerdings kommt den theoriegeleiteten und theoretisch voraussetzungsvollen Entwürfen des Analytikers innerhalb der interaktiv-interpretativen Beziehungen nicht per se Wahrheit zu. »Erst die Erinnerung des Patienten entscheidet über die Triftigkeit der Konstruktion« (Habermas 1968a, 282). Er muß ihr im Prozeß des Durcharbeitens gegen alle Widerstände zustimmen können, und nur wenn dies gelingt, kann die Analyse »für den Patienten ein Stück verlorengegangener Lebensgeschichte wiederbringen, d. h. eine Selbstreflexion auslösen« (ebd.).

Diese hat ihren Ort in der Übertragungssituation, in der sich das psychoanalytische *Wissen* in psychoanalytische *Erkenntnis* transformiert. Mit der Rekonstruktion der die Symptomatik auslösenden Ursprungsszene wird es dem Patienten möglich, sich gleichsam von außen zu betrachten und Einsicht in die unbewußten Voraussetzungen seiner Verdrängungen zu gewinnen. Um zur Auflösung des Verdrängten zu führen, muß dieser Prozeß von beiden Interaktionspartnern in einer *subjektbezogenen* Einstellung vollzogen werden. So darf der Patient seine Symptome und deren Ursachen nicht als etwas äußerliches betrachten. Er muß »dazu gebracht werden, das Krankheitsgeschehen als Teil seines Selbst zu betrachten« (ebd., 287) und die Verdrängung als seine eigene Pathologie zu begreifen. Umgekehrt agiert aber auch der Analytiker nicht unter den Bedingungen der konventionellen medizinischen Praxis. Zumindest in der Übertragungssituation gewinnt er seine Interpretationen nur »in dem Maße, als er methodisch die Rolle des Mitspielers übernimmt« (ebd., 297). Der Erkenntnisprozeß wird also »nicht durch Ausschaltung, sondern gerade durch den kontrollierten Einsatz seiner Subjektivität« (ebd.) befördert, und so gesehen ist die Psychoanalyse auch mehr als das kognitive Erfassen bestimmter Störungen. Sie umfaßt kognitive und affektiv-motivationale Momente gleichermaßen, und als *verändernde* Erkenntnis wird sie letztlich auch nur in dieser Einheit wirksam.

Über die Psychoanalyse als materiale Theorie sagt diese Argumentation freilich nicht viel aus, und hier liegt sicherlich auch einer der Schwachpunkte der Konstruktion. Ähnlich wie Adorno behandelt auch Habermas das Thema »Psychoanalyse als Sozialwissenschaft« hauptsächlich unter *methodologischen* Gesichtspunkten; sein zentrales Thema ist die Frage, ob das psychoanalytische Verfahren Prozesse der Selbstaufklärung angemessen beschreibt und inwiefern es für aufklärungsorientierte Sozialwissenschaft nutzbar gemacht werden kann. Das Problem der *theoretischen* Relevanz der Freudschen Theorie, also die Frage, was psychoanalytische Konzepte wie die Kategorie des Triebes oder das Sozialisationsmodell, zur Erklärung von Gesellschaft und sozialem Handeln beitragen können, bleibt hingegen merkwürdig blaß — eine Feststellung, die auch für spätere Arbeiten zutrifft. So betont Habermas zwar immer die Bedeutung des psychoanalytischen Phasenmodells, aber in den »Stichworten zu einer Theorie der Sozialisation« (Habermas 1968 b) wird Freud erst unter der Überschrift »abweichende Sozialisationsvorgänge« eingeführt (vgl. ebd., 154 ff.), und in den darauf aufbauenden »Notizen zum Begriff der Rollenkompetenz« (Habermas 1972) entfällt er als Sozialtheoretiker im Gegensatz zu Piaget und Kohlberg völlig. Auch in den »Notizen zur Entwicklung der Interaktionskompetenz« (Habermas 1974 b) taucht er nur an einer Stelle auf, und zwar unter der Überschrift »noch auszuarbeiten« (vgl. ebd., 215). Daß dieser Anspruch mit Ausnahme der explorativen Bemerkungen zu Kommunikationspathologien (Habermas 1974 a) nach wie vor uneingelöst ist, zeigt sich nicht zuletzt in der »Theorie des kommunikativen Handelns« (Habermas 1981). Denn dort gehört Freud zwar zu den »prominenteren«, weil innerhalb des Namensregisters mehrfach erwähnten Autoren; aber eine systematische Auseinandersetzung mit seinen materialen Konzepten fehlt und wird nur noch in einer sehr abgeschwächten Form in Aussicht gestellt (vgl. Habermas 1981/II, 571).

Daß sich die Kritische Theorie mit der Psychoanalyse als materialer Theorie bislang eher unzureichend auseinandergesetzt hat, ist zweifellos ein Problem. Denn aus der metapsychologischen Kritik an der Konzeption Fromms ergibt sich noch kein Hinweis darauf, wie eine analytische Sozialpsychologie aussehen soll, die nicht mit falschen Soziologisierungen arbeitet. Zwar scheint über die triebpsychologische Fundierung Einigkeit zu bestehen, aber wie die gesellschaftliche Konstitution des psychischen Apparats zu begreifen ist, bleibt nach wie vor unklar. Bei Horkheimer und Adorno ist dies angesichts des »soziologischen Defizits der Kritischen Theorie« (Honneth 1985, 12 ff.) kaum verwunderlich, bei Habermas schon eher. Denn selbst wenn man in Rechnung stellt, daß er die Freudsche Konzeption grundsätzlich kommunikationstheoretisch überformt und »Hypothesen über Triebschicksale durch Annahmen über Interaktionsgeschichte und Identitätsbildung ersetzt« (Habermas 1981/II, 571), so erstaunt es doch, daß die Kategorie des Triebes und die Vorstellung von der »Psychodynamik der Triebbefriedigung« (Habermas 1974a, 258) zwar en passant als zutreffende Beschreibungsfolie eingeführt, aber in ihrem systematischen Stellenwert kaum explizit reflektiert wird.

4. Psychoanalyse und empirische Sozialforschung

Den Unzulänglichkeiten bei der Rezeption der Psychoanalyse als materialer Theorie, die weitergehend auch auf Defizite in der Konzeption des Naturbegriffs der Kritischen Theorie verweisen (vgl. Whitebook 1979, Benjamin 1982), stehen auf der anderen Seite hochentwickelte methodologische Überlegungen gegenüber, die nicht nur konzeptueller Natur sind bzw. waren. Bereits die Überlegungen von Erich Fromm richteten sich explizit auf die Durchführung empirischer Analysen — eine Akzentuierung, durch die sich das Frankfurter Institut von allen anderen zeitgenössischen Anhängern einer sozialwissenschaftlichen Rezeption der Psychoanalyse unterschied. Die psychoanalytische Charakterologie beispielsweise drängte geradezu nach einer empirischen Weiterentwicklung. So ließen sich die Idealtypen des »analen« und des »genitalen« Charakters nach Fromm nur auf dem Wege empirischer Feldstudien in Realtypen überführen, differenzieren und in ihrer Verteilung bestimmen; eine Ansicht, die von Horkheimer geteilt und bekräftigt wurde (vgl. Horkheimer 1931, 41 ff.).

Eine erste Erhebung, deren Datenerhebung zwischen 1929 und 1931 erfolgte, beschäftigte sich mit der Sozialpsychologie von Arbeitern und Angestellten — zwei Gruppen, deren materielle Lage, politische Orientierungen und kulturelle Einstellungen vergleichend untersucht wurden (vgl. Fromm 1937). Hierauf aufbauend entstanden von 1932 bis 1936 die weit bekannteren »Studien über Autorität und Familie« (IfS 1936). Getreu der Frommschen These, daß die libidinösen Strukturen und damit die Grundlagen für Ideologiebildungsprozesse in der Familie einsozialisiert werden, ging es in diesem Projekt anhand von drei Teilerhebungen und 16 Einzelstudien um die Frage, wie in der Familie Autoritätsverhältnisse entstehen und welche Differenzen sich je nach der Familienstruktur und ihrer Psychodynamik ergeben. Mitte der vierziger Jahre begann schließlich in Zusammenarbeit mit anderen Forschungsgruppen eine ganze Serie von Untersuchungen über das Vorurteil, und zwar insbesondere zum Antisemitismus. Auch hierbei handelte es sich um sozialpsychologisch orientierte Untersuchungen, als deren bekanntestes Resultat die »Studien zum autoritären Charakter« (Adorno et al. 1950) zu notieren sind.

Daß die Kritische Theorie auf der Grundlage ihrer Psychoanalyserezeption zu einem Vorreiter einer empirischen Sozialpsychologie wurde, ist heute ebenso in Vergessenheit geraten wie die dabei angewandte Methodologie. Diese war keineswegs einheitlich, sondern entwickelte sich schon angesichts der noch unausgebildeten Standards empirischer Forschung äußerst facettenreich. So bestehen nicht nur Berührungspunkte zu dem, was heute in Lehrbüchern als angebliche Quintessenz der »qualitativen« (vgl. z. B. Jüttemann 1985, Heinze 1987) und »psychoanalytischen Sozialforschung« (Leithäuser/Volmerg 1988) bezeichnet wird. Sofern es sich von den Untersuchungen über »Arbeiter und Angestellte am Vorabend des Dritten Reiches« bis hin zu den »Studien zum autoritären Charakter« um quantitative Massenbeobachtungen handelt, gehorchen sie vielmehr auch der Logik der konventionellen Sozialforschung mit ihrem in den gängigen Lehrbüchern immer wieder zitierten Dreischritt von »Begriffsbildung«, »Operationalisierung« und »Messung« (vgl. Bonß/Hartmann 1985, 18 ff.). Diese doppelte Lesbarkeit macht zugleich deutlich, daß sich die Freudsche Theorie innerhalb der empirischen Analyse unter zwei Perspektiven wahrnehmen läßt, die auf den ersten Blick konträr zu sein scheinen:

— Begreift man sie, wie in den zwanziger Jahren üblich und insbesondere bei Fromm zu beobachten, nach dem Vorbild der Naturwissenschaften, dann liegt es nahe, den Sinn der empirischen Forschung nach dem Modell des »Hypothesentestens« als eine ›beweisorientierte‹ Strategie zu denken. In diesem Fall spielt die Psychoanalyse weniger als Methode denn als Theorie eine Rolle: Sie gibt die erklärenden Hypothesen beispielsweise über bestimmte Charakterstrukturen vor, die es in der empirischen Forschung zu überprüfen gilt. Entsprechend dem Dreischritt von »Begriffsbildung«, »Operationalisierung« und »Messung« werden die theoretisch behaupteten Dispositionen in diesem Zusammenhang zunächst in bestimmte »Indikatoren« bzw. »Merkmale« übersetzt, deren Verteilung anschließend im Rahmen von quantitativen Massenuntersuchungen subjekt- und situationsunabhängig mit statistischem Repräsentativitätsanspruch analysiert wird.

— Anders sieht es hingegen aus, wenn die Psychoanalyse, entsprechend ihren therapeutischen Ursprüngen, als ein diskursiv-aufklärendes Verfahren wahrgenommen wird: In diesem vor allem von Habermas beschriebenen, aber auch von Adorno favorisierten Fall hat sie nicht nur (oder weniger) den Status einer zu überprüfenden materialen Theorie, sondern gelangt auch (oder sogar ausschließlich) als Methode zur Anwendung. Psychoanalyse als Sozialforschung ist dabei keine ›beweisorientierte‹, sondern eine explorative Strategie, bei der es nicht um ›Merkmalsuntersuchungen‹ in hypothetisch-deduktiver Einstellung geht, sondern um eine subjekt- und situationsbezogene Dechiffrierung von Einzelfällen nach dem Modell des szenischen Verstehens, also um das, was heute zumeist als »hermeneutisches Tiefeninterview« bezeichnet wird.

In der Geschichte der Untersuchungen des Frankfurter Instituts war zunächst, wie nicht anders zu erwarten, die erste Lesart dominierend. Denn vor dem Hintergrund der von den Freudomarxisten propagierten und von Fromm übernommenen Gleichsetzung von Psychoanalyse und Marxismus konnten die hermeneutischen Strategien in ihrer methodischen Bedeutung kaum angemessen diskutiert werden. Sofern die Psychoanalyse als materialistische Naturwissenschaft von der Seele begriffen wurde, orientierte man sich in methodischer Hinsicht auch an genau diesem Vorbild; die dem hypothetisch-deduktiven Modell nicht gehorchenden Strategien galten hingegen offiziell als »idealistisch« und fielen letztlich unter das Verdikt der »geisteswissenschaftlichen Verfahren«. Auf der anderen Seite zeigt aber bereits die erste Erhebung über »Arbeiter und Angestellte am Vorabend des Dritten Reiches«, daß diese Position keineswegs dogmatisch gehandhabt wurde (vgl. Bonß 1980, 31 ff.). Konzipiert als

schriftliche Befragung mit statistischem Repräsentativitätsanspruch trug die Studie zwar durchaus »beweisorientierte«,
»hypothesentestende« Züge. Aber diese wurden in der Au-
ßendarstellung weit mehr als in der internen Arbeit betont
und standen keineswegs im Zentrum.

Letzteres zeigen sowohl die methodologischen Vorüberle-
gungen als auch die Auswertungsstrategien. So bewegten sich
die Diskussionen über das Für und Wider einer schriftlichen
Befragung auf einem für die damalige Zeit erstaunlich hohen
Niveau, wobei zum Teil bereits Argumente entwickelt wurden, die Parallelen zur neueren Kritik der Einstellungsfor-
schung aufweisen. Fromm selber hätte am liebsten mündli-
che Interviews gemacht. Denn aus seiner analytischen Praxis
war ihm klar, daß nur auf diesem Wege ein umfassendes Bild
der jeweiligen Persönlichkeit gezeichnet werden konnte. Sofern er jedoch zugleich auf die Idee einer statistischen Reprä-
sentativerhebung fixiert war, ließ sich diese Idee schon aus
Kostengründen nicht realisieren. Als Kompromiß sprach
man sich jedoch für einen grundsätzlich »offenen« Fragebogen aus, bei dem jenseits quantitativ eindeutig abgrenzbarer
Merkmale wie Alter oder Arbeitszeit möglichst wenig mit
standardisierten Antwortvorgaben gearbeitet wurde. Mit der
offenen Fragestellung sollten in diesem Zusammenhang um-
fassendere Stellungnahmen provoziert werden, und über pro-
jektive Fragen hoffte man, an potentielle bzw. verdeckte
Wirklichkeiten heranzukommen, die nur spurensichernd erschlossen werden konnten.

Der bewußte Einsatz derartiger nicht-standardisierter Fragen machte allerdings ein relativ kompliziertes Auswertungs-
verfahren notwendig. Denn die individuellen Antworten
divergierten zum Teil erheblich. Auf die Frage nach den
»größten Persönlichkeiten in der Geschichte« wurden beispielsweise 160 Namen höchst unterschiedlicher Provenienz
genannt, die verglichen und klassifiziert werden mußten, da
ansonsten eine weiterführende quantitative Auswertung
nicht möglich gewesen wäre. Für diese Klassifikationen nahmen sich Fromm und seine Mitarbeiter auch vergleichsweise
viel Zeit. Denn je größer die Bandbreite bzw. je weniger stan-
dardisiert die Antworten, desto eher konnte man sie als Aus-

druck einer psychologisch höchst bedeutsamen individuellen Entscheidung ansehen und in derselben Weise analysieren, wie der Psychoanalytiker den Assoziationen seines Patienten zuhört. Hierbei spielten vor allem »die individuellen Ausdrucksnuancen eine wesentliche Rolle, die bei einer Aufschlüsselung nach den manifesten Inhalten unbeachtet bleiben« (Fromm 1937, 64). Anhand der Auswahl und Einbettung bestimmter Wörter bzw. Wortkombinationen, so die Unterstellung, ließen sich die latenten Gehalte der manifesten Aussagen dechiffrieren und das Verhältnis zwischen bewußter und unbewußter Realität aufdecken. Eben diese Strategie galt es bei den Klassifikationen auszunutzen, um jene tiefergehende Wirklichkeit in den Vordergrund zu rücken, die hinter den individuellen Darstellungen stand und sie bedingte.

Zwar ließ sich dieses Konzept, das eher eine komplette Auswertungsstrategie als eine Klassifikationsanleitung beinhaltete, in der Praxis kaum in der notwendigen Breite umsetzen (vgl. Bonß 1980, 35 ff.). Aber ungeachtet dessen zeigt sich, daß auch Fromm, obwohl auf der Ebene der Wahrnehmung der Freudschen Theorie als Wissenschaft einem »beweisorientierten« Verständnis empirischer Forschung durchaus verpflichtet, diesem Modell in der konkreten Forschung keineswegs bruchlos folgte. Darüber hinaus wird deutlich, daß quantitative Massenuntersuchungen und hermeneutische Interpretation von Einzelfällen keineswegs in Widerspruch zueinander stehen müssen. Denn ein entsprechendes Design vorausgesetzt, lassen sich die jeweiligen Fragebögen wie ein Einzelfall lesen, bei dem die verschiedenen Äußerungen in einem wechselseitigen Verweisungszusammenhang stehen, aus dem sich idealiter eine vollständige Struktur des Falls rekonstruieren läßt. Allerdings ist einschränkend festzuhalten, daß diese Strategie in den ersten Untersuchungen einschließlich der »Studien über Autorität und Familie« nie realisiert werden konnte. Dies um so weniger, als unter den Bedingungen der Emigration und unter dem Eindruck der Standards der amerikanischen Sozialforschung die hypothesentestende Orientierung im Institut zeitweise stärker an Bedeutung gewann.

Weiter als Fromm kamen erst Adorno et al. mit ihren »Studien zum autoritären Charakter«. Zwar ist auch diese Untersuchung eine »Mischform« zwischen hermeneutischer und statistischer Analyse, doch wurde, ausgehend von der gesellschaftstheoretischen Verortung der Psychoanalyse, von vornherein auf umfassende Repräsentativerhebungen mit zufällig ausgewählten Populationen verzichtet. Statt dessen verlegte man sich auf »intensive klinische Untersuchungen« (Adorno et al. 1950, 16) an verschiedenen, als exemplarisch begriffenen Gruppen bzw. Einzelpersonen. Hierbei wurde die Freudsche Theorie nicht als ein exakt definierter Bezugsrahmen mit klaren Operationalisierungen verwendet. Die Thesen zur Charakterstruktur und ihren Schichten hatten eher den Status von dem, was Norman Denzin (1970) als »sensitizing concepts« bezeichnet hat. Sie galten als unvollständige, problemanleitende Interpretationsangebote, deren konkrete empirische Bedeutung sich erst aus den mit der Methode der freien Assoziation bearbeiteten Antworten der Individuen ergab (vgl. Adorno 1969, 726). Vor diesem Hintergrund begann man mit der Formulierung theoriegeleiteter Einzelstatements zu antisemitischen und autoritären Einstellungen, die weitergehend zu überprüfungsfähigen Skalen, wie der berühmten Faschismus-Skala, verdichtet wurden.

Die in der Rezeption der Studien später in den Vordergrund geschobene Skalenkonstruktion war freilich zumindest für Adorno eine eher nachrangige und nicht unbedingt erkenntniserweiternde Angelegenheit. Er selbst orientierte sich in seiner Arbeit auch stärker an den parallel geführten Tiefeninterviews und entwickelte allgemeine Argumente anhand von Einzelaussagen, die er auf der Grundlage interpretativer Klassifikationen zu Momentaufnahmen ›typischer‹ Einstellungen verdichtete. Die starke Orientierung an paradigmabildenden Beispielsfällen, die als eine vollständige Struktur präsentiert werden, zeigt sich auch an der einleitenden und immer wieder aufgegriffenen Analyse von »Mac« und »Larry«, zwei College-Studenten, von denen der eine extrem autoritär, der andere hingegen weitgehend antiautoritär war. Am Beispiel der Fallanalyse dieser beiden Männer wurde in Form qualitativer Bezugspunkte gleichsam das ›Selektivitätsraster‹ für alle weiteren Wahrnehmungen entwickelt, die dann im Fortgang »durch Quantifizierung erhärtet« wurden, um so zu zeigen, inwiefern »Wertvorstellungen von Gruppen Denkmuster bilden, von denen einige verbreiteter sind als andere« (Adorno et al. 1950, 4).

Im Fortgang der Diskussion ist diese Verknüpfung von hermeneutischer Einzelfallinterpretation und beweisorientierter Quantifizierung allerdings weder aufgegriffen noch weiterentwickelt worden. Statt dessen beschränkten sich die methodologischen Debatten hauptsächlich auf Probleme der Skalenkonstruktion, obwohl dieser Teil nur einen Schritt unter anderen bezeichnete und keineswegs mit jenen Exaktheitsansprüchen vorgetragen wurde wie sie von manchen Kritikern aus der Perspektive der konventionellen Forschung eingeklagt wurden. Auf der anderen Seite war aber auch Adorno weder in der Lage noch daran interessiert, die in den »Studien zum autoritären Charakter« angedeutete methodische Orientierung in eine Systematik psychoanalytischer Sozialforschung zu transformieren. An dieser Stelle helfen auch die Habermasschen Reformulierungen nur begrenzt weiter. Sicherlich läßt sich mit Habermas die Logik des psychoanalytischen Fallverstehens weit präziser beschreiben als mit Adorno, und es wird auch deutlich, daß dieses »Verstehen« mit wissenschaftlichen »Erklärungen« durchaus kompatibel ist. Aber einmal abgesehen davon, daß Habermas im Unterschied zu Fromm und Adorno seine Überlegungen nie selber empirisch umgesetzt hat, klären seine Argumentationen eher die Methodologie als die Methodik einer psychoanalytischen Sozialforschung. Psychoanalyse als Sozialwissenschaft bleibt so gesehen auch nach wie vor ein offenes Thema, das es gerade unter methodischen Gesichtspunkten weiter zu diskutieren gilt.

ADORNO, Th. W. (1927): Der Begriff des Unbewußten in der transzendentalen Seelenlehre. In: ders., Schriften, Bd. 1, S. 79 ff. Frankfurt 1972.

ADORNO, Th. W. (1931): Die Aktualität der Philosophie. In: ders., Gesammelte Schriften 1, S. 325 ff. Frankfurt 1973.

ADORNO, Th. W. (1944): Minima Moralia: Reflexionen aus einem beschädigten Leben. Frankfurt 1969.

ADORNO, Th. W. (1946): Die revidierte Psychoanalyse. In: Horkheimer, M./Adorno, Th. W. (Hrsg.), Sociologica II: Reden und Beiträge, S. 94 ff. Frankfurt 1962.

ADORNO, Th. W. (1968): Wissenschaftliche Erfahrungen in Amerika. In: ders.: Gesammelte Schriften 10.2, S. 702 ff. Frankfurt.

ADORNO, TH W./FRENKEL-BRUNDSWICK, E./LEVINSON, D./SANFORD, R. N. (1950): The Authoritarian Personality. New York. (= Horkheimer, M./Flowerman, S. (Hrsg.): Studies in Prejudice, Bd. 3; Deutsche Kurzfassung: Studien zum autoritären Charakter. Frankfurt 1973).

BENJAMIN, J. (1982): Die Antinomien des patriarchalischen Denkens. Kritische Theorie und Psychoanalyse. In: Bonß, W./Honneth, A. (Hrsg.), Sozialforschung als Kritik. Zum sozialwissenschaftlichen Potential der Kritischen Theorie, S. 426 ff. Frankfurt 1982.

BERNFELD, S. (1926): Sozialismus und Psychoanalyse. In: Gente, H. P. (Hrsg.), Marxismus, Psychoanalyse, Sexpol, Bd. 1, S. 9 ff. Frankfurt.

BLOCH, E. (1923): Geist der Utopie. Bearbeitete Neuauflage der 2. Fassung von 1923 (= Gesamtausgabe Bd. 3). Frankfurt.

BONSS, W. (1980): Kritische Theorie und empirische Sozialforschung. Anmerkungen zu einem Fallbeispiel. In: Fromm 1938, S. 7 ff.

BONSS, W./SCHINDLER, N. (1982): Kritische Theorie als interdisziplinärer Materialismus. In: Bonß, W./Honneth, A. (Hrsg.), Sozialforschung als Kritik, S. 31 ff. Frankfurt 1982.

BONSS, W. (1983): Empirie und Dechiffrierung von Wirklichkeit. Zur Methodologie bei Adorno. In: Friedeburg, L. v./Habermas, J. (Hrsg.): Adorno-Konferenz 1983, S. 201 ff. Frankfurt 1983.

Bonss, W./Hartmann, H. (1985): konstruierte Gesellschaft, rationale Deutung. Zum Wirklichkeitscharakter soziologischer Diskurse. In: dies. (Hrsg.): Entzauberte Wissenschaft. Zur Relativität und Geltung soziologischer Forschung, S. 9 ff. Göttingen 1985.

Dahmer, H. (1973): Libido und Gesellschaft: Studien über Freud und die Freudsche Linke. Frankfurt 1973.

Denzin, N. (1970): The Research Act. A Theoretical Introduction to Sociological Methods. Chicago 1970.

Fenichel, O. (1934): Über die Psychoanalyse als Kern einer zukünftigen dialektisch-materialistischen Psychologie. In: Gente, H. P. (Hrsg.), Marxismus, Psychoanalyse, Sexpol, Bd. 1, S. 218 ff. Frankfurt.

Freud, S. (1913): Totem und Tabu. Frankfurt 1956.

Freud, S. (1923): Das Ich und das Es. In: ders., Gesammelte Werke, Bd. VIII, S. 235 ff., Frankfurt 1963.

Freud, S. (1930): Das Unbehagen in der Kultur. In: ders., Abriß der Psychoanalyse: Das Unbehagen in der Kultur, S. 62 ff. Frankfurt 1972.

Fromm, E. (1932 a): Über Methode und Aufgabe einer analytischen Sozialpsychologie. ZfS 1, 28 ff.

Fromm, E. (1932 b): Die psychoanalytische Charakterologie und ihre Bedeutung für die Sozialpsychologie. ZfS 1, 253 ff.

Fromm, E. (1934): Die sozialpsychologische Bedeutung der Mutterrechtstheorie. ZfS 3, 196 ff.

Fromm, E. (1935): Die gesellschaftliche Bedingtheit der psychoanalytischen Therapie. ZfS 4, S. 365 ff.

Fromm, E. (1937): Arbeiter und Angestellte am Vorabend des Dritten Reiches. Eine sozialpsychologische Untersuchung. Stuttgart 1980.

Fromm, E. (1941): Escape from Freedom. (Deutsch: Die Furcht vor der Freiheit), Zürich 1945.

Ginzburg, C. (1980): Spurensicherung. Der Jäger entziffert die Fährte, Sherlock Holmes nimmt die Lupe, Freud liest Morelli. Freibeuter, Heft 3: 5 ff., Heft 4: 11 ff.

Habermas, J. (1963): Eine psychoanalytische Konstruktion des Fortschritts. In: ders., Kultur und Kritik. Verstreute Aufsätze, S. 112 ff. Frankfurt 1973.

Habermas, J. (1968 a): Erkenntnis und Interesse. Mit einem neuen Nachwort. Frankfurt 1973.

HABERMAS, J. (1968 b): Stichworte zur Theorie der Sozialisation. In: ders., Kultur und Kritik. Verstreute Aufsätze, S. 118 ff. Frankfurt 1973.

HABERMAS, J. (1971): Der Universalitätsanspruch der Hermeneutik. Hermeneutik und Ideologiekritik. Mit Beiträgen von K. O. Apel u. a. Frankfurt 1971, S. 120 ff.

HABERMAS, J. (1972): Notizen zum Begriff der Rollenkompetenz. In: ders., Kultur und Kritik. Verstreute Aufsätze, S. 195 ff. Frankfurt 1973.

HABERMAS, J. (1974 a): Notizen zur Entwicklung der Kommunikationskompetenz. In: ders., Vorstudien und Ergänzungen zur Theorie des kommunikativen Handelns, S. 187 ff. Frankfurt 1974.

HABERMAS, J. (1974 b): Überlegungen zur Kommunikationspathologie. In: ders., Vorstudien und Ergänzungen zur Theorie des kommunikativen Handelns, S. 226 ff. Frankfurt 1984.

HABERMAS, J. (1981): Theorie des kommunikativen Handelns. 2 Bände. Frankfurt 1981.

HEINZE, Th. (1987): Qualitative Sozialforschung. Erfahrungen, Probleme und Perspektiven. Opladen 1987.

HOMANS, G. C. (1961): Social Behaviour. It's Elementary Forms. New York/Burlingame 1961.

HONNETH, A. (1985): Kritik der Macht. Reflexionsstufen einer kritischen Gesellschaftstheorie. Frankfurt 1985.

HORKHEIMER, M. (1925): Über Kants Kritik der Urteilskraft als Bindeglied zwischen theoretischer und praktischer Philosophie. In: ders., Schriften Bd. 2, S. 75 ff. Frankfurt 1987.

HORKHEIMER, M. (1931): Die gegenwärtige Lage der Sozialphilosophie und die Aufgaben eines Instituts für Sozialforschung. In: ders., Sozialphilosophische Studien, S. 33 ff. Frankfurt 1972.

HORKHEIMER, M. (1932): Geschichte und Psychologie. ZfS 1, S. 125 ff.

HORKHEIMER, M. (1937): Traditionelle und kritische Theorie. ZfS 6, S. 245 ff.

IfS (1936): Studien über Autorität und Familie. Forschungsberichte des Instituts für Sozialforschung. Hrsg. v. E. Fromm, M. Horkheimer, H. Mayer u. a. Paris.

JAY, M. (1973): Dialektische Phantasie: Die Geschichte der Frankfurter Schule und des Instituts für Sozialforschung 1923–1950. Frankfurt 1976.

JÜTTEMANN, G. (Hrsg.) (1985): Qualitative Forschung in der Psychologie. Grundfragen, Verfahrensweisen, Anwendungsfelder. Weinheim/Basel 1985.

LAZARSFELD, P. F. (1968): Eine Episode in der Geschichte der empirischen Sozialforschung. In: Parons, T./Shils, E./Lazarsfeld, P. (Hrsg.), Soziologie — autobiographisch: Drei kritische Berichte zur Entwicklung einer Wissenschaft. Stuttgart 1968.

LEITHÄUSER, TH./VOMGER, B. (1988): Psychoanalytische Sozialforschung. Opladen 1988.

LORENZER, A./DAHMER, H./HORN, K./BREDE, K./SCHWANENBERG, E. (1971): Psychoanalyse als Sozialwissenschaft. Frankfurt 1971.

MARCUSE, H. (1955): Triebstruktur und Gesellschaft. Frankfurt 1957.

MARCUSE, H. (1975): Zeitmessungen. Drei Vorträge und ein Interview. Frankfurt 1975.

MILLS, C. W. (1959): Kritik der soziologischen Denkweise. Darmstadt/Neuwied 1973.

OPP, K. D. (1970): Soziales Handeln, Rollen und soziale Systeme. Ein Erklärungsversuch sozialen Verhaltens. Stuttgart 1970.

PARSONS, TH./SHILS, E. (1951): Toward a General Theory of Action. New York/Evanston 1962.

RADTKE, F.-O. (1985): Hermeneutik und soziologische Forschung. In: Bonß, W./Hartmann, H. (Hrsg.), Entzauberte Wissenschaft. Zur Relativität und Geltung soziologischer Forschung, S. 321 ff. Göttingen 1985.

REICH, W. (1929): Dialektischer Materialismus und Psychoanalyse. In: Sandkühler (Hrsg.) 1970, S. 137 ff.

SANDKÜHLER, H. J., (1970): Einleitung. In: ders. (Hrsg.), Psychoanalyse und Marxismus. Dokumentation einer Kontroverse. Frankfurt 1970.

WHITEBOOK, J. (1979): The Problem of Nature in Habermas. Telos, 40, S. 41 ff.

WIESENTHAL, H. (1987): Rational Choice. Ein Überblick über Grundlinien, Theoriefelder und neuere Themenakquisition eines sozialwissenschaftlichen Paradigmas. Zeitschrift für Soziologie, 16, S. 434—449.

Klaus Ottomeyer
Zur Sozialisation der Sinnlichkeit

I

Die Sozialisation oder Modellierung unserer Sinnlichkeit
ist ein wichtiger, oder noch entschiedener: der wichtigste
Gegenstand einer kritischen, sozialwissenschaftlich und historisch gerichteten Psychologie. Die Rekonstruktion der
gesellschafts- und lebensgeschichtlichen Modellierung ist
günstigstenfalls — wenn sie sich nicht zu sehr mit dem nar-
zißtisch-konkurrierenden Gestus des Besitzens von »richti-
ger« Theorie verbindet — auch ein Innewerden unserer eigenen Beziehungseinengung und Liebesverarmung, hat also
etwas von Trauerarbeit. Wie bin ich zum »homo clausus«
geworden, der seine sinnlichen Impulse soweit eingemauert, kanalisiert hat, daß sie sich zum größten Teil nur
noch als Regungen einer phantastischen Innenwelt darstellen, die ich im Normalvollzug des Alltags bei Strafe des
ökonomisch-sozialen Untergangs abspalten, verbergen muß,
allenfalls in den abgezirkelten Nischen einer trotz allem ge-
lingenden Liebe oder beim Analytiker an reale Menschen
heften kann?

Norbert Elias hat die Einmauerungsvorgänge bekanntlich
mit dem großen historischen Prozeß der Entstehung des modernen Nationalstaats, der Zentralisierung von Macht in Zusammenhang gebracht; hierbei übernahmen, ausgehend von
der Konkurrenz mit dem (notgedrungenen immer »höfi-
scher« gewordenen) Adel schließlich die »industriellen Klas-
sen«, das heißt: Bourgeoise und Proletariat, die Sinnlichkeitskontrolle und Selbstzwangapparatur, welche für die
Teilhabe am neuzeitlichen Zivilisations- und Machtprozeß
erforderlich sind.[1]

Man kann gegen Elias einiges einwenden, darauf hinweisen, daß er andere Stränge der modernen Sinnlichkeitsmodellierung, den (»Weberschen«) Einfluß des Protestantismus

und auch den unpersönlichen, auf den Charaktermasken der interagierenden Warenbesitzer lastenden »stummen Zwang der ökonomischen Verhältnisse« nicht weiter thematisiert hat; ebensowenig wie die neuere, schon in den »golden twenties« zu beobachtende, profitable Auflockerung des Selbstzwangs, die uns auch heute so verwirrt. Und Ethnologen fragen zu Recht, was »zuvor« war — gibt es nicht einen gewissen Selbstzwang und eine Sinnlichkeitskontrolle auch vorher und außerhalb des westlichen Zivilisationsprozesses, in den vielen Varianten der »guilt-cultures« oder »shame-cultures«?

Aber hinter die Frage nach der historischen Spezifik der Vorgänge der menschlichen Sinnlichkeitsmodellierung kann eine Sozialpsychologie nicht mehr zurück. Seit den 50er Jahren gibt es — parallel zur modernen homo-clausus-Problematik — in der akademischen Sozialpsychologie eine ziemlich verzweifelte und fruchtlose »self-disclosure«-Forschung. Warum sind die Menschen so verschlossen, abgesehen von den berühmten Situationen im Zugabteil oder mit guten Bekannten? Welche Variablen beeinflussen die »Öffnung«? Zur Erforschung der Bereitschaft, intime Einstellungen, körperliche Befindlichkeiten etc. mitzuteilen, bedienen sich die »naturwissenschaftlich« orientierten Psychologen im Labor ganz unbewußt desselben situativen Arrangements, welches »draußen«, im historischen und biographischen Prozeß am Forschungsobjekt Mensch die Einkapselung, »enclosure« der Kommunikation und sinnlichen Wünsche hervorgebracht hat: des *Überlistungsarrangements* von Menschen, die an ihrer individuellen Karriere unter konkurrierenden Postenbewerbern und Warenbesitzern interessiert sind und den anderen hierfür benutzen (u. U. auch bezahlen).

Sogenannte »Vertraute« des Versuchsleiters (»Confederates«), die den Öffnungskandidaten etwas vorspielen, in der Forschungssituation vorgeben, etwas ganz anderes zu wollen, sorgen dafür, daß heimlich die »Anzahl gesprochener Wörter, die Länge der Redezeit, oder die Anzahl der verschiedenen angesprochenen Themen aus dem Intimbereich« als Datenmaterial protokolliert und verglichen werden können. Man findet dann allgemeine Gesetzmäßigkeiten der Menschennatur heraus, z. B. daß wechselseitige Nähe dann riskiert wird, »wenn die aus der Kommunikation erwarteten Belohnungen die Kosten übersteigen (!), bei den Kommunikationspartnern eine hohe Disposition zur Selbsteinbringung vorliegt (!), die Kommunikation einen eher informellen Charakter besitzt, oder wenn eine ›warme‹ Umgebung (z. B. gemütlicher Raum) vorliegt.«[2] Wer hätte das gedacht?

Die Kulturanthropologie und die Ethnopsychoanalyse haben uns gelehrt, daß die westliche Sinnlichkeitsmodellierung, die mit einer grundlegenden Trennung von öffentlichen und privaten Lebensäußerungen und einem »Besitzindividualismus«, einer ökonomisch erzwungenen Überindividuation[3] verbunden ist, nur eine Variante unter vielen ist. So fehlt bei den Dogon infolge des Mangels an jeglicher Analdressur wohl weitgehend das possessive Element in der Ich-Bildung, das Über-Ich bekommt nicht die bei uns verbreitete autoaggressiv-analsadistische Färbung, weil im ödipalen Konflikt der eigene Besitz- und Rivalitätswunsch nicht mit tödlicher Wut aufgeladen wurde.[4] Der Wunsch, in einer sinnlichen Symbiose »mitzuschwingen« und aus ihr heraus die Welt zu erleben, der in den ersten drei Jahren so intensiv mit der Mutter befriedigt werden konnte, wird relativ — nicht völlig — konfliktlos auf die »horizontalen« und »vertikalen« Identifikationsgruppen (peer-group und »Brüder-Väter-Reihe«) verschoben. Das Inzesttabu und in abgewandelter Weise den Ödipuskonflikt gibt es aber auch hier; ganz schmerz- und angstfrei ist die Sozialisation der Sinnlichkeit wohl nie (später kommen die Initiationsrituale, u. a. die bei Parins und Morgenthaler zu wenig behandelte Klitoris-Exzision).

Wichtig ist der Hinweis, daß die enge Verwobenheit von Sinnlichkeit und Sozialität, die sich bei den Dogon u. a. im nur mit Hilfe der Altersklassenkameraden funktionierenden sexuellen Werbeverhalten zeigt, ihre Unterstützung und Basis in einem System des kollektiven *Produzierens*, mit einer großen Wertschätzung kollektiver und unentfremdeter *Arbeit* hat. Das ist ganz anders als bei den Gruppen-Ego-Phänomenen, die für die westliche Kultur der fünfziger Jahre in Riesmans »Einsamer Masse« und später in der Theorie vom

»neuen Sozialisationstypus« beschrieben wurden[5]. Das sinnliche Erleben in der Gruppe bleibt hierzulande rein konsumistisch, aufgesetzt auf die Isolation und »Einsamkeit« der konkurrierenden Marktteilnehmer und entfremdeten Produzenten. Die Symbiosewünsche, die Wünsche nach sinnlicher Verbundenheit in Gruppen, sind in einem viel grundlegenderen Sinne kompensatorisch und daher auch kommerziell und in neokonservativen Gemeinschaftsinszenierungen zu mißbrauchen.

II

Wie läßt sich das, was die gegenwärtige kapitalistische Gesellschaft aus der Sinnlichkeit macht, über die bisher verwendeten Schlagworte vom »homo clausus«, Besitzindividualismus usw. hinaus, genauer erfassen? Ich denke, wir brauchen erstens eine Idee vom Menschen und seiner Sinnlichkeit (als »verständige Abstraktion«, wie Marx sagen würde); denn sonst läßt sich kaum zeigen, *was* da, auf Kosten *welcher Potentiale* eigentlich geformt und entfremdet wird. Und wir müssen zweitens, jedenfalls für die *westlichen Gegenwartskulturen* auf die Konstruktionen von *einheitlichen Sozialcharakteren* oder »basic-personality«-Typen verzichten. Auf den zweiten Punkt gehe ich später noch ein; also zunächst zur Anthropologie: Ich will wenigstens kurz auf die Anthropologie der Marxschen Frühschriften eingehen.

Dort hatte Marx den Humanismus von Feuerbach zwar stark kritisiert; ähnlich wie Feuerbach sieht er aber im Menschen die Potenz zu einer allseitigen, auf viele Gegenstände und Gegenstandsaspekte bezogenen universellen Sinnlichkeit, die ihn von der partikularen, einseitigen der Tiere unterscheidet. Im Gegensatz zu Feuerbachs nur kontemplativem, passivem Verständnis von Sinnlichkeit realisiert sich für Marx diese Universalität auch als aktive, gegenständlich-sinnliche Aneignung.

»Der Mensch eignet sich sein allseitiges Wesen auf eine allseitige Art an, also als ein totaler Mensch. Jedes seiner menschlichen

Verhältnisse zur Welt, Sehen, Hören, Riechen, Schmecken, Fühlen, Denken, Anschauen, Empfinden, Wollen, Tätigsein, Lieben, kurz alle Organe seiner Individualität, wie die Organe, welche unmittelbar in ihrer Form gemeinschaftliche Organe sind, sind in ihrem gegenständlichen Verhalten oder in ihrem Verhalten zum Gegenstand die Aneignung desselben. Die Aneignung der menschlichen Wirklichkeit, ihr Verhalten zum menschlichen Gegenstand ist die Betätigung der menschlichen Wirklichkeit.«[6]

Der »Sinn des Habens«, den die kapitalistische Ökonomie (u. a. über ihre gnadenlosen Konkurrenzzwänge) den Menschen bei Strafe ihres ökonomischen Untergangs aufdrückt, zerstört diese Potenz zur universellen sinnlichen Aneignung der gegenständlichen Welt. Er bringt — hierin vergleichbar dem Hunger — eine Regression auf Einseitigkeit, Abstraktheit des sinnlichen Gegenstandsbezugs hervor:

»Für den ausgehungerten Menschen existiert nicht die menschliche Form der Speise, sondern nur ihr abstraktes Dasein als Speise... der Mineralienkrämer sieht nur den merkantilistischen Wert, aber nicht die Schönheit und eigentümliche Natur des Minerals.«[7]

Der dominante Sinn des Habens bedeutet eine abstrakte, einseitige Einverleibung der Gegenstände, die den leiblichen Menschen mit seiner potentiell allseitig gerichteten und anspruchsvollen Sinnlichkeit in einem bestimmten Sinn immer noch hungrig zurückläßt.

»Das Privateigentum hat uns so dumm und einseitig gemacht, daß ein Gegenstand erst der unsrige ist, wenn wir ihn haben, (er) also als Kapital für uns existiert, oder von uns unmittelbar besessen, gegessen, getrunken, an unserem Leib getragen, von uns bewohnt etc., kurz: gebraucht wird.«[8]

Die Betonung liegt hier auf »unmittelbar«; Marx argumentiert nicht gegen das Gebrauchen der Dinge als solches, sondern gegen die Vereinseitigung ihres Gebrauchswerts, gegen einen Modus umstandsloser Aneignung, der die Eigentümlichkeit der Gegenstände nicht wahrnimmt und nicht bestehen lassen kann.

»Das Tier formiert nur nach dem Maß und dem Bedürfnis der Spezies, der es angehört, während der Mensch nach dem Maß jeder Spezies zu produzieren weiß und überall das inhärente Maß dem Gegenstand anzulegen weiß; der Mensch formiert daher auch nach dem Gesetz der Schönheit.«[9]

Der »Sinn des Habens« zerstört dieses »inhärente Maß«, die innere »Eigentümlichkeit« in den angeeigneten Gegenständen — z. B. eignet er sich in kapitalistischer Bau- und Betonierungswut die Landschaft ohne Rücksicht auf den »Eigensinn« ökologischer Systeme an. Dieselbe Rücksichtslosigkeit herrscht in bezug auf die Systeme der »inneren Ökologie«. Es ist heute wichtiger denn je, das kontemplativ-rücksichtsvolle Moment in Marx' Vorstellung von unentfremdeter sinnlicher Aneignung festzuhalten, das er von Feuerbach übernommen hat, bei dem die »sinnliche Einbildungskraft die Natur in Frieden gewähren und bestehen« lassen soll. Dieses (von Feuerbach verabsolutierte) Moment von aneignender Praxis kann und muß sich auch im Verhältnis zum eigenen Körper, zu dem »inneren Ökosystem«, sowie zur bewußt-unbewußten Logik der zwischenpersönlichen dramatischen Entwürfe hin entwickeln können. Auch in dieser Hinsicht hat der Sinn des Habens mit seinem Besitz-, Kontroll- und Quantifizierungsdrang den vielseitigen Charakter der menschlichen Sinnlichkeit und die Fähigkeit, die Eigentümlichkeit der Gegenstände und lebensgeschichtlichen Dramen geduldig wahrzunehmen, abgetötet. So haben wir in den letzten Jahren erfahren, wie die Herrschaft eines quantitativ-genitalen und ungeduldigen Modells von sexueller Sinnlichkeit zu Vereinseitigung und Abstumpfung der von der Anlage her vielseitigen und »polymorphen« menschlichen Sexualität, zum Verfehlen des hochspezifischen Gegenübers und damit zu einer Art Hunger im Überfluß geführt hat.

Der sinnliche Naturgegenstand menschlicher Aneignungstätigkeit, der am meisten Rücksicht auf seine Eigenverfassung, die meiste Sensibilität und Behutsamkeit erfordert, ist für den Menschen der andere Mensch. In der sinnlichen Beziehung zwischen Menschen sind Anerkennung des anderen als ein eigensinniges Naturwesen und seine längerfristig gelingende, nicht utilitaristische oder rohe Aneignung zwingend aufeinander verwiesen. Der Zustand der sexuellen Beziehungen in einer Gesellschaft, die sexuellen Szenen, die sie hervorbringt, sind ein Indikator dafür, wie weit die Humanisierung der Natur und die Naturalisierung des Menschen gelungen oder mißlungen sind.

»Das unmittelbare, natürliche, notwendige Verhältnis des Menschen zum Menschen ist das Verhältnis des Mannes zum Weibe. In diesem natürlichen Gattungsverhältnis ist das Verhältnis des Menschen zur Natur unmittelbar sein Verhältnis zum Menschen, wie das Verhältnis zum Menschen unmittelbar sein Verhältnis zur Natur, seine eigene natürliche Bestimmung ist. In diesem Verhältnis erscheint also sinnlich auf ein anschaubares Faktum reduziert, inwieweit dem Menschen das menschliche Wesen zur Natur oder die Natur zum menschlichen Wesen des Menschen geworden ist. Aus diesem Verhältnis kann man also die ganze Bildungsstufe des Menschen beurteilen.«[10]

Die Marxsche Vorstellung von Sexualität und Liebe ist alles anders als physiologistisch. Menschliche Sexualität ist ihrer Natur nach gesellschaftlich, steht also nicht als vorsozialer Block gegen die Sozialität des Menschen. Von einer solchen Position aus ist Lorenzer zuzustimmen, wenn er Freud vorwirft, daß dieser »in seiner Grundlegung der Thematik die Sozialität der Sinnlichkeit, die Sozialität der Sexualität begrifflich unterbelichtet hat«. Das vorher angeführte Marx-Zitat stimmt auch gut mit Lorenzers neuerer Begründung dafür zusammen, daß die Sexualität der störungsanfälligste und daher therapeutisch immer noch relevanteste menschliche Lebensbereich ist:

»Sexualität ist in diesem Verständnis die zentrale Stelle, an der die Körperlichkeit ihre soziale Formung zeigt. In allen übrigen Lebensäußerungen, die sich mehr oder weniger weit von der

Genitalität entfernen, ist immer noch etwas von dieser Einheit von Körperlichkeit und Sozialität, von körperlichem Bedürfnis als einen sozial hergestellten enthalten. Aber am dichtesten ist diese Einheit in den Prozessen, in denen die Kommunikation mit den anderen eine unmittelbar sinnliche ist. Insofern ist Sexualität tatsächlich der Zentralpunkt, an dem sich das Kommunizieren und das Interagieren mit der Umwelt bündeln.«[11]

Es gibt kaum einen Aspekt des Marxschen Menschenbildes und seiner Idee von menschlicher Sinnlichkeit, der durch die moderne empirische Anthropologie nicht bestätigt worden wäre. Es stimmt zum Beispiel, daß fast gleichzeitig mit dem Erscheinen des homo sapiens sapiens, des Cro-Magnon-Menschen, eine Produktion »nach dem Gesetz der Schönheit« auftaucht, und zwar in Gestalt der südwesteuropäischen Höhlenbilder dann in so beeindruckender Weise, daß man mit Bataille der Meinung sein kann, daß sie niemals mehr übertroffen worden ist.[12] Die Gattungsreproduktion durch Arbeit, welche als Kernelement der »gegenständlichen Tätigkeit«, bis ins Neolithikum allerdings noch stärker durch die Entwicklung hochkooperativer Sozialsysteme als durch den Fortschritt der Werkzeugtechnologie bestimmt wurde, ist vielfach belegt. Allerdings ist interessant, daß dieser Umstand in den gerade wieder modern gewordenen großen Evolutions*theorien* von Konrad Lorenz bis Maturana und Varela wieder weggedacht, auf groteske Weise unterbelichtet ist. Das muß mit der alten Angst des Bürgertums und der Kopfarbeiter vor der Selbstorganisation der sinnlich-praktischen Arbeit und der Arbeiter zu tun haben.

So haben bei Maturana und Varela[13] den neuen Cheftheoretikern der Systemtheorie und Familientherapie, die berühmten »autopoietischen System« auf den niederen Evolutionsstufen sehr viel mit der Organisation des »Stoffwechsels« mit der umgebenden Natur zu tun. Man freut sich als Leser von Marxens Frühschriften schon, weil man denkt, daß Stoffwechsel, Selbsttätigkeit und die eingeführte soziale Verbundenheit der Zellverbände bei der Untersuchung der Menschheitsentwicklung dann den qualitativen Sprung zur menschlichen Arbeit und Kooperation ergeben. Bitter enttäuscht ist man hingegen, wenn die Sapiens-Zellverbände dann nur noch »kommunizieren« und Probleme bei der *kognitiven* (neuronal unterlegten und symbolvermittelten) Wirklichkeitskonstruktion haben. Die materielle Wirklichkeitskonstruktion *durch Arbeit* ist verschwunden.

Die zentrale Rolle der Sexualität bei der Menschheitsentwicklung wird von den Evolutionstheoretikern schon eher zugestanden. Und sie ist auch wichtig. Denken wir nur an die Brunftentbundenheit, daher Permanenz und »Allseitigkeit« der Sapiens-Sexualität oder auch an die Möglichkeit des beidseitigen Orgasmus, der selbst bei unseren nächsten Verwandten höchstens andeutungsweise vorkommt.[14] Menschliche Sinnlichkeit ist freilich immer reflexiv, gespiegelt, vermittelt. Die Gründe hierfür haben mit der gattungsgeschichtlichen Entwicklung von Arbeit, Kommunikation, Sexualität und Ästhetik zu tun. »Das Tier ist eins mit seiner Lebenstätigkeit. Es ist sie. Der Mensch macht seine Lebenstätigkeit selbst zum Gegenstand seines Wollens und Bewußtseins. Er hat bewußte Lebenstätigkeit«[15]. Da haben wir Plessners »exzentrischen Positionalität«[16] des Menschen und seine »Instinktentbundenheit«.

III.

Die individuellen Synthetisierungsmuster und Sinnlichkeitsschicksale sind zwar heutzutage hochvariabel und schwerverständlich, nur in einer aufwendigen biographischen Hermeneutik zu erschließen, nicht aber die *allgemeinen*, historisch gewachsenen Entfremdungsmuster, die als *äußere Zwänge* und Anforderungen mit einer teilweise gnadenlos-simplen Logik den Bildungs- und Anpassungsprozesssen gegenüberstehen.

Wie läßt sich die Sozialisierung der Sinnlichkeit nun in ihrer historischen Formbestimmtheit durch den Kapitalismus systematisch erfassen? — Ich will das anhand einer Graphik zeigen, deren Felder und Segmente ich durchgehe. (Vgl. die Graphik auf der folgenden Seite.)[17] Der Stern unten zeigt die Geburt eines Individuums. Ich folge zunächst der biographi-

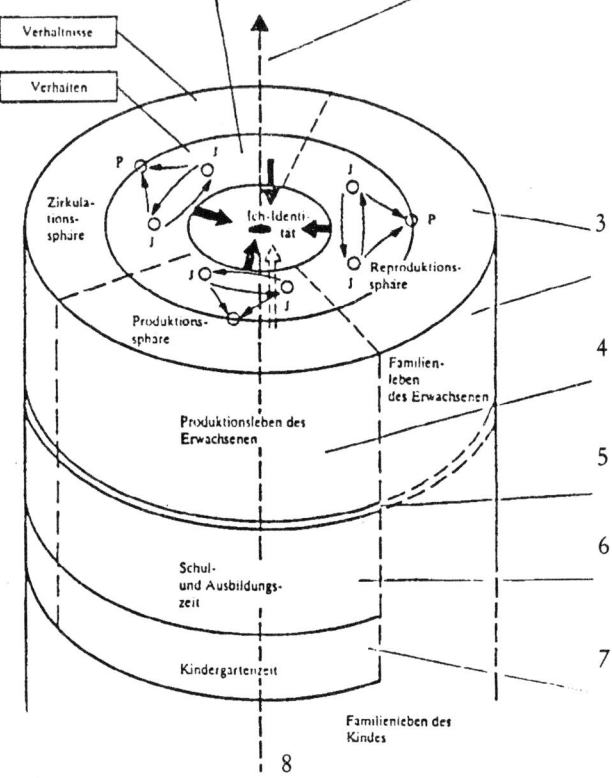

Anthropogenetische, individuell-genetische u. pränatale Ausgangsbedingungen

1. Kälte der »eingemauerten« Tauschpartner, allseitig-ködernde Stimulierung der Sinnlichkeit, Normen- und Authentizitätserosion

2. Entwertung der Alterssinnlichkeit Würdeverlust der Altersrollen

3. Kompensationssinnlichkeit, Konsumismus, Geschlechtsrollenverwirrung

4. Körperl. Vereinseitigung, Asketismus, Partialsolidarität, Narzißtische Ersatzgratifikation

5. »Loch« zw. Produktion u. Sozialisation, Desintegrierte Größenentwürfe

6. Verschärfte Fragmentierung, Übung des gehemmt-einseitigen Körperverhältnisses

7. Erste Fragmentierung, Üben von »Knopfdruck-Sinnlichkeit«

8. Strukturelle und extrem variable Ambivalenz der Kindesbedeutung zw. Kostenfaktor und Sinn(-lich-)keitslieferant.

schen Dimension von unten nach oben, obwohl diese von der anderen, horizontalen, dem Alltagskreislauf der Erwachsenen zutiefst abhängig ist. Das Individuum kommt in einer sinnlichen Verfassung zur Welt, die keine tabula rasa darstellt, sondern von der Naturgeschichte der Menschengattung her und auch individuell bestimmte genetische Merkmale aufweist. Ebenso ist sie schon durch das pränatale Zusammenspiel von Mutter und Kind geprägt. Es entwickelt sich eine körperliche und neuronale Konstitution, die in ein Wechselspiel mit der weiteren Sozialisierung tritt. Vorgeburtlich und um die Geburt des Kindes herum gibt es bereits mannigfache Erwartungen, die das sinnlich-praktische Zusammenspiel mit den Eltern und die Bildung der Identität bestimmen werden.

Nicht erwartet wird heutzutage im Westen daß das Kind *als Individuum* eine materielle Altersstütze und Kooperationspartner seiner Eltern in einem gemeinschaftlichen, überschaubaren »Stoffwechsel mit der Natur« wird. Alles Mögliche kann man ansonsten von einem Kind erwarten. Auch in dieser Hinsicht herrscht heutzutage Pluralismus. Die Psychohistoriker haben bekanntlich einen Streit darüber entfacht, ob unsere Kultur im Vergleich zum Mittelalter die Kinder ausgrenzt oder eher liebevoll einbezieht, kinderfeundlich oder kinderfeindlich ist. Sie ist natürlich *beides*, und zwar auf eine Weise, die historisch hochspezifisch ist.

Auf der einen Seite werden die Kinder im Zuge der »Verlohnarbeiterung« des Lebens rein ökonomisch zu Kostenfaktoren (wie die heutigen Haustiere, die ich in mein Arbeitsleben nicht mehr integrieren kann) und zu Stressoren bei vielen Versuchen der elterlichen Arbeitskraftreproduktion, auf der anderen Seite geben sie dem elterlichen Leben viel Sinn und Sinnlichkeit, die dem Alltagstrott der Erwachsenen abhanden gekommen sind. Überspitzt: sie werden *überhaupt nicht* gebraucht und sie werden *sehr* gebraucht, als kleine Sinnstützen und Familientherapeuten. Sie werden in tausenderlei Varianten weggewünscht und herbeigesehnt. Der Gedanke, als versicherungsstatistische Größe zur Verbreiterung des unteren Sockels der Alterspyramide gebraucht zu werden, der seit ein paar Jahren öffentlich propagiert wird, dürfte den konkreten Kindern bei der Beantwortung der quälenden Frage: wozu werde ich eigentlich gebraucht? auch nicht gerade sehr hilfreich sein. Die gemeinte strukturelle Ambivalenz in der Kindesbedeutung, die sich als »Loch«, als Fragmentierung im heranwachsenden Selbst abbilden muß, die Spannung zwischen extremer Entwertungs- und extremer Mittelpunktserfahrung verteilt sich unterschiedlich auf verschieden Kinderpopulationen, Lebensabschnitte, Situationen, Positionen in der Geschwisterreihe. Es kommt zu einer narzißtischen Verunsicherung, die sehr verschiedene Formen annehmen kann, aber als solche kaum hintergehbar ist. An dieser Stelle ist der nachfolgende Exkurs angebracht, damit die Differenz zur Theorie von »Neuen Sozialisationstyp« deutlich wird.

Exkurs über Sozialcharakter-Theorien

Ein jüngst vorgetragener Versuch zu den problematischen Sozialcharakter-Theorien stammt von Hans-Dieter König[18]. Er analysiert die Marlboro-Werbung und die Reagansche Cowboy-Politik und fragt »um was für ein Charakterprofil es sich handelt, das für solche Inszenierungen der kommerziellen und politischen Werbung anfällig ist.«[19] Angeblich hat ein »triebmanipulierter Charakter« den »autoritären Charakter« abgelöst. Der alte »autoritäre Charakter« unterdrückt seine sinnlichen Impulse in der Unterwerfung unter die Autorität und verfolgt sein eigenes Begehren im Haß auf Schwächere. Der triebmanipulierte Charakter oder »neue Sozialisationstyp« zeigt offen seinen sinnlichen Hunger und wird eben darüber gepackt, manipuliert oder mit systemkonformer Ersatznahrung abgefüttert.

»Der zum Marlboro-Cowboy gewordene Raucher ist dagegen ein Beispiel für den durch die Konsumgesellschaft produzierten ›neuen Sozialisationstyp‹ (Ziehe 1975), dessen Triebstruktur unter dem Einfluß der Medien, der Werbung und der Kulturindustrie derart manipuliert wird, daß er alle persönlichen und sozialen Konflikte durch den Konsum der ihm präsentierten Waren- und Unterhaltungsangebote zu lösen sucht. Ich möchte diesen neuen Sozialisationstyp, dessen Konformität dadurch zustande kommt, daß er sich anders als der autoritäre Charakter nicht den politisch Mächtigen und den von ihnen beschworenen Werten unterwirft, sondern vielmehr von den herrschenden Verhältnissen dadurch abhängig wird, daß der danach hungert, die ihm dargebotenen Konsumangebote zu verbrauchen, daher als einen ›triebmanipulierten Charakter‹ bezeichnen.«[20]

Die Annahme eines neuen Charakters, über dessen prozentuale Verbreitung man sich eben Gedanken machen wollte, geht nahtlos über in Thesen über »den« modernen »Alltagsmenschen«: »Eben weil der Alltagsmensch davon träumt, ein solches freies und abenteuerliches Leben zu führen, wie es zum Beispiel die Marlboro-Werbung vorführt, entspricht die Bilderwelt um den Zigaretten-Cowboy den Vorstellungen des Ich-Ideals«.[21]

Unser aller Bedürfnis nach Übersicht in der »Neuen Unübersichtlichkeit« (Habermas), in der verwirrenden Welt der modernen Sinnlichkeitsmodellierung schlägt hier recht naiv durch. Schon der alte »autoritäre Charakter« dürfte als zusammenfassende Bezeichnung für höchstens 40% der Bevölkerung einigermaßen zutreffend gewesen sein. Und am Ende der großen Studie von Adorno und anderen aus den vierziger Jahren finden wir im Kapitel »Typen und Syndrome« [22] eine Vielzahl von ebenfalls verbreiteten Charaktertypen: den häufigen »Konventionellen«, der die Vorurteile eher aus Bedürfnissen der Gruppen-Identifikation, denn aus »inneren«, psychodynamischen Gründen übernimmt; den mißtrauisch-zurückgezogenen »Querulanten« (unter den alten Leuten häufig); den »manipulativen Typus« — unter Geschäftsleuten verbreitet —, dessen Affektleben und Sinnlichkeit von eintöniger Freude an der instrumentellen Benutzung der ganzen Welt bestimmt ist; schließlich gibt es noch die »Vorurteilsfreien«, die in einen »starren«, einen »protestierenden«, »impulsiven«, und einen »laissez-faire-Typus« unterteilt werden. Zum Trost erscheint am Ende der Liste dieser Typen noch der »echte Liberale«, der wir alle gerne sein möchten: »Sein

Ich ist« gut entwickelt, aber nicht ›libidinös‹, nur selten ist er narzißtisch. Wie der erotische Typ Freuds ist er bereit, diese Tendenzen anzuerkennen (...)«. Er hat ein »Bewußtsein seiner Individualität«. »Seine Liebe ist nicht nur Begierde, sondern auch Mitgefühl...«[23] Also die Typologien waren damals schon verwirrend, vor allem wenn wir an das Problem der vielen »Mischtypen« denken.

Die linke Sozialpsychologie der 70er und 80er Jahre hat die Probleme rückblickend vereinfacht, wenn sie als Folie für den Entwurf des »neuen Sozialisationstypus« leichthin vom alten »autoritären Charakter« spricht, der seinerzeit angeblich so allgemein verbreitet war wie heute sein Nachfolger. Auch Erich Fromms Sozialcharakter-Typen sind immer mehr geworden und ordnen kaum noch die Vielfalt, müssen vielmehr selber geordnet werden.[24] Um die Auseinandersetzung abzukürzen: Die Sozialcharaktertheorien reflektieren zunächst zu wenig den Umstand, daß sie — wie auch die beliebten Typologien der Kliniker — immer auch aus der *Angst* geboren sind, den Überblick, die Forschungssouveränität zu verlieren, und leicht dazu tendieren, die individuierende, immer wieder mühsam sich vorantastende Einfühlung zu ersetzen. Und zweitens unterschätzen sie die moderne Zerbrochenheit und Diversifikation der Sozialisationsverläufe und Triebschicksale, die fortgeschrittene *Anomie* der westlichen Kulturen im vergleich zu traditionalen und Stammeskulturen. In diesen haben die basic-personality- oder Sozialcharaktertheorien (freilich immer schon als Abstraktion) noch viel Plausibilität, wenn sie etwa stabile Beziehungen zwischen einer generell verbreiteten Stillpraktik, einer ebensolchen Reinlichkeitserziehung, der Stellung des Vaters, der peer-group und der religiösen und wirtschaftlichen Struktur herstellen[25].

Im Dogon-Buch der Parins und von Fritz Morgenthaler gibt es den etwas unglücklichen Fall eines Analysanden namens Jamalu. Jamalu ist der Dogon-Kultur entfremdet, er wiederholt öfters, daß das Dogon-Land »ein schlechtes Land« ist und hat starke Verfolgungsängste gegenüber dem unberechenbaren Vater, wie man hierzulande sagt: einen »negativen Ausgang des Ödipuskonflikts«. Der Vater war während Jamalus Kindheit oft abwesend, Jamalu selbst außerhalb des Dogon-Landes längere Zeit in Lohnarbeit; er steht nun zwischen Land und Stadt, Stammeskultur und Kolonialkultur, »Vater-Land« und »Vater-Flucht«, Islam und Dogon-Animismus. Sein Sozialisationsschicksal ist untypisch geworden, die Intersubjektivität der kulturellen Bedeutungen ist zerbrochen. Die Dogon haben sich noch recht gut gegen das Eindringen des Kolonialismus in ihre Kultur abschirmen können. Die kapitalistische, auch in den Metropolen immer weitergehende »Kolonialisierung der Lebenswelten« (Habermas) versetzt aber immer größere Mengen von Individuen in immer vielfältigere, »untypische« Schicksale der Sinnlichkeitsmodellierung. Sich über diese zu verständigen, erst einmal so etwas wie sinnliche Intersubjektivität zu schaffen, das glaube ich aus meiner gruppentherapeutischen Arbeit zu wissen, braucht eine eigenen große Anstrengung, vor der manche schon resigniert haben.

Historisch gesehen ist in diesem Jahrhundert in den westlichen Gesellschaften alles durcheinandergewirbelt worden; es hat mehrere Liberalisierungs- und Repressionsschübe in den Erziehungsstilen gegeben;[26] beispielsweise sind selbst innerhalb der einzelnen Schichten oder Subkulturen keine einheitlichen Stillpraktiken mehr anzutreffen; die Kriege haben Lücken in die Familien gerissen, Väter teilweise ganz, teilweise halb abgeschafft, teilweise unversehrt, teilweise als physische, teilweise als psychische Krüppel heimkehren lassen, die Mütter vorübergehend gestärkt, manche Söhne zu Gattensubstituten werden lassen, andere wieder nicht, und so fort. Die Demontage des Patriarchats und seine teilweise Wiederaufrichtung im »Wirtschaftswunder« ist höchst anarchisch und verschiedenartig aufgelaufen. Riesige Migrationswellen während und nach Kriegsende, später durch den Arbeitsmarkt bedingt, haben Familien ethnisch entwurzelt; der Städtebau und das Pendlerwesen haben die subkulturelle Einbettung von Familien aufgelöst, neue entstehen lassen usw.

Strukturell gesehen ist die Sinnlichkeitsmodellierung, welche von den normativ divergierenden Teilsystemen des kapitalistischen Gesamtprozesses ausgeht, vom Markt, Produktions- und Konsumtionssystem und von den verschiedenen

Abschnitten der Sozialisation, immer widersprüchlicher geworden. Die Synthetisierung der Widersprüche läuft in den Millionen von prägenden Mutter-Vater-Kind-Beziehungen und Sinnlichkeitsschicksalen sehr variantenreich ab. Es geht, freundlich gesagt: recht pluralistisch, kritisch formuliert: völlig anomisch zu. Die gewaltige moderne Sinnlichkeitsindustrie, die den Individuen Stillung ihrer auf der Strecke gebliebenen Triebwünsche verspricht, ist denn auch entsprechend der Kundschaft sehr *diversifiziert*. Eben nicht nur der einsam heroische Marlboro-Cowboy, sondern auch glattsymbiotische Groupies, die halbemanzipierte Frau, das Hausmütterchen sowie tausenderlei Darsteller sämtlicher Partialtriebe in allen mathematisch möglichen Kombinationen von »harter« und »weicher« Pornographie geistern konkurrierend über die Bild- und Werbeflächen. Die neuen einfachen »Sozialisationstyp«-Theorien sind selbst eine stabilisierende Antwort auf diese Verwirrung.

* * *

Den kleinen Kindern wird eine erste Fragmentierung ihrer sinnlichen Impulse und Identität zugemutet, wenn sie aus der partikularistischen, mehr oder minder symbiotischen Familienwelt für Stunden, manchmal halbe oder ganze Tage in die »universalistische«, gleichmacherischen Normenwelt des Kindergartens überstellt werden. Hier gibt es noch eine beträchtliche Variationsbreite der Verlaufsmuster, die u. a. von der Schichtzugehörigkeit und den Arbeitsverhältnissen der Eltern abhängt. Natürlich gibt es den Schmerz der Trennung von der mehr oder weniger direkten Sinnlichkeit der Mutter auch in anderen Kulturen, z. B. bei den Dogon, wo das Kind im vierten Lebensjahr — also in einem Alter, in dem nach Margret Mahler das konstante Objekt, somit ein Fundament von Identität bereits gebildet ist — entwöhnt und in den Gruppenzusammenhang als »zweite Mutter« gegeben wird. Aber das ist nicht jene räumlich und zeitlich starre Segmentierung der Welten, welche unsere Kindergarteninstitution mit sich bringt. Die erwachsenen »Bezugspersonen« sind nun (bei allem Respekt vor Kindergärtnern) zum erstenmal Menschen, die kein konkret-sinnliches Lebensprojekt mit *diesem* konkreten Kind teilen, die Lohnarbeiter in hierarchischem Kontext sind und somit — strukturell gesehen — zu den Kleinen zunächst ein *instrumentelles* Verhältnis zum Zwecke ihres individuellen Broterwerbs haben, in dessen *Rahmen* dann auch Bindung und Identifizierung möglich ist.

Struktureller Instrumentalismus und Universalismus beginnen die sinnlichen Impulse zwischen Menschen zu dämpfen und zu kanalisieren (was für manche Kinder auch entlastend sein kann). Orale, anale, phallische und explorative Regungen werden bereits einer folgenreichen Synchronisierung unterworfen, die mit dem Verwaltungscharakter der Einrichtungen begründet wird. Die »Tischsitten« im engeren wie im weiteren Sinne, die in der Eliasschen Theorie der Selbstzwangentwicklung so wichtig sind, spielen nun eine große Rolle. Auch die Schlaf-Synchronisation wird immer wieder versucht. Das Spielen — gewissermaßen die anerkannte Hauptbeschäftigung der kleinen Besucher —, ihre explorative sinnliche Tätigkeit wird selbst noch einmal genau unterteilt nach angeleitetem Regelspiel und Freispiel, in dem die Kinder »ganz sie selbst« sein können. Natürlich bereitet all das schon auf die Sinnlichkeits- und Identitätsfragmentierungen, die sauberen Grenzunterscheidungen im Umgang mit der eigenen Sinnlichkeit und Lebendigkeit vor, die später vom Erwachsenen im gleichzeitig zerrissenen und durchorganisierten kapitalistischen Alltagstrott verlangt werden; wenn man so will, eine weitgehend unvermeidbare Vorbereitung auf unsere »Knopfdruck-Sinnlichkeit«.

Die Weltentrennung und Sinnlichkeitsfragmentierung wird mit Schuleintritt nach stärker und unvermeidbarer. Vor allem der körperlich-vitale Explorationsdrang wird gebrochen, äußert sich nur noch als Zappeln, Rascheln, verbotenes Ausprobieren, Schwatzen, kurz: als Störung. Die »Hypermotoriker« werden ausgesondert. Das vielstündige Aushalten einer einseitigen Körper- und Arbeitshaltung bereitet natürlich auf das Erwerbsleben der Erwachsenen vor, ebenso das abverlangte widersprüchliche Nebeneinander von egoistischer Leistungsorientierung und Dennoch-Kooperation.

Die Tagesfragmentierung wird dem Erwachsenenleben ebenfalls immer ähnlicher. Das außerschulische Familien- und Beziehungsleben bekommt Kompensationscharakter. Die Erholungssinnlichkeit vor dem Fernseher und die kompensatorischen Heldenidentifizierungen mit »Knight Rider«, »Miami Vice«, »Mike Hammer« u. a. bekommen für die jungen, mehr oder weniger arbeitsamen Schreib- und Verwaltungsmenschen eine bestimmte Funktion. die sinnlich-explorative, tätige Aneignung eigener Räume und Welten bleibt in der vom Privateigentum parzellierten, monofunktional »raumgeordneten« Umwelt weitgehend auf der Strecke.[27] Sie stellt verständlicherweise selbst wieder einen Hauptinhalt der konsummierten medialen Fiktionen dar; zumindest der Weltraum wird angeeignet, die bunten Abenteuer jagen einander über die Bildschirme. Das wirkliche aufregende Abenteuer läßt sich fast nur um den Preis des Gesetzbruchs erleben.

Natürlich lassen sich auch die Liebes- und Sexualregungen nicht abtöten, und sie revoltieren herum. Allerdings sollen die Kinder etwa gleichzeitig mit dem Schuleintritt in die »Latenzzeit« gekommen sein, die ödipale Ungebärdigkeit in Identifikation mit der Autorität, Regeln und peer-group hinein gebändigt haben. Das würde die menschliche Natur mit der fremden Institution versöhnen. Aber es deutet vieles darauf hin, daß auch die »Latenzzeit« nur ein Ausdruck des westlichen Zivilisationszwangs ist. Schon Malinowski wunderte sich, daß seine melanesischen Trobriander im entsprechenden Alter kaum Zeichen von Sinnlichkeits- und Sexualverdrängung aufwiesen,[28] und auch bei den Buschleuten, über die Marjorie Shostak berichtet,[29] scheinen Liebesspiele unter Kindern eine beliebte und tolerierte Hauptbeschäftigung zu sein.

Bei uns wachsen Kinder und Jugendliche in die Fragmentierung zwischen — zunächst schulischem — Entfremdungs-Arbeiter und konsumistischen Privatindividuum hinein. Dazwischen tritt mit zunehmender Bedeutung noch ein drittes Identitätselement, das des egoistisch-rechnerischen Warenbesitzers: die Verfügung über eigenes Geld wird schrittweise zugestanden und ist ein ganz wichtiger Bereich des Ringens um autonome Identität. Der kleine Geschäftsmann wird eingeübt, wobei, wie im Leben, kleine Betrügereien, unauffällige Plünderungen von Fremdportemonnaies etc. vorkommen (vielleicht sogar die wichtigste Übung). Das erste »selbstverdiente Geld« läßt aufatmen, ist eine Art Initiation. Aber nun beginnt die schwierige Balance zwischen den Mühen, dem Asketismus des Arbeitslebens und den konsumistische, hedonistischen Anforderungen, die den (spät-)kapitalistischen Alltag im Privatbereich ausmachen. Wenn man so will zwischen einer bei uns immer noch, vielleicht sogar verstärkt notwendigen, anal-retentiven Organisation der Sinnlichkeit und einer oral-regressiven Organisierung. Die letztere darf nicht zum allzu regressiven Sog werden, sie muß »eingemauert« werden in die Abend- und Freizeitstunden. Manche Jugendliche kommen aus der konsumistischen Teilidentität nie heraus, sie nehmen sie sozusagen fürs Ganze, »bekommen morgens den Hintern nicht hoch« und geraten so zu den deklassierten Gruppen. Das ist (abgesehen von biographiespezifischen Faktoren) nicht auf den verderblichen Einfluß irgendwelcher Jugendverführer zurückzuführen, sondern eine von der wachsenden »strukturellen Anomie« der kapitalistischen Verhaltensanforderungen mitproduzierte Möglichkeit.

Zwischen dem Sozialisationssystem der kapitalistischen Gesellschaften und dem Produktionssystem gibt es einen großen Bruch, der auf der Graphik als Doppellinie eingezeichnet ist. Man hat nach den menschenvernichtenden Experimenten mit der kapitalistischen Kinderarbeit die Sozialisation zwangsaussondern müssen, weil ihr Rhythmus mit dem harten, schnellen, sinnenfeindlichen Takt der modernen Produktion nicht vereinbar ist. Das gibt der Sozialisation einen gewissen Schonraum, bedeutet aber auch — im Vergleich zu ländlich-vorkapitalistischer Verzahnung von Produktion und Sozialisation — für die Kinder einen ungeheuren Verlust von sinnlicher Erfahrung und interessanter Nähe zu den Erwachsenen. Eine junge Frau hat mir neulich erzählt, daß in ihrer Kindheit der Vater noch selbständiger Bäcker in einem bayrischen Dorf war. Die Kinder konnten in die Backstube schauen und durften morgens im Schlafanzug im alten Lieferwagen das Brot mit ausfahren. Es kam wie es kommen mußte, einige Jahre später war die Konkurrenz der Brotfabriken so groß geworden, daß die Bäckerei aufgegeben werden mußte.

Im »Loch« zwischen Sozialisation und Produktion können aber viele auch ganz hängenbleiben, wenn sie die Erfahrung machen, daß das Produktionssystem sie mit ihren Qualifikationen und lebensgeschichtlich erworbenen Eigenschaften gar nicht braucht, zurückstößt. Das schafft narzißtische Kränkungen, Verletzungen und bleibende Verhärtungen. Mario Erdheim hat allgemein darauf hingewiesen, wie wichtig gerade während der Adoleszenz sinnvolle Arbeitsaufgaben sind, die mit den zunächst unvermeidlichen Allmachts- und Größenwünschen »aufgeladen« werden, und in welchen jene überprüft, ins Realistische umgewandelt und gesellschaftlich nützlich gemacht werden können.[30] Bei der gegenwärtigen gesellschaftlichen Entwicklung fehlen sie, droht der Narzißmus, das »Geltungstreben«, um auch einmal Alfred Adler zu zitieren, sich völlig abzukoppeln von der gemeinsamen Umgestaltung der materiellen Welt und ganz abstrakt, »neurotisch« zu werden. Die schon früh aufgetauchte Frage: »Wozu werde ich hier eigentlich gebraucht«? bekommt vor den Toren des Produktionssystems noch einmal einen besonders brutalen und verletzenden Akzent. Aber auch für die, welche durch die Tore kommen, lebt sie als nur vorübergehend verdeckter und verdrängter Zweifel weiter. Ihn zu beruhigen kostet viel Aufwand an narzißtischer Energie und macht die Menschen nicht gerade sinnlicher und liebesfähiger.

Eine beträchtliche Anzahl von Leuten schafft aber doch den Einstieg in den kreislaufförmigen Alltagstrott des autonomen Lohnarbeiters oder tritt als Hausfrau (oder Partner) einem solchen zur Seite. Die in diesem Kreislauf stattfindende widersprüchliche Sinnlichkeitsmodellierung, die über zehn, zwanzig, vierzig Jahre geht, ist die eigentlich folgenreiche; von ihr hängt die Entwicklung der Kinder und Jugendlichen auf mehrfache Weise ab. Zunächst soll hier nun jener Alltagskreislauf in seiner relativen »horizontalen« Konstanz, eben als ein tausendfach wiederholter Kreislauf in der Spiralbewegung von unten, von der Geburt nach oben, zum Tode hin, betrachtet werden.

Schon phänomenologisch ist es einleuchtend, daß wir den Alltag gliedern können nach Zeiten, Räumen und Tätigkeiten, in denen wir für Lohn (oder Honorar) *arbeiten*, nach solchen, in denen wir uns *erholen*, entspannen und solchen, in denen wir auf *Märkten* kaufen oder verkaufen; also nach Produktion, Konsumtion (Reproduktion) und Zirkulation. Das Alltagsverhalten ist eingespannt in die formende Wirkung der übergreifenden ökonomischen Verhältnisse, deren »automatisches Subjekt«, das »beseelte Ungeheuer«, das Kapital ist, dessen subjekthafter Schein sich immer noch aus der konkret-sinnlichen Subjektivität der arbeitenden, tauschenden, konsumierenden Individuen nährt. In diesem zuletzt genannten Sinne schaffen die Individuen täglich durch ihr Verhalten die Verhältnisse (*sind* die Verhältnisse das Verhalten).

Andererseits lasten die Verhältnisse als fremde, verselbständigte Macht auf dem Verhalten. Beide aber, Verhältnisse und Verhalten, lassen sich untergliedern in die Sphäre der Produktion, der Zirkulation (Distribution), der Konsumtion (oder besser: Reproduktion)[31]. Jede Ware, nehmen wir z. B. unsere Marlboro-Zigaretten von vorhin, wird zunächst *produziert*, über einen Markt mit Hilfe von Werbetechniken distribuiert, gegen Geld *getauscht*, schließlich *konsumiert*; das letztere als Teil der kurzfristigen Reproduktion von Arbeitskraft, was nicht unbedingt mit den längerfristigen Gesundheits- und Lebensinteressen der Menschen identisch ist. (Bei *Produktionsgütern* ist die Sache komplizierter, ich lasse das hier weg, ebenso wie die Frage der Distribution — etwa von Produktionsmitteln — im weiteren historischen, klassenbildenden Sinn).

Immer noch läuft die sinnlich-praktische Lebenstätigkeit der Menschen, ihre »Interaktion« inbegriffen, über Dinge, ist die Lebenstätigkeit gegenständliche Tätigkeit, in der Welt konstituiert wird. Diese wichtigen Dinge, Gegenstände sind aber — salopp ausgedrückt — »mindestens zur Hälfte« durch den kapitalistischen Gesamtwirtschafts-Prozeß formbestimmt, geprägt. In der Graphik sind sie deswegen auf der Schnittlinie zwischen »Verhältnissen« und »Verhalten« eingezeichnet und mit dem Buchstaben »P« für »Produkt« versehen, während die interagierenden Individuen (in Wirklichkeit natürlich immer mehr als zwei) mit »I« bezeichnet sind. In der Zirkulationssphäre sind die Produkte die Objekte des Tausches, Waren und Geld; in der Produktionssphäre die Gegenstände im »fließenden« Produktionsprozeß mit seinem Doppelcharakter als abstrakter Verwertungsprozeß und immer noch sinnlich-konkreter Arbeitsprozeß; im Konsumtionsbereich sind es unsere »Konsumgüter«, die das Familienleben und die Lebensprojekte mehr oder weniger »zusammenhalten«. Die Sinnlichkeitsprägung durch die Gegenstände und die Verhältnisse, welche auf den Körpern und der Zwischenmenschlichkeit lasten, ist in den Sphären hochgradig different und historisch, innerhalb der kapitalistischen Kulturgeschichte, immer widersprüchlicher geworden.

Beginnen wir in der Produktion: Die Vereinzelung des Lohnarbeiters, der sich nur individuell verkaufen kann, der zum Zwecke des Lohnerwerbs seine konkret-sinnliche Arbeitskraft und Lebenspotenz individuell für *außerhalb* der Produktionswelt liegende Zwecke instrumentalisieren muß, ist Ausgangsschicksal. Selbstinstrumentalisierung und Asketismus sind erste und bleibende Bestimmung. Und natürlich die den Körper vereinseitigende, entsinnlichende Arbeitsteilung, welche, um Marx zu zitieren, »die abgeschmackte Fabel des Menenius Agrippa (verwirklicht), die einen Menschen als bloßes Fragment seines eigenen Körpers darstellt.«[32] Innerhalb dieses Ausgangsschicksals und innerhalb der vom Kapital aufgezwungenen Entfremdung, Gleichgültigkeit ermöglicht und erfordert aber der sinnlich-konkrete *Arbeitsprozeß* (der vom abstrakten *Verwertungsprozeß* eingeschleift wird) ein zuverlässiges und partiell-sensibles Eingehen auf die Sinnlichkeit und Perspektive von Kollegen. Tätige, das Mißtrauen bremsende Verbundenheit im noch nicht abschaffbaren Stoffwechsel mit der Natur kann trotz aller Entfremdung gespürt werden. sie kann auch im Lohnkampf und im Kampf um Verbesserung der Arbeitsbedingungen gespürt werden.

Dagegen mag man mir Optimismus und Arbeiterromantik vorwerfen. Tatsächlich macht die systematischen Hierarchisierung der Arbeitswelten, insbesondere die Spaltung der

Arbeiter nach Kopf- und Handarbeits-Anteilen, schließlich die merkwürdige Entkörperlichung riesiger Bereiche infolge der Mikroelektronik, bis zur Schaffung extrem isolierter, teilweise wieder ins Häusliche zurückverlegte Bildschirmarbeitsplätze die Erfahrung der sinnlich-körperlichen Verbundenheit von Arbeitern fast völlig unauffindbar. Aber wir sollten doch genau hinschauen, um sie kämpfen und vielleicht entsteht sie irgendwo neu.

Zur Hierarchisierung: auf den höheren Ebenen der Betriebe wird oftmals eine gewisse ganzheitliche Arbeitserfahrung und eine entfremdete Variante des Verbundenheits-Gefühls von »assoziierten Produzenten« zugestanden: als »Teamgefühl«, das freilich gleich wieder ständisch eingekastelt, eingemauert werden muß, damit nicht die Ahnung eines allgemeinen Sozialismus um sich greift. Das »Ständetheater«, das mehr oder weniger elegante, unablässige Berufsrollenballett ist in der Welt der Produktion überhaupt von allergrößter Wichtigkeit, obwohl es oft bizarr und dysfunktional anmutet. Paul Parin hat in seiner Theorie der Anpassungsmechanismen und der »Identifikation mit der Rolle« dargelegt, wie die Rollenidentifizierung den Menschen zu einer Entlastung im Umgang mit bedrohlicher äußerer Realität verhilft, und wie über sie die sinnlich-utopischen Ansprüche auf Weltveränderung und Verbundenheit gegen eine narzißtische Ersatzgratifikation, gegen die Erfahrung und das beständige Versprechen der Teilhabe am Glanz von Herrschaft eingetauscht werden.

Eine wichtige Leistung der Identifikation mit der Rolle wird deutlich, wenn mit der Rolle massive Frustrationen einhergehen:

»Rekruten, die unter der Rechtlosigkeit und schikanösen Behandlung während der militärischen Ausbildung gelitten haben, erinnerten in der Analyse, wie ihnen die Identifikation mit der Rolle eine unmittelbare Erleichterung brachte. Ein Teil des individuellen Über-Ichs kann an den Befehlshaber delegiert werden, passive, masochistische, homosexuelle und andere regressive Befriedigungen werden hier möglich.«[33]

In vielen Berufen werden die Individuen wie Rekruten sozialisiert. Die Teilhabe an der »corporate identity« der modernen Unternehmen, die bis in die Freizeit, Club-Zugehörigkeiten etc. geht (z. B. bei Nixdorf), ermöglicht ein kompensatorisches Elitebewußtsein. Auch die Berufsverbände (z. B. der Psychologen) mit ihren Professionalisierungs- und Profilierungsstrategien haben hier eine wichtige Stützfunktion. Wer im Ständetheater mitspielt — und das ist so gut wie unausweichlich, nachdem man erst einmal gekränkt und mit Ausgrenzung bedroht worden ist — wird zur Strafe dumm und unsinnlich. Die Lebensenergie verlagert sich zu großen Teilen auf die Verteidigung und das Polieren der Ich-Grenzen, ist an defensive und paranoide Projekte gebunden. Liebeserfahrung stellt sich nicht mehr ein, sie wird fast vergessen, oder sie bringt sich nur noch als Einbruch der mid-life-crisis, tendenziell als Katastrophe in Erinnerung.

Doch verlassen wir die Büro- und Fabriksräume und schauen wir auf den Markt: hier verbinden die Gegenstände, das Geld und die Waren zunächst überhaupt nicht. Im Gegenteil, es kämpft jeder gegen jeden. Man muß »bei Strafe des ökonomischen Untergangs« die wahrnehmbaren Anderen entweder als Konkurrenten ausschalten oder aber so effektiv instrumentalisieren, daß es meinen eigenen egoistischen Interessen als Warenbesitzer (oder Geldbesitzer) nützt. Den Marlboro-Verkäufern etwa ist die konkret-sinnliche Verfassung der angesprochenen Käufer zunächst einmal herzlich gleichgültig. Das geht so sehr über in Zynismus und Brutalität, daß bekanntlich der Staat mit Menschenschutz-Bestimmungen und »Hinweisen des Gesundheitsministers« dazwischentreten muß. (Die Automobil- oder Waschmittel-Verkäufer sind natürlich keinen Deut besser.) Aber *innerhalb* dieser völligen Gleichgültigkeit müssen die Verkäufer von Waren wieder höchst sensibel werden für die sinnliche Verfassung des Gegenüber, für jede schlummernde unterdrückte Facette seiner »allseitigen Sinnlichkeit«; im Marlboro-Fall etwa für den unterdrückten Bewegungsdrang, die gekränkte Männersexualität, die abgedrängten Wünsche nach Raumaneignung und Naturverschmelzung, die so heimat- und ruhelos umherstreifen wie die Mustangherden.

Diese Aufspürung und Aufstöberung der sinnlichen Potentiale läuft völlig chaotisch ab, das menschliche »Gattungsvermögen« zu einer allseitigen, »brunftentbundenen«, permanenten, multipel kombinierbaren Sinnlichkeit und Erotik ist über den spätkapitalistischen Markt auf eine extreme und verwirrende Weise entfaltet und entfacht worden. Die neokonservativen Löschmittel für dieses Feuer sind selbst wieder eine bestens verkäufliche Ware, auf den industriellen wie auf den politischen Märkten. Der kapitalistische Konsumismus macht Angst, vor allem auch weil er mit der asketischen Sinnlichkeitsorganisation, die derselbe Kapitalismus verlangt, in immer größeren Widerspruch geraten ist. Übersichtlich, einheitlich, authentisch soll alles wieder werden, und gerade das ist der größte Betrug. Vor allem wird es kein Zurück zu den klaren geschlechtsspezifischen Verdrängungsmustern mehr geben, welches uns die neue Männlichkeitswelle (wie schon einmal der Faschismus) verspricht. Es lohnt sich, in Stützenidentitäten und Authentizität zu investieren. Der Bedarf ist unabsehbar, weil in einer Gesellschaft, in der ich tendenziell jedes freundliche Eingehen auf meine sinnlichen Wünsche als Maske, als trügerische Inszenierung hinterfragen muß, die Sehnsüchte nach einem Leben ohne Rollen und Masken, in Echtheit und sinnlicher Freiheit immer wieder die realitätsprüfenden Ich-Instanzen, die es längst besser wissen, überwältigen und auf Suche gehen. Dafür wird viel Geld gezahlt, das wissen neben den Zigaretten-Verkäufern vor allem die Reiseveranstalter und die Anbieter auf dem Psychomarkt.

Wichtig ist noch der Zwang, auf dem Arbeitsmarkt periodisch — und als Entlassungsbedrohter, Aufstiegs-Interessierter auch permanent — die eigenen Arbeitskraft samt Haut zu Markte zu tragen. Siegfried Kracauer hat als erster bei den Angestellten der zwanziger Jahre, insbesondere dem Kaufhauspersonal, die damit verbunden Sinnlichkeitsmodellierung, die Maskierung, die »moralisch rosa Hautfarbe«, die pseudosinnliche vitalistische Übertünchung, die verkaufsfördernde Verpackung der Körper untersucht.[34]

Doch nun in die Konsumtionssphäre, die wir aber gleich, um der Frauensituation etwas gerecht zu werden, *Reproduk-*

tionssphäre nennen wollen. Können wir uns hier erholen, den Asketismus, die Selbstinstrumentalisierung, die Verspannungen des Egoismus-Solidaritätskonflikts der Produktionswelt abstreifen, den Masken, den Selbstverkaufszwängen und verlogenen Sinnlichkeitsversprechen des Marktes, der defensiven Dauerreflexivität entkommen? — Wir versuchen es jedenfalls.

Die Reproduktion der Ware Arbeitskraft ist ein leiblich-sinnlicher und seelischer Vorgang. Die Verausgabung von »Nerv, Hirn und Muskel« im Produktionsprozeß muß bei Strafe des ökonomischen Untergangs (oder der Entlassung) durch die Zufuhr von Stoffen, Schlaf, sinnlicher Gegenerfahrung bis zum nächsten Arbeitstag zumindest kompensiert werden. Die Entlassungsdrohung fördert Strategien der kurzfristigen Stabilisierung und Konfliktverdrängung. Im Umgang mit dem Körper heißt das der Tendenz nach: er wird schnell und möglichst voll »aufgetankt«, abgelenkt, mit Hilfsmitteln entspannt; kleinere Symptome, diffuses Unwohlsein, die erste Vorboten von Krankheit und Krise sein können, werden, solange sie noch nicht direkt leistungsmindernd wirken, aufgeschoben und beiseite gedrängt. die sinnliche Gegenerfahrung im Reproduktionsbereich wird tendenziell zum konsumistischen Kraft- oder Mastfutter von eingespannten Arbeitstieren, das diese sich selbst verabreichen.

Die strukturelle Abgetrenntheit von gesellschaftlicher Produktion, die privatistische Eingesperrtheit, die Hektik und Zwanghaftigkeit des Kompensationsverhaltens machen die sinnliche Aneignung im Reproduktionsbereich einseitig, undifferenziert und roh:

»Es kommt daher zu dem Resultat, daß der Mensch (der Arbeiter) nur mehr in seinen tierischen Funktionen, essen, trinke und zeugen, höchstens noch Wohnung und Schmuck etc. sich als freitätig fühlt und in seinen menschlichen Funktionen (der gesellschaftlichen Produktion, Anm. K. O.) nur mehr als Tier. Das Tierische wird das Menschliche, und das Menschliche wird das Tierische: — Essen, Trinken und Zeugen sind zwar auch menschliche Funktionen. In ihrer Abstraktion aber, die sie von dem übrigen Umkreis menschlicher Tätigkeit trennt und zu letzten und alleinigen Endzwecken macht, sind sie tierisch.«[35]

Während im Zirkulationsbereich das Individuum zu seinem körperlichen Ausdruck ein instrumentelles, scheinspontanes Verhältnis haben muß, und während es im Produktionsbereich eine beständige anstrengende Selbstinstrumentalisierung des einseitig beanspruchten Körpers vollziehen muß, versucht es nun im Reproduktionsbereich, zu »eigentlichen« und »unmittelbaren« Körpererfahrungen (ebenso wie zwischenmenschlichen Beziehungen) vorzustoßen. Es gibt im Übergang von Arbeit zu »Freizeit« ein Fülle von typischen Umschalthandlungen, die solche Unmittelbarkeit herstellen sollen. Das Sich-Hinlegen und Entspannen ist, auch wenn es oft zu Konflikten mit Kindern und Partner führt, sicher noch eine der unschädlichsten. Andere Mechanismen sind das Hineinkippen von einem oder mehreren Gläsern Alkohol, der Gang zum Kühlschrank, das unvermittelte Hineinstopfen kaum zubereiteter Nahrung, das Rauchen etc. Das instrumentell-reflexive Verhältnis zum Körper wird in der Benutzung solcher Hilfsmittel oder Drogen nicht wirklich überwunden.

Je mehr der Körper zur Entspannung und Selbstregulation »gepusht« wird, desto partieller und störungsanfälliger ist die Befriedigung, so daß bald das nächste der heute vielfältig angebotenen Hilfsmittel zur Unmittelbarkeit auf den Plan gerufen wird oder man schließlich in der situativen Kombination und Überkreuzung gleich mehrerer Entspannungshilfen landet: etwa mit Zigarette und Zeitung am Eßtisch, oder mit Bierflasche und belegten Broten ausgestreckt vor dem Fernseher. Die Aufrechterhaltung dieser Arrangements ist allerdings auch manchmal recht anstrengend und störungsempfindlich — es sei den, man hat jemanden zur Verfügung, der für diese Zeit die Rolle der Bedienung übernimmt, ans plötzlich klingelnde Telefon geht etc. Meist ist dies die »treusorgende« Frau. Überhaupt müssen wir feststellen, daß die Kompensationsatmosphäre für die Männer (und Kinder) durch die permanente Hausarbeit von Frauen hergestellt wird, die ihrerseits kaum Kompensationsräume haben.

Die sportliche Betätigung ist ein anderer Versuch, sich eine sinnliche Gegenerfahrung zum reflexiven, selbstinstrumentalisierenden, einseitig belastenden Körperverhältnis, wie es aus dem Produktions- und Zirkulationsbereich resultiert, zu verschaffen, endlich einmal Leib *zu sein*, im Pulsieren der Kräfte aufzugehen, wobei die sinnenfeindliche Selbstinstrumentalisierung bekanntlich schnell wiederkehren kann. Man kann sagen, daß die (erwachsenen) Menschen im kapitalistischen Reproduktionsbereich dazu tendieren, aus einer ansonsten ihnen aufgeherrschten, verkrampften *Habens*-Position zum eigenen Körper in Erfahrungen des ausgleichenden Leib-*Seins* überzuwechseln, wobei aber das Hinüberwechseln zum Gegenpol eine kaum weniger krampfhaften Zug bekommt.

Das Problem der Kompensation lastet auch insbesondere auf dem zwischenmenschlichen Körperverhältnis, auf Erotik und Sexualität. Wir erinnern an die Marxsche These, daß aus dem Verhältnis zwischen Mann und Frau, »diesem natürlichsten Verhältnis der Menschen zum Menschen«, hervorgeht, »inwieweit der Mensch als Gattungswesen, als Mensch sich geworden ist und erfaßt hat«. Je fremder, unverbundener die Menschen in der Marktsphäre und in der Produktionssphäre einander gegenübertreten, je weniger sachliche und leibliche Verbundenheit sie miteinander spüren können, desto zwanghafter wird die handgreiflich-unmittelbare leibliche Verbundenheit in der Sexualität aufgesucht. Gerät die genitale Sexualität, das »Zeugen« in die »Abstraktion, aber, die sie von dem übrigen Umkreis menschlicher Tätigkeit trennt und zu letzten und alleinigen Endzwecken macht«, verliert sie ihre spezifisch menschlichen Potenzen.

Der Möglichkeit nach ist menschliche Sexualität integriertes Moment einer vielseitigen Sinnlichkeit und einer ebenso leidenschaftlichen wie behutsamen, der Eigentümlichkeit des Gegenübers angemessenen sinnlichen Aneignungstätigkeit — einer »bestimmten, dem Gegenstand deines Willens entsprechende(n) Äußerung deines wirklichen individuellen Lebens«.[36] Das »Verhältnis des Mannes zum Weibe« umfaßt immer tradierte Normen, die den Umgang mit Körperregungen lizensieren und kanalisieren. Diese Normen sind in der kapitalistischen Gesellschaft zunächst patriarchalisch.

Das Kapital nutzt einerseits das Patriarchat zur Loyalitätsbeschaffung und Profitsteigerung aus — z. B. wenn es Frauen und Kinder zu profitablen Sonderbedingungen ausbeutet. Andererseits arbeitet es an der Zerstörung des Patriarchats, wenn die Ausbreitung des Warenverkehrs die Gleichstellung aller Menschen als Warenbesitzer und Käufer ohne Ansehen des Geschlechts vorantreibt und der objektive Freisetzungs-, Verlohnarbeiterungsprozeß der Familie zum materiellen Basisverlust von patriarchalischer Autorität führt. Bereits im »Kommunistischen Manifest« schreiben Marx und Engels:

»Die Bourgeoisie, wo sie zur Herrschaft gekommen, hat alle feudalen, patriarchalischen, idyllischen Verhältnisse zerstört. Sie hat die buntscheckigen Feudalbande, die den Menschen an seinen natürlichen Vorgesetzten knüpften, unbarmherzig zerrissen und kein anderes Band zwischen Mensch und Mensch übriggelassen als das nackte Interesse, als die gefühllose ›bare Zahlung‹.«[37]

Insbesondere die spätkapitalistische Kommerzialisierung und Umwälzung der Sinnlichkeit hat der Plausibilität der patriarchalischen Geschlechtsrollen noch weiter entscheidende Stöße versetzt. Im »Kommunistischen Manifest« heißt es:

»Die fortwährende Umwälzung der Produktion, die ununterbrochene Erschütterung aller gesellschaftlichen Zustände, die ewige Unsicherheit und Bewegung zeichnet die Bourgeoisie vor allem anderen aus. alle festen eingerosteten Verhältnisse mit ihrem Gefolge von altehrwürdigen Vorstellungen und Anschauungen werden aufgelöst, alle neugebildeten veralten, ehe sie verknöchern können.«[38]

So ist die überkommene Lizensierung und Kontrolle der Körperregungen durch patriarchalische Normen widersprüchlich und brüchig geworden. Der Plausibilitätsverlust insbesondere der männlichen Rolle wird, verstärkt wieder in allerjüngster Zeit, oftmals hinter kompensatorischer Überbetonung von Männlichkeit und »altehrwürdigen« Kostümierungen verborgen. Je größer der gesellschaftliche Substanzverlust der männlichen Geschlechtsidentität ist, je verunsicherter sie ist, desto fixierter klammert sie sich an die verbleibende minimale Körperbasis: an den Genitalapparat und den Muskelpanzer. Und die Freisetzung, Stimulierung fast aller Facetten der Sinnlichkeit und Sexualität, welche teilweise von den sozialen Bewegungen (Studentenbewegung, Frauenbewegung etc.) betrieben wurde, mehr noch aber als chaotisches Programm von der Zirkulationssphäre her auf unseren »Privatbeziehungen« lastet, wird Ende der 80er Jahre kaum noch als Chance gesehen. Die Normenrelativierung macht eher Angst.

Die Sinnlichkeitsmodellierung und das Identitätsmanagement ist schon innerhalb jeder der drei ökonomischen Sphären höchst widersprüchlich, mit einer Fülle von Fallen und doppelten Böden verbunden. Die *zentrale* Synthetisierung der Stimmungen, Haltungen und Identitätsmuster, also die Bildung und Erhaltung einer *zwischen* den Sphären und biographischen Abschniten vermittelnden *Ich-Identität* ist zwar notwendig, wird aber immer mehr zu einer permanenten Überforderung.[39] Konsumismus und Asketismus werden beide gesteigert und unerbittlicher denn je verlangt. Die Welten des privaten Konsums, der Arbeit, der Märkte mit ihren differenten Anforderungen an die Organisation unserer Sinnlichkeit sind zerfallener denn je — denken wir nur an die völlig disparate Infrastruktur der Städte, in denen man fast nur noch mit dem Auto hin und her kommt.

Überhaupt ist das Auto sehr wichtig. Es vermittelt, gibt ein alltägliches Moratorium, stellt einen Umschaltraum zwischen den Welten zur Verfügung, heißt schon so wie das arme fragmentierte Selbst, welches es mit einer libidinös besetzten Peripherie künstlich erweitert, birgt und mit Allmachtserfahrungen versorgt. Es gehorcht uns symbiotisch, vor allem, wenn es sich noch per Knopfdruck in eine rollende Diskothek verwandeln läßt. Und es stärkt als Freiheitsvehikel die ansonsten angeknackste Geschlechtsrollenidentität von zwei Dritteln seiner Benützer, nämlich der Männer. Zwei Stunden der täglichen, entsinnlichten Lohnarbeit werden im Durchschnitt aufgewendet, um diesen bedeutsamen »sinnlichen Gegenstand« zu finanzieren und zu erhalten. Eine alternative

Verkehrspolitik, von der man Mitte der siebziger Jahre noch sprach, ist so gut wie vergessen. Orale und symbiotische Sinnlichkeit, die Wünsche nach einem nahen und zuverlässigen Objekt, das zugleich Ich und Nicht-Ich, also ein Übergangsobjekt im Sinne von Winnicott ist, der Narzißmus, analer Pflegetrieb, phallische und explorativ-raumerkundende, sinnliche Regungen, denen allen die Gesellschaft ansonsten ein disparates und wenig förderliches Schicksal beschert hatte, können sich am Auto versammeln und verdichten. Sogar die Wünsche nach einem Rest gemeinsamer gegenständlicher Praxis, nach existenzieller Verbundenheit über die Bewältigung einer Dingwelt, z. B. innerhalb von Familien, sind hier untergebracht. Die Logik der *Verhältnisse*, der Kapitalverwertung, und die der unterdrückten, gestauten Sinnlichkeit im *Verhalten* der Menschen schließen sich über diesen merkwürdigen Gegenstand besonders fest zusammen.

Zurück zur biographischen, »vertikalen« Dimension der Sinnlichkeitsentwicklung. Der Alltagstrott der Erwachsenen hält etwa dreißig oder vierzig Jahre an, gibt den Rahmen ab, in dem dann auch Kinder aufwachsen. Aber auch wir werden älter. Spätestens Mitte dreißig merkt man, daß man, gemessen an den vitalistischen Normen, die sowohl in der Produktion als auch im Reproduktionsbereich herrschen, nicht mehr zu den dynamischsten, potentesten und sinnlich attraktivsten gehört. Hier bietet allerdings der spätkapitalistische Markt eine Fülle von prothetischen Organen, Hüllen, Crèmes, Trainingsprogrammen an, welche die Panik des Alterns überdecken helfen. In Würde älter zu werden oder eine eigene Alterssinnlichkeit zu entwickeln ist fast unmöglich; u. a. weil die Rollen des älteren Beraters oder Weisen, der wohlwollend auf das jugendlich-sinnliche Treiben schaut, erodiert sind. Die rapide Umwälzung der für das Lebensgefühl wichtigen Produktivkräfte und Waren läßt die meisten Ratschläge hinterherhinken. Trotzdem oder vielleicht deswegen ist der Beruf des Beraters oder Therapeuten beliebter denn je. Er verspricht eine gewisse Alterswürde. Ich glaube, daß auch für unsere Kultur die Theorie vom »Filicid« stimmt, von der Bereitschaft, die Söhne in einem Krieg zu morden, über welche Marie Langer in ihrer Biographie in Bezug auf die südamerikanischen Generäle, die »Mumien« berichtet.[40] Zumindest unter Männern gibt es einen Neid und Haß auf die jüngeren, die man als Konkurrenten ausschalten möchte. Die jüngeren, die noch nicht alle Zeichen der Entsinnlichung, der narzißtischen Verblödung, der Mumifizierung aufweisen, müssen »vor die Kanonen« des ökonomischen, karrieristischen und politischen Alltagskrieges.

Die Sache neigt sich also dem Ende zu, das verdrängte Alter bricht herein, als Schock der Pensionierung, der das größte Segment in unserem Reproduktionskreislauf von einem Tag auf den anderen mit Leere füllt. Von unserer Hilflosigkeit im Umgang mit dem Tod will ich gar nicht reden. Trauerrituale und Trauerbilder, die helfen, stützen, vorbereiten können, sind ja zuvor in einer Kultur, in der jedes wichtige Lebensthema tausendfach abgelutscht und kommerzialisiert, seiner Aura beraubt wurde, zerstört worden. Neidvoll mögen wir wieder an die beeindruckenden Trauerrituale und Maskentänze der Dogon denken. Daß man als Psychotherapeut in den Familien so häufig unabgeschlossenen, blockierten, manchmal nie thematisierten Trauerprozessen begegnet, liegt auch am Zustand der Kultur, in der es keine hilfreichen Riten und Metaphern für die kollektive Bewältigung des — wie Freud sagt — eigentlich unvorstellbaren Todes gibt.[41] Verschleppte Trauer, oft über die Generationen hinweg, ist aber ein zusätzlicher Faktor, der Sinnlichkeit veröden läßt, die Liebesfähigkeit unterminiert.

Ich habe versucht, die — trotz aller Sinnlichkeitsstimulierung und allen Glitzerns — letztlich doch recht öde und lustfeindliche soziale Landschaft, »Infrastruktur«, zu beschreiben, in der wir leben und die uns unvermeidlich prägt. Nicht beachtet habe ich (neben der wichtigen Rolle des Staates) die zahlreichen, antwortenden Lebensentwürfe und Lebensdramen, in denen die konkret-sinnlichen Individuen, teilweise isoliert, teilweise in Gruppen, dem Ganzen auf ihren biographischen und alltäglichen Wegen doch noch Lust und Sinn abzuringen suchen. Wenn Sartre sagt, daß wir Subjektivität nur in einer »regressiv-progressiven« Methode begreifen und verstehen können,[42] also *zurückgehend* auf die allgemeinen Subjektivitätsbedingungen und in verstehender Teilhabe am aus diesen Bedingungen *nach vorn* gerichteten, auch negierenden Lebensentwurf, so habe ich den Schwerpunkt hier auf die regressive Bewegung gelegt. Für die progressive Bewegung, das unterstützende Verstehen der neben der allgemeinen Entfremdung noch zusätzlich verknoteten, vielfach selbstverborgenen Lebensdramen der Individuen in den Verhältnissen, brauchen wir u. a. die Methoden der praktischen Psychoanalyse, das Verstehen entlang der hochspezifisch gewordenen biographischen *Szenen*, die sich im Wechselspiel von Übertragung und Gegenübertragung reaktualisieren.[43] Um beim szenischen Verstehen nicht einer »Reduktion auf Unmittelbarkeit« aufzusitzen, brauchen wir aber auch eine andere Neugier, ein Wissen um die Landschaft, um die in chaotischer Systematik aufeinander bezogenen prägenden Bühnen, in denen die kleine Dramen oder etwas pathetischer: Tragödien des fremden wie eigenen Sinnlichkeitsverlusts sich abspielen.

Anmerkungen

1 N. Elias, Über den Prozeß der Zivilisation Bd. 1 und 2, Bern und München 1969

2 Heinz Holling, Selbsteinbringung (self disclosure), in Frey/Greif (Hg.), Sozialpsychologie. ein Handbuch in Schlüsselbegriffen, München/Wien/Baltimore 1983, S. 269

3 Daß diese Flucht in »sekundäre Symbiosen«, den Faschismus, das Sektenwesen, den Okkultismus nahelegt hat Erich Fromm dargelegt; ders., Furcht vor der Freiheit, Frankfurt 1966

4 Paul Parin/Fritz Morgenthaler/Goldy Parin-Matthey, Die Weißen denken zuviel. Psychoanalytisch Untersuchungen bei den Dogon in Westafrika, Zürich 1963

5 David Riesman, Die einsame Masse. Eine untersuchung der Wandlungen des amerikanischen Nationalcharakters, Reinbeck 1958. Thomas Ziehe, Pubertät und Narzißmus. Frankfurt 1975

6 Ökonomisch-philosophische Manuskripte, Marx-Engels-Studienausgabe (I. Fetscher, Hg) Bd. 2, Frankfurt 1966, S. 102

7 ebenda, S. 104/5

8 ebenda, S. 103

9 ebenda, S. 81/82

10 ebenda, S. 98

11 Alfred Lorenzer, Die Sozialität der Natur und die Natürlichkeit des Sozialen, in: B. Görlich/A. Lorenzer/A. Schmidt, Der Stachel Freud, Frankfurt 1980, S. 322 und S. 324

12 G. Bataille, Die Höhlenbilder von Lascaux, Genf 1986

13 H. R. Maturana/F. J. Varela, Der Baum der Erkenntnis, Bern/München/Wien 1987

14 B. G. Campell, Entwicklung zum Menschen, Stuttgart 1972, S. 266/67

15 Marx, Ökonomisch-philosophische Manuskripte, a. a. O., S. 81

16 H. Plessner, Philosophische Anthropologie, Frankfurt 1970

17 Vgl. K. Ottomeyer, Gesellschaftstheorien in der Sozialisationsforschung, in: Hürrelmann/Ulrich (Hg.), Handbuch der Sozialisationsforschung, Weinheim/Basel 1980; ausführlich ist das Sozialisationskonzept begründet in: K. Ottomeyer, Ökonomische Zwänge und menschliche Beziehungen. Soziales Verhalten und Ökonomie im Kapitalismus, Reinbek 1977. Ich verwende auch Gedanken aus: K. Ottomeyer, P. Anhalt, Leib, Sinnlichkeit und Körperverhältnis im Kontext der Marxschen Theorie, in: Hilarion Petzold (Hg.), Leiblichkeit, Paderborn 1985.

18 H. D. König, Zum Beispiel der Marlboro-Cowboy. Vom autoritären Charakter zum triebmanipulierten Charakter, in: Psychosozial, Heft 31. München/Weinheim 1987 (vgl. auch Königs Beitrag in: H. D. König, A. Lorenzer u. a., Kulturanalysen, Frankfurt 1986)

19 ebenda, S. 79/80

21 ebenda, S. 81

22 Der autoritäre Charakter, Bd. 2, Amsterdam 1969, S. 370 ff.

23 ebenda, S. 419

24 Z. B. in: Anatomie der menschlichen Destruktivität, Stuttgart 1974; vgl. als späten empirischen Versuch E. Fromm/H. Maccoby, Social Character in a Mexican Village, Englewood Cliffs, N. J. 1970

25 Vgl. den Überblick bei A. Kardiner/E. Preble, Wegbereiter der modernen Anthropologie, Frankfurt 1974, S. 245 bis

263. Auch E. H. Eriksons Indianer-Untersuchungen gehören in diese Reihe.

26 Vgl. bereits U. Bronfenbrenner, Socialisation and social class in time and space. Readings in Social Psychology, New York 1958

27 Vgl. Hellmut Lessing u. a., Lebenszeichen der Jugend, München 1986

28 B. Malinowski, Sex and Repression in Savage Society, 1927

29 M. Shostak, Nisa. The Life and Words of a !Kung Woman. Cambridge, Mass. 1981

30 M. Erdheim, Die gesellschaftliche Produktion von Unbewußtheit, Frankfurt 1982

31 Vgl. systematischer K. Marx, Einleitung zu den »Grundrissen der Kritik der politischen Ökonomie«, (Moskau 1939 u. 1941), Frankfurt o. J.; zur ausführlichen »kapitallogischen« Begründung: K. Ottomeyer, Soziales Verhalten und Ökonomie im Kapitalismus, Gießen 1976

32 Kapital Bd. 1 (MEW 23), S. 381/82

33 Paul Parin, Das Ich und die Anpassungsmechanismen, in: ders.: Der Widerspruch im Subjekt, Frankfurt 1983, S. 103

34 S. Kracauer, Die Angestellten, Frankfurt 1971; und zum ganzen Komplex: W. F. Haug, Kritik der Warenästhetik, Frankfurt 1971

35 K. Marx, Ökonomisch-philosophische Manuskripte, a. a. O., S. 79

36 ebenda, S. 129

37 Marx-Engels Werke (MEW) 4, S. 464

38 ebenda, S. 456

39 Ich knüpfe an E. H. Eriksons Konzept an, versuche es aber in einer historisch-materialistischen Theorie von Gesellschaft und Subjektivität »aufzuheben«.

40 Marie Langer, Von Wien bis Managua, Freiburg 1986

41 Vgl. Th. H. Macho, Todesmetaphern, Frankfurt 1987

42 J. P. Sartre, Marxismus und Existenzialismus, Reinbek 1964, S. 78 ff.

43 Ich beziehe mich hier auf Lorenzers Arbeiten und meinen Versuch, sie für die psychodramatische Gruppentherapie fruchtbar zu machen (K. Ottomeyer, Lebensdrama und Gesellschaft. Szenisch-materialistische Psychologie für soziale Arbeit und politische Kultur, Wien 1987)

Alfred Krovoza/Christian Schneider
Analytische Sozialpsychologie als Politische Psychologie: Positionen und methodische Probleme[1]

I.

Einer der scharfsinnigsten politischen Theoretiker dieses Jahrhunderts hat mit dem ihm eigenen apodiktischen Gestus das genuine politische Denken einer pessimistischen Anthropologie zugeordnet und mit der »merkwürdige(n) und für viele sicher beunruhigende(n) Feststellung, daß alle echten politischen Theorien den Menschen als ›böse‹ voraussetzen, d. h. als keineswegs unproblematisches, sondern als ›gefährliches‹ und dynamisches Wesen betrachten« (Schmitt, 1963: 61), zugleich eine implizite thematische Festlegung für alle jene Formen der Reflexion getroffen, die unter dem Gesichtspunkt des Politischen das Verhalten von Menschen untersuchen. Eine solche wäre, dem Etikett nach, zweifellos die »politische Psychologie«. Ob und wieweit sie es tatsächlich ist, soll ein Teil unserer Überlegungen sein. Das Diktum Carl Schmitts allein aber wäre ein hinreichender Grund, die These aufzustellen, daß politische Psychologie nicht der Notwendigkeit entgehen *kann*, sich Rechenschaft über die Bedeutung ihres Attributs abzulegen.

Das, was in der Bundesrepublik offiziell unter der Fahne »politische Psychologie« segelt, läßt sich zwanglos als der Versuch begreifen, die Fragen nach dem Politischen durch den Rekurs auf das Wertfreiheitsideal der Wissenschaft zu neutralisieren. Im einführenden Artikel zu der von 1963 bis 1969 in acht Bänden in der Europäischen Verlagsanstalt erschienen Reihe »Politische Psychologie« — einem für unseren Berichtszeitraum ohne Zweifel repräsentativen Sammelwerk — unternimmt Walter Jacobsen (1963a: 9—16) den Versuch einer Begriffsklärung, der sich in geradezu tragikomischer Weise als leerlaufende Reflexion des Tautologienpaa-

res »Politik ist Politik« und »Wissenschaft ist Wissenschaft«
erweist. So ist aus dem Aufsatz etwa zu entnehmen, daß »sich
die politische Psychologie in den Dienst der Polis, genauer:
der gesunden Entfaltung des öffentlichen Lebens, der res
publica« stellt, keineswegs aber macht Jacobsen klar, was genauer unter jenem Dienstherren und den von ihm bestimmten »Zwecken, die von außen an sie (die politische Psychologie, d. A.) herangetragen werden«, zu verstehen wäre.

Selbst die Heranziehung des Knaur-Lexikons zur weiteren
Klärung des Politikbegriffs, verhilft dem Autor zu keiner
größeren Differenzierungsschärfe als der Erkenntnis, daß
wohlverstandene »Politik ... sich nicht in Machtstreben und
Machtgebrauch« erschöpfe, daß sie sich hingegen als Exeku-
tor einer wohlverstandenen »Ordnung«, die »zu optimal
obwaltender Gerechtigkeit und anderen menschlichen Stre-
bezielen« hintendiere, sehr gut mit seinem Verständnis von
politischer Psychologie vertrage. Jedoch gelte auch das nur,
solange diese sich jeder »Normbindung«, d. h. etwa dem
Bekenntnis zu »eine(r) bestimmt(n) Idealvorstellung von in-
stitutioneller Geordnetheit« entschlage. So bleibt es für Jacobsen bei der inhaltsreichen Bestimmung: »Zielsetzung der
politische Psychologie ist also nur die Erkenntnis.« Daß diese aufgrund des Postulats der äußeren Zwecksetzung den
Charakter einer Dienstleistung annimmt, soll freilich ihre
Neutralität nicht mindern: »Wer sie erarbeitet und anliefert
steht aber trotzdem — als Wissenschaftler — allein unter dem
Gesetz der Wissenschaftlichkeit und nicht etwa unter dem
Gesetz einer Parteinorm oder Ideologie oder eines Auftrag-
gebers; sonst wäre er eben kein gewissenhafter Wissenschaftler.«

Selbst Jacobsen mag allerdings nicht gänzlich die Möglichkeit ausschließen, daß ein »Forscher auch selbst politisch interessiert, ja sogar politisch aktiv sein« könnte. Für diesen kritischen Fall gilt, daß der gefährdete Forscher »durch seine
vorangegangene wissenschaftliche Schulung ... dazu befähigt (ist), sein politisches Wollen so lange aus seinem Bewußtsein abzuspalten, wie er sich seiner Forschungsarbeit wid-
met«.

Der hier hypostasierte Begriff von Wissenschaftlichkeit als

schizophrenogenes Purgatorium ist ein — im Kern durchaus politische — Angstgeburt. Jacobsen läßt in einem anderen Aufsatz desselben Bandes, der sich mit den »Politische(n) Grundeinstellungen in der Bundesrepublik« befaßt, die Hintergrundmotive anklingen, die ihn in seiner programmatischen Stellungnahme dazu nötigen, die reine Wissenschaft als Apotropaion gegen jede Form einer politischen Wertung einzuführen:

»Daß innerhalb der westdeutschen Öffentlichkeit eine gewisse Scheu vorzuherrschen scheint, sich systematisch mit den seelischen Hintergründen der politischen Wertungen und Verhaltensweisen der jüngsten Vergangenheit und auch der Gegenwart nachforschen zu befassen, hängt vielleicht mit einer psychischen Verfassung zusammen, die der des ›gebrannten Kindes‹ ähnlich ist. Auch die Vertreter der Wissenschaft haben offenbar noch Hemmungen dieser Art zu überwinden ... Man rührt allgemein nicht gern an schmerzhaft und deprimierend gewesene Enttäuschungen, Frustrationen und Kompromittierungen, an Fehlhandlungen und Fehlurteile, es sei denn, allenfalls, im Sinne einer kollektiven *Selbstrechtfertigung*. Das ist menschlich, allzumenschlich.« (1963b: 27)

Offenkundig schlummert — auch wenn das nach den vorangegangenen Beteuerungen zu glauben schwerfällt — selbst im Wissenschaftler noch ein »Mensch«, wenn auch ein »allzumenschlicher«. Und diesem inwendigen Wesen ist es denn auch — in einer etwas verschämten Fußnote — gestattet, die normative politische Urteilslosigkeit des Wissenschaftlers zu durchbrechen.

»Natürlich«, heißt es da — und die Frage, welche Natur Jacobsen hier im Auge hat, läßt sich nicht ganz abweisen — »darf auch der Wissenschaftler ›böse‹ nennen, was nach allgemeinen Menschheitsbegriffen und -gesetzen als ›böse‹ gilt. Es wäre eine lebensfremde Wissenschaft, die auch hiervon Abstand nehmen wollte — etwa um nur ja nicht (aus Furcht, als ›parteiisch‹ verschrien zu werden) ein politisches Verbrechen ein politisches Verbrechen nennen zu müssen.« (1963a: 10)

Ganz offensichtlich haben wir es also mit zwei grundsätzlich verschiedenen Einstellungen zur Realität zu tun. Der Wissenschaftler »als Mensch« befindet sich *innerhalb* eines sozialen Feldes und ist als solcher prinzipiell befähigt, durch introspektiv angeleitete Wahrnehmungen kollektive psychische Abwehr- und Verarbeitungsmechanismen zu beobachten, die in der Tat genuine Gegenstände einer politischen Psychologie sind. »Dem politischen Psychologen« sensu Jacobsen dagegen »ist das politische nur ein Sektor aus der ihr (der politischen Psychologie, d. A.) *gegenüberstehenden* und zu erhellenden Gesamtheit der sozialen Wirklichkeit.« (1963a: 11, Hervorhebung durch d. A.)

Wissenschaft wäre danach tatsächlich Ausdruck eines »abgespaltenen Bewußtseins«. Unschwer ist zu erraten, warum der ansonsten für den Erkenntnisstandpunkt der politischen Psychologie gänzlich überflüssige Mensch doch als letzte Instanz einer Gut/Böse-Wertung zu Rate gezogen werden muß. Gäbe es ihn nicht, so wäre der aus der black box entsprungene politische Psychologe vollkommen unfähig, auch nur eine triftige Aussage über das Phänomen zu machen, das unübersehbar den Hintergrund aller Bestrebungen der westdeutschen politischen Psychologie bildet: die nationalsozialistische Vergangenheit. Tatsächlich ist das erkenntnisleitende Interesse der durch den Jacobsen-Aufsatz eingeleiteten ganzen Reihe der Versuch, eine Wiederholung der NS-Vergangenheit zu vermeiden. »Als Garantie dafür sah man eine Identifikation mit der jeweiligen bundesrepublikanischen Wirklichkeit an.« (Streiffeler, 1975: 27) Eben diese Identifikation aber basiert — und das ist der Grund für die ausführliche Würdigung der Jacobsenschen Position — auf einer stillschweigenden und sehr folgenreichen Umdefinition des Politikbegriffs. Die Unmöglichkeit, die Vergangenheit als politische gänzlich leugnen zu können, nötigt, da doch »Politik« unzweifelhaft auch in der neugeschaffenen Demokratie eine Rolle spielt, zu einer Reinigung ihres Begriffsinhalts. Deshalb wird jene Entflechtung von »Politik« und »Machtstreben« vorgenommen und »das Politische« in eine ordnungsstiftende Maßnahme zur Förderung »menschlicher Strebeziele« aufgelöst, der dann der politische Psychologe wohlwollend »gegenüberstehen« kann. Politik wird, wenn sie schon nicht aus der Welt zu schaffen ist, ein idealisiertes Neutrum. Insofern ist der Begriff des Politischen, dem die »offizielle« politische Psychologie anhängt, nicht mehr als ein Wunschkonstrukt, das im Sinne einer positiven Identifikationsmöglichkeit nur die Kehrseite der allgemeinen Verleugnungstendenz darstellt, die sie wissenschaftlich zu analysieren sich zur Aufgabe setzt.

Diese Umdefinition des Politischen gewinnt unter der Hand genau jene normative Qualität, die nach Jacobsen nicht Sache des Wissenschaftlers sein dürfte. Damit ist ein Analysetyp vorgegeben, der, im Sinne eines methodischen Präjudiz, von entscheidender Bedeutung für die Beantwortung der Frage ist, von welcher Anthropologie die politische Psychologie sich leiten läßt. Deutlich wird sie an Jacobsens Diagnose des politischen Bewußtseinsstands der bundesrepublikanischen Gesellschaft. Bezogen auf die Vergangenheit und die Virulenz des faschistischen Syndroms läßt sie sich auf die Kurzformel bringen: »Das wächst sich langsam aus.« Der bösartige Krankheitserreger scheint wirkungslos geworden: »Die Deutschen sind«, so das Fazit seiner Analyse, »wie es also scheint, zu einem Volk von Pazifisten geworden, freilich zu solchen, die sich nicht wehrlos einem Eroberer mit neuen Diktatur- und Totalitätsansprüchen zu beugen gewillt sind.« (1963n: 55) Mit dem Ende der politischen Krankheit ist also auch der deutsche Mensch wieder der allgemeinen Anthropologie zu subsumieren, die den Menschen schlechthin als im Kern gutes Wesen qualifiziert.

Eine derart verstandene politische Psychologie erweist sich als ein komplexes Verschränkungsverhältnis von wertneutraler Wissenschaftsattitude und verschwiegener Normativität, entstrukturiertem Politikbegriff und positiver Anthropologie, schließlich, auf der methodischen Ebene, einer für den Forscher entlastenden Zurichtung des Gegenstandes als vorgegebenes »Außen«, dem er sich nicht selber zurechnen muß, und einer Binnenperspektive, in der er — als »Mensch« — den Druck der Verhältnisse spürt, ohne jedoch daraus die Nötigung ableiten zu müssen, die auf diese Wiese gewonnenen Eindrücke einer wissenschaftlichen Reflexion

111

zugänglich zu machen. Alle diese unverarbeiteten chorisma lassen sich in dem Bild verdichten, die Gegenwart sie die Epikrise einer politischen Krankheit. Aufgabe der politischen Psychologie bleibt dann, das gesammelte Datenmaterial in einen Katalog auxiliärer Ratschläge für die Beförderung eines ohnehin ablaufenden Rekonvaleszenzprozesses umzusetzen. Eben diese Sichtweise hat es ermöglicht, das Problem der sogenannten »Vergangenheitsbewältigung« in Analogie zum medizinischen Rehabilitationsbegriff zu behandeln. Eine politische Psychologie, die sich diese Sichtweise zu eigen macht, kann daher kaum etwas anderes sein als ein Beschwichtigungsversuch.

II.

Für eine kritische politische Psychologie mußte das Beunruhigende gerade darin bestehen, daß bestimmte Einstellungen, Dispositionen und Verhaltensstile mit ihren großen Anteilen unbewußter Identifikationen den gründlichen Wechsel des politischen Herrschaftssystems, den Aufbau eins Verfassungsstaates, die Westintegration, verbunden mit der offiziellen Übernahme von demokratischen Normen der Politik, offenkundig überdauert hatten. *Peter Brückner* sollte sie als »postfaschistisches Syndrom« bezeichnen. Gerade die Persistenz dieses Syndroms, die sich der scheinbar so politikfernen Sphäre von Alltag, Familie und Sozialisation verdankt, führte in ihrem Spannungsverhältnis mit dem verordneten Wechsel des politischen Herrschaftssystems zu der dann häufig beklagten politischen Apathie der Masse der Bevölkerung insbesondere in den 50er, aber auch noch in den 60er Jahren — eine Apathie, die ihrerseits wieder zur Bedingung der Möglichkeit restaurativer Entwicklungen wurde. Gerade eine politische Psychologie in der Bundesrepublik hätte wegen dieses Sachverhalts fast bruchlos an bestimmte kritische Positionen, wie sie vor 1933 in Deutschland und auch noch in der Emigration existiert hatten, anknüpfen können, ja sogar müssen. Das geschah nicht, bzw. erst in einer sehr viel späteren Phase politisch-psychologischen Denkens in Vorfeld und Umkreis der sogenannten Protestbewegung Ende der 60er Jahre.

Selbst die aus der Emigration zurückgekehrten Repräsentanten der kritischen Theorie Horkheimer und Adorno verfehlten, wie im folgenden gezeigt werden soll, mit ihrer geschichtsphilosophischen Rekonstruktion der im Faschismus kulminierenden epochalen Krise die Dimension des Politischen, die eben in der Bearbeitung des postfaschistischen Syndroms bestanden hätte. So war es Alexander Mitscherlich, der — trotz aller zeitbedingten und methodisch-theoretischen Schwächen — in seinen Analysen und Interventionen das Feld einer kritischen politischen Psychologie besetzte. Damit wird es notwendig, sein Verhältnis zur kritischen Theorie, der er in der Öffentlichkeit allzu umstandslos zugerechnet wurde, einer kritischen Reflexion zu unterziehen.

Wir erlauben uns zu diesem Zwecke einen Rückgriff auf die Zeit des unmittelbaren Vorfaschismus und die Jahre von 1933—1945, hat doch die kritische Theorie ohne Zweifel einen zentralen Beitrag zu einer politischen Psychologie in der Bundesrepublik geleistet, der ohne diesen Rückgriff nicht darstellbar ist.[2] Auf jeden Fall ist sie in vielfacher Hinsicht ein kritischer Bezugspunkt politisch-psychologischen Denkens in der Bundesrepublik, und zwar aus sachlich-zeitgeschichtlichen, nicht nur aus ideen- und rezeptionsgeschichtlichen Gründen. Die Integration einzelwissenschaftlicher Konzepte und Forschungsmethoden, insbesondere aber die von Horkheimer programmatisch empfohlene Beiziehung der Psychologie in Gestalt der Psychoanalyse als »Hilfswissenschaft« der Geschichte (vgl. »Geschichte und Psychologie«, 1932), sollte die erlahmende Prognosekraft und die Erklärungsschwäche der geschichtsmaterialistischen Gesellschaftstheorie in den 20er Jahren kompensieren helfen. Was kritische, nicht parteigebundene Marxisten jener Jahre, aber nicht nur sie, alarmieren mußte, war, neben der Tatsache, daß die erste erfolgreiche sozialistische Revolution entgegen den Vorhersagen von Marx in einem kapitalistisch unterentwickelten Land stattgefunden hatte, neben dem Scheitern der Novemberrevolution in Deutschland und neben der in der Weimarer Republik sich vollendenden Staatsvermittlung der SPD — die »Verlagerung des revolutionären Gravitations-zentrums nach Osten«, wie M. Jay (1976) es ausdrückte — vor allem der Hitlerfaschismus, der seine Schatten voraus-warf. Dieser Bewegung, in der zunehmend mehr Menschen durch aktive Teilnahme oder Duldung gegen ihre objektiven und langfristigen Lebensinteressen verstießen, hatten die Or-ganisationen der Arbeiterbewegung, so ahnten Einsichtige früh, nichts entgegenzusetzen. Dies alles warf die — eminent politische — Frage auf, inwieweit sich auf der Grundlage der Kenntnis der ökonomischen Gesetzmäßigkeiten der Ge-schichtsverlauf überhaupt vorhersagen lasse und was eigent-lich in den Massen das angemessene Bewußtsein ihrer eigenen Lage insgesamt behinderte und verzerrte. Paul Lazarsfeld, später in der amerikanischen Emigration ein Antipode der »Frankfurter« auf dem Felde der empirischen Soziologie, fand in einem autobiographischen Rückblick auf die 20er Jahre, die er in Wien verbrachte, eine Formel, die wegen ihrer Prägnanz hier wiedergegeben sei:

»Ich war aktives Mitglied der Sozialistischen Studentenbewe-gung, die sich zu der Zeit immer mehr in der Defensive gegen-über der wachsenden Welle des Nationalsozialismus fand. Wir zerbrachen uns den Kopf darüber, warum unsere Propaganda er-folglos blieb und wollten psychologische Studien durchführen, um diesen Fehlschlag zu erklären. Ich erinnere mich an eine Formel, die ich damals aufstellte: eine beginnende Revolution muß die wirtschaftlichen Verhältnisse auf ihrer Seite haben (Marx); eine siegreiche Revolution braucht vor allem Ingenieure (Sowjetunion); eine erfolglose Revolution bedarf der Psycholo-gie (Wien).« (1975: 149)

Im Kontext dieser zeitgeschichtlichen Umstände über-nimmt Horkheimer 1929 die Leitung des »Instituts für So-zialforschung«. In seiner Antrittsrede »Die gegenwärtige La-ge der Sozialphilosophie und die Aufgaben eines Instituts für Sozialforschung« anläßlich der Übernahme eines Lehrstuhls und der Leitung des Instituts, die er am 24. Januar 1931 hält, entwickelt er das Programm des — allerdings erst posthum — so genannten interdisziplinären Materialismus.

Es komme, führt er aus, heute darauf an, »aufgrund aktueller philosophischer Fragestellungen Untersuchungen zu organisieren, zu denen Philosophen, Soziologen, Nationalökonomen, Historiker, Psychologen in dauernder Arbeitsgemeinschaft sich vereinigen«, mit dem Ziel, die »aufs Große zielenden philosophischen Fragen anhand der feinsten wissenschaftlichen Methoden zu verfolgen, die Fragen im Verlauf der Arbeit am Gegenstand umzuformen, zu präzisieren, neue Methoden zu ersinnen und doch das Allgemeine nicht aus den Augen zu verlieren«. (1931: 1) Mit der »Frage nach dem Zusammenhang zwischen dem wirtschaftlichen Leben der Gesellschaft, der psychischen Entwicklung der Individuen und den Veränderungen auf den Kulturgebieten im engeren Sinne« und mit dem »Vorsatz, die Beziehung zwischen diesen drei Verläufen zu erforschen«, stempelt er die Psychologie zur wichtigsten »Hilfswissenschaft« (1931: 43). Ansonsten unvereinbare wissenschaftliche Grundüberzeugungen seien sich allzu oft einig oder ähnlich, »weil sie bewußt oder unbewußt die durchgängige Entsprechung zwischen den ideellen und materiellen Verläufen voraussetzen und die komplizierende Rolle der psychischen Zwischenglieder zu vernachlässigen oder gar zu ignorieren pflegen«. (1931: 44)

Diese Bestimmung deutet, wenn auch noch abstrakt, die Möglichkeit einer politischen Psychologie als eigenständige Wissenschaft an. Im Zuge der Konkretisierung seines Programms einer empirisch angereicherten und arbeitsteilig vorangetriebenen Gesellschaftstheorie gießt Horkheimer, jedenfalls was die Psychologie angeht, mit der Abhandlung »Geschichte und Psychologie« Wasser in diesen Wein. Sie erscheint 1932 im 1. Jahrgang der »Zeitschrift für Sozialforschung«. Es ist anzumerken, daß dieses Programm in Richtung auf die Psychologie am weitesten vorangetrieben worden ist — theoretisch wie forschungspraktisch. Horkheimer geht in dieser Abhandlung von der Frage aus, was angesichts des »Gegensatz(es) zwischen den wachsenden menschlichen Kräften und der gesellschaftlichen Struktur« (1932: 17) — ein Beispiel für seine bedachtsame und bedächtige Art der Formulierung, hier des Marxschen Antagonismus von Produktivkräften und Produktionsverhältnissen — in der Gegenwart den Übergang in eine neue Gesellschaft behindere. Seine Antwort lautet: Es ist die gegebene soziale Struktur mit den ihr entsprechenden Institutionen, und es sind die »verfestigten menschlichen Dispositionen«. Die mit dem Rekurs auf den Marxschen Antagonismus zitierte Geschichtsauffassung werde zur »dogmatischen Metaphysik«, wenn sie, anstatt in konkreten Untersuchungen historischer Erfahrung sich zu öffnen, als »universales Konstruktionsschema« Verwendung findet. Die in wissenschaftlicher Untersuchung aufklärbaren retardierenden Faktoren lägen — das zeige die historische Erfahrung der Gegenwart — nicht zuletzt im Bereich des ›subjektiven Faktors‹, wie man es später ausdrücken wird. Im Zuge dieser Erfahrung, so Horkheimer, wird die Psychologie »aus der Grundwissenschaft zur freilich unentbehrlichen Hilfswissenschaft der Geschichte«, die die Erklärungsdefizite der materialistischen Geschichtsauffassung auszugleichen in der Lage ist. »Ihr Gegenstand verliert im Rahmen dieser Theorie die Einheitlichkeit. Sie hat es nicht mehr mit dem Menschen überhaupt zu tun ...« (1932: 18), sondern mit je nach Epochen und Klassenlage unterschiedenen Individuen. Der Gegenstand der Psychologie ist »solchermaßen in die Geschichte verflochten«, und er ist nicht bruch- und restlos auf die ökonomischen Strukturen rückführbar. Er gewinnt ein Stück funktioneller Autonomie. Horkheimer ist konsequent genug einzuräumen, daß die Bedeutung der psychischen Verfassung der Individuen für den Geschichtsprozeß so dominant werden kann, daß das eine Veränderung des »Rangverhältnis(ses) von Ökonomik und Psychologie hinsichtlich der Geschichte« zur Folge haben müßte, d. h. daß die Kritik der politischen Ökonomie u. U. durch eine Kritik der politischen Psychologie abgelöst werden müßte — ein Programm, um dessen Einlösung Marcuse später besorgt sein wird. Aber für Horkheimer bleibt die Psychologie letzten Endes eine »Hilfswissenschaft« der Geschichte. Ihre Geltung im sozio-historischen Kontext ist selber nur wieder in einer Theorie von Gesellschaft und Geschichte fundierbar. Ihr Erklärungspotential bleibt eine Funktion des historischen Prozesses. Bei aller Affinität zur psychologischen Erklärung gibt er den Hegelschen Skeptizismus gegen sie nicht preis — im Gegenteil. Je intensiver die Denkgemeinschaft mit Adorno sich gestaltet, um so mehr verfällt die psychologische Erklärung dem Ideologieverdacht, so daß schließlich nicht einmal mehr von einer Ambivalenz die Rede sein kann.

Dieser Vorbehalt wird erstaunlicherweise gerade dann besonders deutlich, wenn Horkheimer sich auf den zeitgeschichtlichen Kontext konzentriert, wie wir ihn oben knapp angedeutet haben. Beruhen schon funktionierende soziale Organisationsformen u. a. auf »psychische Faktoren«, so noch in viel größerem Ausmaße die bereits versagenden. Unter deutlicher Anspielung auf den Nazismus — wir schreiben das Jahr 1932! — und die Lösungsvariante der großen Krise, für die er steht, sagt Horkheimer, daß »das Handeln numerisch bedeutender sozialer Schichten nicht durch die Erkenntnis, sondern durch eine das Bewußtsein verfälschende Triebmotorik bestimmt« sei (1932: 29). Hier wird plausibel, inwiefern Psychologie und insbesondere eine »Psychologie des Unbewußten«, wie sie inzwischen in der Psychoanalyse vorlag, Erhellendes beisteuern kann: »Je weniger das Handeln aber der Einsicht in die Wirklichkeit entspringt, ja dieser Einsicht widerspricht, desto notwendiger ist es, die irrationalen, zwangsmäßig die Menschen bestimmenden Mächte psychologisch aufzudecken.« (ebda.) Das heißt doch: um so irrationaler die Lebensverhältnisse und -perspektiven der breiten Massen einer bestehenden Gesellschaft, je eklatanter mit anderen Worten der Widerspruch zwischen Produktivkräften und Produktionsverhältnissen, um so bedeutsamer der Beitrag der Psychologie zur Erklärung des Geschichtsprozesses. Angesichts eines Nicht-Ereignisses, dem Ausbleiben sozialen Wandels und gesellschaftlicher Veränderung oder auch einer Regression des historischen Verlaufs, erreicht Psychologie ihren höchsten Erklärungswert. Je rationaler, d. h. revolutionär gelöster die Lebensverhältnisse, um so geringer der Nutzen der Psychologie.

Adorno wird später hinzufügen, daß die antagonistische Vergesellschaftung unabhängig von ihrer politischen Verfassung die Psychologie in gleicher Weise obsolet macht: »Je mehr die gesellschaftlichen Antagonismen anwachsen, desto mehr verliert offenbar der durch und durch liberale und individualistische Begriff der Psychologie selber seinen Sinn. Die vorbürgerliche Welt kann Psychologie noch nicht, die total vergesellschaftete nicht mehr.« (1955: 433) Die Aussagen von 1932 — Horkheimer — und 1955 — Adorno — sind nicht widersprüchlich, sondern vielmehr komplementär: Stellen sie doch beide den Zeitkern von Psychologie heraus und verweisen auf die Fundierung ihres Erklärungswertes in einer Geschichtsphilosophie. Different sind sie hinsichtlich der Ermöglichung empirischer Forschung und der Erschließung einer politischen Dimension psychologischer Analyse, was letzten Endes allerdings wieder auf den Zeitindex zurückverweist.

Die Psychoanalyserezeption der kritischen Theorie und der Stellenwert der Psychologie in dieser Spätform marxistischer Theoriebildung ist vermutlich nicht aus dem Funktionszusammenhang einer Theorie in praktischer Arbeit herauszulösen. Der Verzicht auf einen außerwissenschaftlichen und außertheoretischen Referenzpunkt ließ auch die zunächst als einzelwissenschaftlicher Erklärungsansatz assimilierte, dann aber gesamtgesellschaftlich vermittelte Psychologie nicht unberührt. Derart integriert bezieht sie ihren Erklärungswert letzten Endes aus den legitimen Emanzipationsinteressen konkreter Gesellschaftsindividuen, die aus einer »Hilfswissenschaft« gar nicht zu gewinnen sind, oder doch nur im den Preis einer zirkulären Argumentation. Im referierten Text formuliert sein Autor dann Abschließendes zum Verhältnis von Psychologie und Geschichte: »Das Ökonomische erscheint als das Umfassende und Primäre, aber die Erkenntnis der Bedingtheit im einzelnen, die Durchforschung der vermittelnden Hergänge selbst und daher auch das Begreifen des Resultats hängen von der psychologischen Arbeit ab.« (1932: 26)

Mit dem Verlust dieses Referenzpunktes als einer historischen Realität und seiner Verlagerung gleichsam in die Negativität, die mit der »Dialektik der Aufklärung« theorieentwicklungsgeschichtlich massiv einsetzt, gerät Psychologie zunehmend unter Ideologieverdacht und verfehlt gleichzeitig die Dimension des Politischen. Als Adorno 1955 unter diesen Auspizien zum 60. Geburtstag von Horkheimer die Beziehung von Psychologie und Geschichte unter dem Titel »Zum Verhältnis von Soziologie und Psychologie« reformuliert — sein zentraler Beitrag zur Politischen Psychologie der Bundesrepublik, wenn auch gleichsam aus der Vogelschau —, bringen Soziologie im Sinne von Gesellschaftstheorie und Psychologie, sprich: Psychoanalyse, allenfalls noch ihre je eigene Wahrheit zum Ausdruck, die sich der Vermittlung, eins durchs andere, verweigert. Die Aussagekraft ihrer Trennung sei größer als die Möglichkeit der Integration ihrer Einsichten:

»Die Trennung von Soziologie und Psychologie ist unrichtig und richtig zugleich. Unrichtig, indem sie den Verzicht auf die Erkenntnis der Totalität giriert, die noch die Trennung befiehlt; richtig insofern, als sie den real vollzogenen Bruch unversöhnlicher registriert als die vorschnelle Vereinigung im Begriff.« (1955: 23)

Damit war dem Horkheimerschen Programm der Boden entzogen, das ohnehin mit einer ganzen Reihe von Kautelen versehen war, wie wir gezeigt haben. Den großen Studien über »Autorität und Familie« und über die »Authoritarian Personality« aus den 30er und 40er Jahren sowie den wissenschaftlichen Anstrengungen aus ihrem Umfeld, die immer auch um empirische Methodik und Erkenntnis bemüht waren, ist in der Arbeit des nach Frankfurt zurückgekehrten Instituts nichts Vergleichbares an die Seite zu stellen. Ihr Lebenselement war die Möglichkeit der Verbindung psychologischer und soziologischer Erkenntnis gewesen. Gleichzeitig mit der Primat der objektiven Verhältnisse und ihrer Analyse wieder aufgerichtet:

»Fast ließe sich sagen, daß man, je genauer man die Menschen psychologisch versteht, sich um so weiter von der Erkenntnis ihres gesellschaftlichen Schicksals und der Gesellschaft selbst entfernt und damit von der der Menschen an sich, ohne daß doch darum die psychologische Einsicht ihre eigene Wahrheit einbüßte.« (1955: 32)

Worin diese Wahrheit allerdings besteht, vermag Adorno nur noch für die »Psychoanalyse in ihrer authentischen und geschichtlich bereits überholten Gestalt« anzugeben, nämlich im »Bericht von den Mächten der Zerstörung, die inmitten des zerstörenden Allgemeinen im Besonderen wuchern« (1955: 43). Fortentwicklungen dieser »authentischen Gestalt« denunziert er unnachsichtig als Revisionen und blinde Reflexe einer undurchschauten sozialen Realität. So tendiert die der Psychologie »eigene Wahrheit« zum Verlust inhaltlicher Bestimmtheit und scheint sich auf den Punkt ihrer Trennung von Soziologie zusammenzuziehen, insofern sie eine reale Unversöhntheit zum Ausdruck bringt. Der gesellschaftstheoretisch ermittelte Zeitindex besteht in einer »Kräfteverschiebung zwischen Gesellschaft und einzelnem«: »Die gesellschaftlichen Macht bedarf kaum mehr der vermittelnden Agenturen von Ich und Individualität.« (1955: 43) Gerade an diese Vermittlungsfunktion aber hatte Horkheimer realhistorisch den Erklärungswert von Psychologie gebunden.

Die Position, die Adorno jetzt bezieht, war, wie wir gezeigt haben, von Anfang an im Horkheimerschen Untersuchungsprogramm angelegt und mußte vor allem für die materiale Analyse einschneidenden Konsequenzen haben. Eine Arbeit Adornos über »Die Freudsche Theorie und die Struktur der faschistischen Propaganda«, die schon 1951 in den USA erschienen war und aus dem Umkreis der Studien über den autoritätsgebundenen Charakter stammte, während die deutsche Fassung erst 1970 post mortem publiziert wurde, hätte exemplarisch, wenn nicht schulbildend für eine kritische politische Psychologie in der Bundesrepublik wirken können. In einem zentralen Punkt argumentiert sie aber angesichts dieser Möglichkeit zwiespältig, ja ausgesprochen prohibitiv. Ihr Hauptteil besteht in der Analyse des faschistischen Propagandisten und »Führers«, der eintönigen Wiederkehr der Muster seiner Agitation und der Mechanismen ihrer Wirkung mit den Mitteln, die Freud 1921 in »Massenpsychologie und Ich-Analyse« bereitgestellt hatte. Dabei wird zum einen die geradezu divinatorische Kraft Freuds im Hinblick auf den Faschismus deutlich und zum anderen der wissenschaftlich paradigmatische Charakter seiner Analyse, und zwar dadurch, daß Adorno angesichts der realen Erfahrung des Faschismus diese im wesentlichen bestätigt und bei der Verfeinerung der Begriffe sich ganz auf den Duktus der Freudschen Argumentation verlassen kann, womit sich Adorno übrigens ein glänzendes Zeugnis seines Psychoanalyseverständnisses ausstellt. Dann jedoch nimmt die Argumentation kurz vor dem Ende eine Wendung, die allerdings nur denjenigen überraschen kann, der die Reformulierung des Verhältnisses von Psychologie und Geschichte, wie Adorno sie vorgenommen hatten, nicht registriert. In dem Moment nämlich, wo der Erklärungswert der Psychologie insgesamt zur Diskussion steht, verweist er auf das Manipulative und Inszenierte an der Psychologie faschistischer Massen, wodurch die psychologische Erklärung etwas Scheinhaftes und Irrationales, letzten Endes Ideologisches annehme. Sie sei geeignet, die Interessen, die hinter dieser Inszenierung sich verbergen und sie gleichzeitig durchsetzen sollen, in der wissenschaftlichen Analyse noch einmal unsichtbar werden zu lassen. »Wenn die Führer«, erklärt Adorno, »sich der Psychologie der Massen bewußt werden und sie selbst in die Hand nehmen, hört sie in gewissem Sinne auf zu existieren.« (1970: 506) Der psychologischen Erklärung ist in der Realität im Zuge sozialer Atomisierung und Entindividualisierung, die nur ein anderer Aspekt modernen Massenbildung sind, der Boden entzogen. Die Psychologie des Individuums, auf die Freud gerade, was auch Adorno als Vorzug und wissenschaftliche Leistung würdigt, die Massenpsychologie im Unterschied zu LeBon, der sie als aparte Psychologie etablieren will, zurückführt, habe ihre Substanz verloren. Die »psychologische Dynamik der Massenbildung ... hört auf Realität zu sein« (1979: 507), so daß ihre hilfswissenschaftliche Funktion — auf dem Hintergrund sozialstruktureller Veränderungen, wie gesagt — erlischt. Das gräbt dem Projekt einer politischen Psychologie letzten Endes das Wasser ab, das nur dann der Mühe wert ist, wenn sein Gegenstandsbereich eine gewisse, wie immer auch relativierte funktionelle Autonomie besitzt: »Nur eine über den Bereich der Psychologie weit hinausreichende entfaltete Theorie der Gesellschaft könnte die Frage, die hier aufgeworfen wurde, ganz beantworten.« (1970: 504) Mit diesem Diktum leitete Adorno die prohibitive Wendung der Argumentation ein.

Horkheimers Programm der Beiziehung von Psychologie als »Hilfswissenschaft«, das die Möglichkeit eines Wechsels der revolutionären Bezugswissenschaft zunächst nicht ausdrücklich ausschließt und die Erklärungsrelevanz und -kapazität von Psychologie nur an eine Theorie des historischen Prozesses zurückbindet, ohne gleichzeitig den durchgängigen Primat sozio-ökonomischer Erklärung vor allem auch in der Vermittlung der differenten Perspektiven endgültig zu behaupten, wirkte als Freigabe eines weiten Feldes empirischer Forschung und stimulierte sie nachhaltig, wie die Studien des Instituts für Sozialforschung vor und während der Emigrationszeit belegen. Die »Dialektik der Aufklärung« beendete, jedenfalls für Horkheimer und Adorno, diese »reife« Phase der kritischen Theorie und leitet ihre Spätphase ein, in der Adorno gleichsam die Federführung übernimmt. Der Primat sozio-historischer und sozio-ökonomischer Erklärung, vor dem Psychologie unter Ideologieverdacht gerät, wird unzweideutig wieder aufgerichtet. Psychologie artikuliert nur noch eine »negative« Wahrheit — Freuds Begriff der Psychologie sei wesentlich ein negativer, merkt Adorno einmal an —, keinesfalls mehr eine empirisch erreichbare und etwa in kurzfristigen, gar zeitgeschichtlichen und tagespolitischen Bezügen — dem Element einer politischen Psychologie — greifbare. In demselben Maße wie die kritische Theorie sich zur Möglichkeit methodisch angeleiteten wissenschaftlichen Erfahrungsgewinns, der die differenten Perspektiven von Soziologie und Psychologie zu integrieren sucht, skeptischer verhält, verfehlt sie die Dimension des Politischen. Dies ist sicher kein für alle Fälle gültiger Zusammenhang: für die kritische Theorie allerdings besteht er ohne Zweifel. War doch das Projekt des interdisziplinären Materialismus und damit das einer möglichen politischen Psychologie aus einem Erklärungsnotstand hervorgegangen, der in letzter Instanz auf praktisch-politische, jedenfalls außertheoretische Ziele verweist. Die thematisch dem Gebiet politischer Psychologie zuzuordnenden Arbeiten Adornos und vor allem Horkheimers aus den 50er Jahren haben demzufolge etwas

Harmloses und Betulich-Pädagogisches, das jenen, auf die wir Bezug genommen haben, gänzlich fehlt.

Interessanterweise unter dem Eindruck der Einsichten Mitscherlichs, speziell aus »Das soziale und das persönliche Ich« (1966), korrigiert Adorno seine schroffe Position in der Frage des Verhältnisses von Psychologie und Soziologie.

Sie sei »zu berichtigen, weil sie die kritischen Zonen allzusehr vernachlässigt, wo das Getrennte im Ernst sich nicht berührt«: »Nicht nur abstrakte Einheit des Prinzips bindet Gesellschaft und Individuum und ihre wissenschaftlichen Reflexionsformen, Soziologie und Psychologie, aneinander, sondern beides kommt nie choris vor. So gehen die wichtigsten, nämlich bedrohlichsten und darum verdrängten Momente der sozialen Realität in Psychologie, in das subjektive Unbewußte ein.« (1966: 41)

Mag diese Korrektur zunächst geringfügig erscheinen, weil sie den Anpassungsaspekt herausstellt, so reicht sie Adorno aus, um unter Hinweis auf Benjamins Konzeption der dialektischen Bilder neuerlich den aparten Gegenstandsbereich einer Sozialpsychologie zu begründen. Überraschend wird sie erst, wenn Adorno auch den gegenläufigen Aspekt des Widerstands in einer Psychologie und Soziologie integrierenden Sichtweise glaubt beschreiben zu können und gleichzeitig die schon aufgegebene politische Dimension zurückzugewinnen scheint durch einen Blick, der seine Focussierung auf die fortgeschrittenen Industriegesellschaften überwindet:

»Gesellschaftlich ist ein Zone der Berührung die der Spontaneität. Relevant wird die Psychologie nicht allein als Medium der Anpassung, sondern auch dort, wo die Vergesellschaftung im Subjekt ihre Grenze findet. Dem gesellschaftlichen Bann opponiert es mit Kräften aus jener Schicht, in der das principium individuationis, durch welches Zivilisation sich durchsetzte, noch gegen den Zivilisationsprozeß sich behauptet, der es liquidiert. Nicht in den kapitalistisch fortgeschrittensten Ländern war die résistance am stärksten.« (1966: 42)

In der Reminiszenz des historischen Erfahrungshintergrundes der kritischen Theorie, des Faschismus, die, wie das Wort, résistance bezeugt, ihr antifaschistisches Potential unvermittelt aktiviert, leuchtet 1966 das alte Horkheimersche Programm wieder auf, dessen außertheoretischer Referenzpunkt sich erneuert und aktualisiert zu haben scheint. Eine Einlösung, die gerade auch die Richtung einer politischen Psychologie hätte einschlagen können, erfährt es freilich nicht mehr.

III.

(1) Wenn wir uns im folgende der Position *Alexander Mitscherlichs* und *ihren* methodischen Problemen zuwenden, müssen wir zunächst den Eindruck korrigieren, es hätte tatsächlich so etwas wie eine naturwüchsige Verbindung der kritischen Theorie einerseits und der psychoanalytischen Sichtweise Mitscherlichs andererseits gegeben. Auch Mitscherlichs persönliche Bekanntschaft mit Horkheimer und Adorno, ihre Kooperation — z. B. bei der Durchführung eines Vortragszyklus zu Freuds 100. Geburtstag an den Universitäten Frankfurt und Heidelberg, der einen Durchbruch für die Psychoanalyse in der Bundesrepublik markiert, oder bei der Gründung des Sigmund-Freud-Institutes — und nicht zuletzt eine gewisse Ähnlichkeit im intellektuellen Habitus, der sie verbunden haben mag, lassen sich nicht in diesem Sinne interpretieren. Es ist daher notwendig, Mitscherlichs Position in ihrer ganzen Differenz zur Frankfurter Schule darzustellen, so daß die — allerdings aufeinander verweisenden — Defizite beider Richtungen deutlicher werden können. Das impliziert bereits die erste These: Der historische Erfahrungshintergrund der Vertreter der kritischen Theorie und Mitscherlichs ist identisch, nämlich die Erfahrung des Faschismus. Different aber ist die theoretische Verarbeitung dieses Erfahrungshintergrunds, in der sich die unterschiedliche Ausgangsposition: klinischer versus gesellschaftskritischer Blick, Emigration versus Bildungsprozesse im NS-Milieu (»Medizin ohne Menschlichkeit«) um so auffälliger

geltend macht. Daran schließt gleich die zweite These an, die auf das Problem der komplementären Defizite dieser beiden Positionen anspielt: Die Kritische Theorie bearbeitet das Faschismustrauma auf der Ebene einer impliziten Geschichtsphilosophie und stellt einen großen historischen Zusammenhang her, der es erlaubt, theoretisch eine klare Physiognomie der Epoche herauszuarbeiten. Dieser theoretische Ansatz, der sich zurecht als materialistische Kritik versteht, leidet aber, bezogen auf die postfaschistische Entwicklung in Deutschland, an einem Aktualitätsdefizit. D. h.: er nimmt in Kauf, das Programm einer antifaschistischen Aufklärung ein Stück weit von dem zu trennen, was in der Entwicklung der deutschen Nachkriegsgesellschaft an den Konturen des faschistischen Syndroms sich veränderte, respektive welchem Funktionswandel seine persistierenden Elemente unterlagen.

Die Sozialpsychologie Mitscherlichs dagegen zeichnet sich durch einen hohen Aktualitätsgrad aus. Es gibt wohl faktisch keine zweite Person in der Periode von 1945 bis 1970, die sich so kontinuierlich und so folgenreich wie Alexander Mitscherlich darum bemüht hat, immer wieder theoretisch in soziale Umschichtungsprozesse zu intervenieren: und zwar angefangen Bei den Veränderungen von Vorurteilsstrukturen in der Nachfolge des Faschismus, wie sie in der psycho-sozialen Physiognomie der Bundesrepublik (»Die Unfähigkeit zu trauern«) ihren Niederschlag finden, bis hin zu Entwicklungen des Städtebaus (»Die Unwirtlichkeit unserer Städte«), einem Kernbereich des sogenannten sozialen Neuanfangs nach 1945. Fast allzu häufig war Mitscherlich der Souffleur zeitkritischer Diagnostik. Was dieser aktualitätsbezogenen Interpretation jedoch fehlt, ist eine hinreichende theoretische Integration.

Wenn wir gleichzeitig im folgenden der eingangs skizzierten offiziellen politischen Psychologie die Sozialpsychologie Alexander Mitscherlichs als eine genuine Psychologie des Politischen gegenüberstellen, so bedarf das einiger erläuternder Bemerkungen, die auch die Differenz zur kritischen Theorie erneut hervorzuheben geeignet sind: Mitscherlich selber hat seine psychologische Zeitdiagnostik nie einem solchen label subsumiert. Es vereinfacht die Lage nicht, daß wir unsere Interpretation des Mitscherlichschen Ansatzes zu einer psychologischen Analyse politischer Sachverhalte genetisch auf Texte zurückführen, die gemeinhin noch nicht einmal als »sozialpsychologisch« etikettiert werden. Es ist allerdings für viele Aspekte der deutschen Nachkriegsentwicklung typisch — und zugleich nicht die schlechteste Ironie —, daß die methodische Grundlegung zu einer politischen Psychologie, die sich ihrem Gegenstand adäquat erweist, von einem Bereich ausgegangen ist, der schlechterdings als unpolitisch gilt. Wenn wir das Ungenügen der offiziellen politischen Psychologie in einer defizitären, weil in falscher Weise »distanzierenden« Methode erblicken, die ihrerseits auf eine problematische Aufspaltung des Erkenntnissubjekts »Mensch« und »Wissenschaftler« zurückverweist, so darf die Mitscherlichsche Vorgehensweise als deren systematisches Widerspiel begriffen werden.

(2) Im Dezember 1945 notiert Mitscherlich im Vorwort zu dem schmalen Band »Freiheit und Unfreiheit in der Krankheit«

»In der kargen Zeit, die ein Arzt während des Krieges zwischen überfüllten Sprechstunden für sich finden konnte, sind die folgenden Notizen niedergeschrieben worden. Sie stellen Themen eines meditativen Selbstgesprächs dar und haben noch nicht die Breite einer flüssigen, den Leser einfangenden Darstellung gewonnen. Trotzdem werden sie ihm einstweilen in dieser Form vorgelegt, die etwas von der Hast der Zeit, die sich aus kleinsten Abschnitten zusammensetzt, durchscheinen läßt. Vielleicht wird so auch etwas von ihrer Grundstimmung fühlbar, aus der heraus mühsam und befangen die Frage ›Was ist der Mensch?‹ gestellt wird. Für den Verfasser stand sie hinter jedem Kranken, der zur Türe hereinkam, war sie in jedem schmerzgeprägten Gesicht zu lesen, wollte sie aus jeder Bewegung gedeutet sein, mit der einer seine Schilderungen begleitete. Und dies während draußen in der Welt Menschen sich mit Waffen, Schlauheit, Lüge und Aberwitz in Tod und Verderben stürzten — stürzen ließen, weil sie keine Antwort auf die Frage hatten.« (1946: 9)

Die Perspektive, aus der Mitscherlich hier schreibt, ist die des Arztes und seine Blickweise ist eine individualisierende, vom Einzelnen ausgehende, aber mit dem Ziel, die so gewonnenen Erkenntnisse zu dem zu verdichten, was der Autor gleich im nächsten Absatz des Vorwortes eine »reine Anthropologie« nennt. Die Perspektive ist jedoch zugleich eine, die offenbar nachhaltig von den Ereignissen und den durch sie aufgeworfenen Fragen affiziert ist, die im Dezember des Jahres 1945 kaum als »Vergangenheit« zu qualifizieren waren. Daß Mitscherlich die Beantwortung der Fragen von der angestrebten »reinen Anthropologie« erwartet, erscheint auf den ersten Blick ebenso verwegen wie die gleichsam induktive Konstruktion dieser Anthropologie aus der ärztlichen Erfahrung.

Im Zentrum des anthropologischen Entwurfs steht der Versuch, den Krankheitsbegriff aus der organmedizinischen Umklammerung zu lösen und Krankheit als eine komplexe leibseelische Reaktionsform des Menschen zu reformulieren. Psychosomatische Krankheit erscheint als ein Verlust von Freiheit, weil in ihr das Subjekt im Versuch, psychisches Leiden zu vermeiden, auf seine Körperlichkeit, die Repräsentanz der Objektwelt, zurückfällt. Damit sei Freiheit als »der Erlebnisbereich, in dem der Mensch unmittelbar sich selbst erfährt« zugunsten einer »Selbsttäuschung« aufgegeben. Entsprechend bedeutet Heilung die Wiedergewinnung der Freiheit.

Dieser seltsam idealistisch anmutende Gedankengang gewinnt eine sowohl den anthropologischen Duktus als auch den ärztlichen Erfahrungshorizont überschreitenden, eminent politischen Akzent, wenn man die entfaltete Dialektik von Freiheits- und Krankheitsbegriff weiter verfolgt:

»Denn Krankheit kann eine unmittelbare Reaktion auf den Verlust von Freiheit darstellen. Wo immer das Leben sich einengt ... kann Krankheit den Verlust dadurch ertragen helfen, daß sie den Freiheitsverlust anschaulich macht mit dem Charakter einer objektiven, scheinbar von außen auf das Individuum zukommenden Wirklichkeit. Krankheit repräsentiert den Verlust von Freiheit.« (1945: 73f.)

Der Psychosomatiker Mitscherlich formuliert hier, mit dem Blick aufs Individuum, die Grundzüge einer sozialen Pathologie, die ihre spezifische Prägung durch die Zeitumstände nicht verleugnen kann. Der Autor selber verdeutlicht diesen Zusammenhang in einer — 1977 verfaßten — Vorbemerkung zur Neuauflage des Bandes: »Das Buch wurde in einer Phase größter individueller Unfreiheit niedergeschrieben. Es war 1943—45 ungewiß, welcher Grad freiheitlichen Lebens und ob überhaupt ein solcher in unserem Leben wiedererlangt werden könnte.« (1945: 7) Und er fügt, aus der aktuellen Perspektive und in ihr die Kontinuität seiner Fragestellung betonend, hinzu: »Heute sind es andere Gefahren, die uns Angst einflößen, nicht mehr nazistischer Terror, es sind die stillen Vorgänge eines immer weiterschreitenden Auswaschens erfahrbarer Freiheit.«

Wer es gewohnt ist, politische Psychologie allein von ihrer Gegenstandsbezogenheit her zu bestimmen, den mögen solche Äußerungen von der Existenz des politischen Psychologen Mitscherlich überzeugen. In der Tat hat sich Mitscherlich seit dem Kriegsende kontinuierlich immer wieder zu politischen Fragen geäußert. Fast unbekannt, weil unveröffentlicht, ist seine 1945 entstandene Denkschrift »Die Kriegsverbrecher müssen psychologisch untersucht werden«. In ihr begründet Mitscherlich die Notwendigkeit einer solchen Untersuchung mit dem desillusionierenden Effekt ihrer Ergebnisse für das deutsche Volk: Es solle erfahren, daß es sich bei den faschistischen Verführern keineswegs um idealisierungswürdige Helden, sondern um überaus mittelmäßige Gestalten gehandelt habe. All das sind wichtige, aufklärerische Interventionen. Aber die *Methode*, die es erlaubt, politische Psychologie als Analysetyp zu begründen, der das Kontinuum von individuellem Verhalten und geschichtlichen Prozessen in den Blick nimmt, wird nicht hier, sondern in Mitscherlichs früher psychosomatischer Studie entwickelt. Zwar ist hier noch, im stolzen anthropologischen Singular, »der Mensch ... ein geschichtliches Wesen« und damit scheinbar ein Abstraktionstyp eingeführt, der einmal mehr sogenannte »Wesensbestimmungen« gegen deren historische Spezifizierung ausspielt. Dem aber widerstreitet das methodische Motiv der Individualisierung immer dort, wo die Reflexion auf den Prozeß der Pathogenese erweitert wird: »Die Krankheit des Menschen muß wie jede andere seiner Lebensbewegungen in einem Zusammenhang mit der Geschichtlichkeit seiner individualen Existenz stehen, sie muß im Gegensatz zur Krankheit der übrigen Lebewesen als überdeterminiert gelten. Die biologische oder pathophysiologische Deutung reicht ihr gegenüber nicht aus.« (1945: 80) Es ist der hier postulierte, am individuellen Leiden gewonnene Typ des Verstehens, der die Chance eröffnet, Geschichte nicht als aparte Makrostruktur zu behandeln, sondern im Zusammenhang von Lebensgeschichten Einzelner zu verstehen.

Es sind solche Formulierungen, die über den Status des Versuchs zu einer »reinen Anthropologie« aufklären. Zweifellos sind sie zuförderst durch die Tradition der anthropologischen Medizin im Sinne Viktor v. Weizsäckers — nicht nur terminologisch — geprägt.[3] Ebenso unübersehbar ist aber ihr weitergehendes Motiv: Mitscherlichs Versuch zu einer Anthropologie ist der Statthalter eines politischen Denkens, das, angesichts der deutschen Verhältnisse, »den« Menschen, und zwar den leidenden, Selbsttäuschungen unterworfenen, als Möglichkeitskategorie behaupten muß. Aus dieser Konstruktion ergibt sich die Ambiguität des anthropologischen Ansatzes. Im Sinne einer transzendentalen Theorie formuliert Mitscherlich den Freiheitsbegriff als menschliche Existenzialkategorie, um mit dem erweiterten Begriff der Krankheit eine historische Spezifikation zu leisten, die dem anthropologischen Konstrukt »des Menschen« entgegenarbeitet. Die Bindung des Freiheitsbegriffs an den individuellen Erlebnishorizont schafft das Modell einer verantwortungsethisch geleiteten Reflexion, die sich für den Einzelnen praktisch in der Entscheidung darüber ausdrückt, ob er im Falle einer Krise in der Lage ist, sie auf dem Niveau des normativen Begriffs vom Menschen zu verarbeiten. Was psychosomatisch sich als Konflikt von Körper und Seele, d. h. von Objektwelt und Subjektivität ausdrückt, ist das Modell, von dem aus die Analogie zu historischen Entscheidungsprozessen vorbereitet wird.

(3) Elf Jahre nach dem Erscheinen von »Freiheit und Unfreiheit in der Krankheit« konkretisiert sich dieses Modell in der sozialpsychologischen Frage nach den »Krankheiten der Gesellschaft«, Krankheiten »die (eine) Population als ein ganzes, nämlich ›Sozialkörper‹ ergreifen« (Mitscherlich, 1957: 14). Und ein weiteres Jahrzehnt später heißt es in der Vorbemerkung zur »Unfähigkeit zu trauern«: »Die Abhandlungen dieses Buches untersuchen psychische Prozesse in großen Gruppen, als deren Folge sich Freiheit oder Unfreiheit der Reflexion und der Einsicht ausbreiten. Es wird also der Versuch unternommen, einigen Grundlagen der Politik mit Hilfe psychologischer Interpretation näherzukommen, der Interpretation dessen, was Politik macht, nämlich menschlichen Verhaltens in großer Zahl.« (Mitscherlich, 1967: 7) Zu diesem Zeitpunkt hat sich, in engster Wechselwirkung mit Margarete Mitscherlich, die ihren literarischen Ausdruck in dem gemeinsam verfaßten Titelessay zum »Unfähigkeits«-Buch fand, und nach dem Abschluß seiner Psychoanalyse bei Paula Heimann in London Ende der 50er Jahre, eine Entmischung des oben genannten Theoriegemenges längst durchgesetzt. Keine seiner sozialpsychologischen Studien ist so eng dem Freudschen Denken verbunden wie diese gemeinsam mit seiner Frau verfaßte. Dieser Entmischungsprozeß gilt jedoch wohlgemerkt nur für die psychoanalytische Orientierung. Im zweiten für die Sozial- und Politische Psychologie einschlägigen Gebiet, den Gesellschaftswissenschaften, ist Mitscherlichs Position zeitlebens einigermaßen eklektizistisch geblieben.

Es ist nicht nur die Konstanz des terminologischen Rahmens, die auf die Kontinuität der Fragestellung hinweist: Die »Unfähigkeit zu trauern« ist der Versuch, die »Geschichtlichkeit von Lebensentwürfen Einzelner, von der die psychosomatische Fragestellung ausging, auf den Niveau der konkreten Geschichte zu untersuchen«, d. h. individuelle Lebensgeschichten als Teil einer »sozialen Pathologie« zu verstehen, die ihrerseits im individuellen Verhalten am schärfsten zum Ausdruck kommt. Die methodische Konsequenz dieses Unterfangens ist eine historische Typologisierung: »Es scheint ein nicht weltfernes Unternehmen, ein typisches Individuum zu konstruieren, das in die Nazizeit hineinwächst, sie durchlebt, in den neuen Staat Bundesrepublik hineinwächst, und sich in ihm anpaßt. Dieser ›Typus‹ hat bis heute die Geschicke der Bundesrepublik in seinen Händen gehalten.« (1967: 134)

So problematisch im einzelnen der in dieser Konstruktion steckende Verallgemeinerungsversuch auch sein mag: Nirgends wird die Differenz der politischen Psychologie Mitscherlichs zur oben diskutierten »offiziellen« deutlicher als hier. Deutet diese den Verlauf der »politischen Krankheit« analog zu einem Naturgeschehen, in dem die »Infektion« letztlich durch natürliche Selbstheilungskräfte restlos beseitigt wird, so führt Mitscherlichs Begriff der sozialen Pathologie, die sich in jenem Typus gleichsam individualisiert, konsequent auf die Frage nach deren anthropologischen Grundlagen zurück. Die in der Konstruktion des »Typus« implizierte Annahme einer historischen Kontinuität wird damit zugleich ein politisches Urteil über die ungebrochene Virulenz des faschistischen Syndroms.

Nun geht jede Typologisierung von der stillschweigenden Annahme aus, in der Konstruktion einer »besonderen« historischen Gestalt zugleich auch ein Moment des Allgemeinen festzuhalten. Auch wenn es ihr Zweck ist, »*nicht* das Gattungsmäßige, sondern umgekehrt die *Eigenart* von Kulturerscheinungen scharf zum Bewußtsein zu bringen« (Weber, 1904: 202), verweist doch gerade die »Eigenart« — und sei es negativ — auf die Idee einer Gesetzlichkeit, die sich in termini der Gattung formulieren läßt. So verweist der von den Mitscherlichs kreierte »Typus« als Repräsentant einer historischen Verhaltensstruktur, die unter bestimmten politischen Bedingungen, die prinzipielle Aufhebbarkeit kultureller Sozialisationsleistungen beweist, auf die Frage, welche Potentiale der Gattung in ihm zum Ausdruck kommen: Die »Zerstörungsleidenschaft« und »ihre periodische Wiederkehr ist es, die eine anthropologische Fragestellung nach der Kultureignung des Menschen notwendig macht.« (1967: 88) Diese anthropologische Fragestellung — und darin reflektiert sich nicht nur ein Wechsel des theoretischen Bezugsrahmens, sondern ein Stück politischer Geschichte — berührt den

Freiheitsbegriff nur noch negativ. Im nunmehr dezidiert psychoanalytisch ausgewiesenen Versuch »zu verstehen (...), wodurch es Menschen gelingen kann, sich selbst in gefährlichen, überwältigenden Lagen ›kultiviert‹ zu erhalten« (1967: 90), ist wohl noch das alte Thema von »Freiheit und Unfreiheit in der Krankheit« zu entdecken, allerdings ist die Perspektivänderung unübersehbar. Der im Faschismus erfahrene »Niveauverlust«, der in der frühen psychosomatischen Studie dort diagnostiziert wurde, wo der Einzelne seine Freiheit in der Somatisierung des Konflikts aufgab, erscheint aus dem Blickwinkel der »Unfähigkeit zu trauern« als permanenten innere Bedrohung der Gattung.

In der Frage nach der Kultureignung des Menschen spiegelt sich damit, und in einer neuen Facette, jenes methodische Problem des Mitscherlichschen Denkens, das sich im Versuch einer Typologisierung schon andeutete. Wenn »Kultureignung letztlich Triebbeherrschung durch Einsicht« (1967: 88) und deren wichtigster Aspekt: »die Fähigkeit der Einfühlung in den anderen« (1967: 99) ist, so konvergiert die Frage, wie diese Qualität des Verstehens sich historisch durchsetzen lasse, ein Stück weit mit dem methodischen Vorgehen des politischen Psychologen, und zwar gerade in seiner aporetischen Dimension: »Wir fordern Einfühlung Ereignissen gegenüber, die schon durch ihre quantitative Dimension Einfühlung unmöglich machen.« (1967: 83)

Damit scheint die Grenze jener »individualisierenden« Methode bezeichnet, an der die frühe Theorie von Mitscherlich sich orientierte. Die neu aufgeworfenen anthropologische Fragestellung zielt dagegen — im Sinne der Freudschen Kulturtheorie — auf eine Analyse der *Bedingungen* von Vergesellschaftungsprozessen — Bedingungen, deren präformierende Kraft wohl an jedem Exemplar der Gattung auszumachen ist, die aber dennoch in ihrem Systemcharakter auf einem anderen Abstraktionsniveau sich darstellen als die Lebensschicksale Einzelner. In eben jene als Differenz des Abstraktionsniveaus verstandene Lücke schiebt sich der Versuch einer Typologie. Mitscherlichs interpretative Kapazität erweist sich immer dann als fruchtbar, wenn es ihm in seinem analytischen Vorgehen gelingt, derartige Systemzusammenhänge auf den Erlebnishorizont von Lebenswelten abzubilden. Auf dieser Ebene gelingt Mitscherlich äußerst treffsicher eine Form der Verallgemeinerung beobachtbarer Einzeltendenzen, die nicht ausschließlich durch den Progressus vom Individuum zur Gesellschaft gekennzeichnet ist, sondern die durch das Mittel der analytischen Konstruktion eine Zwischenebene herauspräpariert, in der die Erlebnisdimension der einzelnen als kulturell abgedrungene, spezifische Lebensentwürfe verstanden werden können. Wir erinnern an Adorno, der an dieser systematischen Stelle nur auf die negative Wahrheit der Freudschen Psychologie in regulativer Absicht verweisen konnte.

Und hier erweist sich umgekehrt die politische Analyse als historische Konkretion der anthropologischen Reflexion, welche den Menschen — ganz im Sinne der Schmittschen Annahme — als »gefährliches und dynamisches Wesen« qualifiziert. Unversehens ist damit die eingangs gestellte Frage nach dem Zusammenhang von politischem Denken und einer »pessimistischen« Anthropologie erneut angeschnitten.

(4) Der politische Psychologe Mitscherlich geht — gleichgültig auf welchem Untersuchungsniveau menschlichen Verhaltens — dezidiert davon aus, »daß die Menschenart eine hochaggressive Spezies ist« (1967: 263), daß eine »in unserer Natur begründete Rechtsunsicherheit« (1967: 266) die phylogenetische Mitgift sei, die jeder sozialen Verhaltensweise die spezifische Dynamik verleiht, aus der schließlich jene Konstellationen hervorgehen, die als »politische Katastrophen« imponieren. Der »in seinem Ursprung unfriedliche Mensch« (1969: 125) wird dem politischen Psychologen deshalb gerade in den Bereichen seines Verhaltens thematisch, die dem Durchschnittsbewußtsein als unpolitisch gelten, im »Interessenkampf des Alltags«: »Denn hier wird ohne Zweifel eingeübt, was dann bei der Regelung der Interessen immer größerer Gruppen als politischer Stil in Erscheinung tritt. Wir behalten dabei die politische Verantwortung, die jedermann trägt, die sich nicht nach oben delegieren läßt, im Auge.« (1967: 266)

Der Schritt zur Alltagsanalyse ist gerade auf dem Hintergrund des anthropologischen Pessimismus konsequent, der sich in der Annahme der Aggressionstriebhypothese ausdrückt. Wenn es das Spezifikum des Menschen ist, über keinerlei *angeborene* Verhaltensregulative zu verfügen, dann hängt — angesichts des vorhandenen Aggressionspotentials — seine Chance als Gattung fortzubestehen von Möglichkeiten ab, die aufgelassenen Instinktregulationen durch funktionale Äquivalente im Sozialverhalten zu ersetzen, die tatsächlich in den Mikrostrukturen des Alltags von klein auf *eingeübt* werden müssen. Das Ineinandergreifen von Mikro- und Makrostrukturen und ihre wechselseitige Beeinflussung bestimmt das Feld des Politischen Psychologen. Daraus ergibt sich eine weitere schwerwiegende methodische Problematik. Untersucht der politische Psychologe die Dynamik dieses Prozesses auf der Ebene der gleichsam »eingefrorenen« institutionalisierten Konfliktregulanzien, so wird er, solange die Ausbildung von Verhaltensritualen nicht auch als Spezifikum des Vergesellschaftungsmodus verstanden wird, zwangsläufig zum Ethologen des »geistigen Tierreichs«. Folgt er dagegen einsinnig der »individualisierenden« Blickweise, die das psychosomatische Denken auszeichnete, so läuft er Gefahr, den Bereich des Politischen in einer sozialisationstheoretischen Reduktion zu unterlaufen. Nicht zufällig ergibt als ihr praktisches Äquivalent sich die Appellation an eine Individualethik, in der letztlich der politische Anspruch auf kollektives Handeln verloren geht.

In diesem Dilemma drückt sich das prinzipielle methodische Problem aus, dem alle Versuche zu einer »Kollektivpsychologie« unterliegen. Es verschärft sich dann, wenn der anspruch, »politische« Psychologie zu leisten, sich tatsächlich mit dem Desiderat des Politischen schlechthin, der Möglichkeit der *praktischen Intervention*, verbindet. Auf der Ebene der Bezugswissenschaft, von der Mitscherlichs politische Psychologie ausgeht, der Psychoanalyse, ist das Problem des Verhältnisses von Analyse und Intervention als positives methodisches Gebot formuliert. Das »kostbare Junktim von Forschen und Heilen« ist von Freud stets als differentia specifica gegenüber der medizinischen Normalwissenschaft festgehalten worden. Aber schon Freuds eigener

Versuch, die psychoanalytische Methode im Bereich der Sozialpathologie fruchtbar zu machen, zeigt die Schwierigkeiten, die sich ergeben, wenn der Anspruch auf veränderndes Handeln auch hier nicht fallengelassen werden soll: »Und was die therapeutische Anwendung der Einsicht betrifft, was hülfe die zutreffendste Analyse der sozialen Neurosen, da niemand die Autorität besitzt, der Masse die Therapie aufzudrängen?« (1930: 269)

In dieser lapidaren Feststellung kristallisiert sich *praktisch* das unhintergehbare theoretische Problem einer politischen Psychologie: Die Frage nach der Bedeutung von institutionellen Machtstrukturen, die weder aus der anthropologischen Ausstattung des Menschen sich zwingend ergeben noch aus der Perspektive von Einzelheiten sich hinreichen analysieren lassen. Versteht politische Psychologie sich als interventives Denken, so gerät sie als Praxis dann in jene Schere, die sich methodisch als die Schwierigkeit der wechselseitigen Vermittlung von makro- und mikrostruktureller Analyse darstellte, solange sie nicht in der Lage ist, den Punkt ihrer Vermittlung innerhalb der Logik von Vergesellschaftungsprozessen zu bestimmen, die sich nicht in eine Theorie »des Menschen« und noch weniger in eine individuelle Verstehenspraxis auflösen läßt.

Die Mitscherlichsche politische Psychologie zeigt — als Zeitphänomen *und* aufgrund ihrer methodischen Implikate, auf die wir uns hier konzentriert haben — die Ambiguität dieses Anspruchs auf. Zweifellos ist ihr — auf der methodologischen Ebene — der Mangel an einer theoretischen Integration vorzuhalten, der sich darin ausdrückt, daß das individuell »Verstehbare« allenfalls assoziativ das Niveau einer konsistenten gesellschaftstheoretischen Reflexion erreicht. Gerade in diesem Defizit aber expliziert sich zugleich das Bewußtsein, daß der insistente Versuch des Verstehens angesichts der herrschenden Realität allemal sein Recht gegenüber den lupenreinen Theoremen behält, die jene Ereignisse, »die schon durch ihre quantitative Dimension Einfühlung unmöglich machen«, etwa aus der unerschütterlichen Logik der ökonomischen Bewegungsgesetze erklären. Wollte man es paradox formulieren, so liegt in der gesellschaftstheoretischen Begrenztheit der Mitscherlichschen Position gerade ihre genuine politische wie ihre spezifisch psychologische Qualität: Verweist diese, manifestiert im Versuch, an den Lebensgeschichten Einzelner den Abdruck der gesellschaftlichen Bewegung zu ermitteln, gerade in ihrer Einseitigkeit auf die nicht eskamotierbare Differenz von Individuum und Gesellschaft, so trägt jene unverkennbar einen Zug stellvertretenden Handelns.

Läßt sich der Anspruch auf praktische Intervention innerhalb des Erkenntnisgebiets politischer Psychologie nurmehr auf dem Niveau einer Verstehenspraxis denken, so ist damit auch ein Urteil über den Stand des historischen Bewußtseins impliziert. An ihm hat die Reichweite politischen Denkens sich zu messen. Die aufklärerische Forderung einer »Einfühlungsethik«, in der die Mitscherlichsche Analyse als praktische ultima ratio terminiert, ist der Statthalter einer politischen Theorie, die sich im gesellschaftlichen Umfeld des Versuchs, den Bedingungen der Unfähigkeit zu trauern auf die Spur zu kommen, ihres Adressaten nicht sicher sein kann. Dieser objektive Mangel eines politischen Umfelds prägt das Programm einer psychoanalytischen Aufklärung, die den Begriff des Politischen theoretisch nurmehr an den Horizont einer pessimistischen Anthropologie zu heften vermag und praktisch — ironischerweise — als Corollarium der Bemühungen zu einer Erziehung zur Mündigkeit verstanden wurde und wirksam geworden ist. Für die politische Psychologie Mitscherlichs gilt daher mutatis mutandis, was in einem umfassenderen Sinne für die Psychoanalyse gesagt worden ist: »Einzig die Existenz einer sozialen Emanzipationsbewegung, deren Praxis und Theorie eine *reale Alternative* (Änderung der gesellschaftlichen Wirklichkeit) zu Anpassung (»Normalität«) und Anomie darstellt, kann die Analyse davor bewahren, ... sich in die Psychotechnik zu erschöpfen.« (Dahmer, 1970: 173)

Eben das Fehlen dieser historischen Bedingung kennzeichnet die bundesrepublikanische Gesellschaft bis weit in die sechziger Jahre hinein. Es ist kein Zufall, daß Mitscherlichs Ansatz zu einer politischen Psychologie in dieser Zeit ein isoliertes Phänomen war. Entsprechend blieb seine wissenschaftliche Wirkung eher subkutan und die politische auf die traditionellen, bekanntermaßen eher schmalen Foren republikanischer Öffentlichkeit beschränkt, was seiner oben erwähnten Rolle als zeitkritischer Souffleur übrigens nicht widerstreitet.

IV.

Verfolgt man die Geschichte der politischen Psychologie in der Bundesrepublik, so ist unverkennbar, daß die von Mitscherlich erschlossenen theoretischen Ressourcen für ihre weitere Entwicklung zu eben dem Zeitpunkt fruchtbar wurden, als sich, erstmals in der Geschichte der neuen Republik, eine Form der Gegenöffentlichkeit ausbildete, deren politisches Selbstverständnis die Reflexion auf das »postfaschistische Syndrom« implizierte.

In der Zeit der sogenannten »Protestbewegung« kommt es in Deutschland unter den Auspizien einer radikaldemokratischen Bewegung zu einer Wiederaufnahme jener Diskussion über den Zusammenhang von Geschichte und Psychologie, für die wir Horkheimers Programmatik als Beispiel diskutiert haben. Diese »zweite Verdichtungsphase« einer politischen Psychologie führt nicht nur zu einer neuerlichen wissenschaftstheoretischen Auseinandersetzung über den Status und die inneren Verweisungsverhältnisse von gesellschaftstheorie, Psychoanalyse und Sozialpsychologie: sie schließt vor allem dem politischen Psychologen neue Felder seiner Forschungspraxis auf, was sich schließlich auch auf der Ebene der methodischen Reflexion niederschlägt. So gewinnt etwa die von Mitscherlich anvisierte Sozialpsychologie des Alltags auf dem Hintergrund der praktischen politischen Auseinandersetzung eine entscheidende neue Dimension. Für den politischen Psychologen eröffnet sich die Möglichkeit, seine Wissenschaft aus der methodischen Sackgasse hinauszuführen, die ihm »das Politische« nur als einen »Sektor der ihr gegenüberstehenden ... Gesamtheit der sozialen Wirklichkeit« (Jacobsen) vorzaubern wollte. Indem »Alltagsanalyse« als Reflex der Erfahrung von Geschichtsmächtigkeit eines charakterologisch-psychologischen Überhangs, inwendiger Objektivität gleichsam, in die individuelle Verstehensbereitschaft das Moment der praktischen Veränderung als — wenn vielleicht auch illusionäre — »objektive Möglichkeit« einführt, hebt sie die unhaltbare Trennung von »wertfreiem« Wissenschaftler und »betroffenem« Menschen auf:

»Die Politische Psychologie sieht, daß sie in der gegenwärtigen Gesellschaft einen verläßlichen Zugang zur Wirklichkeit ihrer Gegenstände nur finden kann, wenn sie vorerst deren Alltäglichkeit kritisch zerstört, die ›Oberflächengestalt der Wirklichkeit als eine Welt vermeintlicher Vertrautheit und Bekanntheit‹... Selbst ihr Subjekt, der politische Psychologe, gehört mit *seiner* sozialen Lage, mit seine Motiven mit in den geschichtlichen Zusammenhang, dem allein sich Wahrheit entreißen läßt... Das impliziert, daß ihre Methode als desk research, als bloß theoretischen Anstrengung nur unzureichend beschreiben wäre. Zur Methode ihrer Erkenntnis gehört politische und psychologische Aktivität, sie *erkennt* Tatbestände, indem sie versucht, die Tatbestände zu *verändern.*« (Brückner, 1967: 94f.)

Gleichgültig, wie trügerisch die hinter diesen Formulierungen Peter Brückners stehende politische Hoffnung auf eine tiefgreifende Veränderung der gesellschaftlichen Verhältnisse auch erscheinen mag, so ist festzuhalten, daß erst die Öffnung eines historischen Handlungspielraums die politische Psychologie in der Bundesrepublik vom Ruch einer bloßen »Bindestrichpsychologie« befreit und den genuinen Gehalt ihres Attributs hat bloßlegen helfen. Erst auf diesem Niveau wird es vorstellbar, mit den Mitteln der Psychologie eine Begriff des Politischen zu entfalten, der die Annahme des Menschen als »gefährliches und dynamisches Wesen« nicht zwangsweise anthropologisch stillstellt, um sie praktisch als Legitimation eines kollektiven »gemeinen Elends« zu mißbrauchen.

Daß die komplementären Defizite der Positionen der späten kritischen Theorie, insbesondere Adornos, und Alexander Mitscherlichs in der von uns so genannten zweiten Verdichtungsphase politisch-psychologischen Denkens sich aufgehoben hätten, behaupten wir nicht. Allerdings gewann es wieder eine außertheoretischen Referenzpunkt und als Folge davon eine psychologisches und politisches Denken vermittelnde Spezifik der Annäherung an seinen Gegenstand. Insofern kann diese Phase als Schlußpunkt und Neubeginn der Politischen Psychologie in der Bundesrepublik verstanden werden. Selbst wenn sich dieser neue Referenzpunkt für den distanzierten Beobachter auf eine Veränderung des politischen Wahrnehmungshorizonts reduzierte, in dem immerhin der Faschismus und vor allem seine persistierenden Elemente unabgewehrt auftauchen konnten, behält diese Phase die histographische Qualität eines Einschnitts. Inwieweit derartige Veränderungen methodische Erstarrung aufzubrechen vermögen, hatte sich schon in Adornos Postscriptum von 1966 angedeutet.

Anmerkungen

1 Der vorliegende Text stammt aus einem wissenschaftshistorischen Forschungszusammenhang, der von der STIFTUNG VOLKSWAGENWERK gefördert wurde. Erstpublikation in: Helmut König (Hrsg.), Politische Psychologie heute (Sonderheft LEVIATHAN), Opladen 1988, S. 13—35 unter dem Titel »Politische Psychologie in der Bundesrepublik«. Am Psychoanalytischen Seminar Zürich unter dem Titel »Analytische Sozialpsychologie als Politische Psychologie« vorgetragen.

2 Im folgenden beruht die Darstellung des frühen Horkheimer auf dem Beitrag »Psychologie als Hilfswissenschaft der Geschichte« von A. Krovoza zu dem von G. Jüttemann herausgegebenen Sammelband »Wegbereiter der Historischen Psychologie« (München, Weinheim 1988, S. 463—471).

3 Der theoretische Duktus von »Freiheit und Unfreiheit in der Krankheit« insgesamt ist synkretistisch. Sofern hier von Psychoanalyse gehandelt wird, auf die sich ja die annoncierte »reine Anthropologie« stützen soll, ist es durchaus nicht die Freudsche Theorie allein, die Mitscherlich bemüht. Unverkennbar stark ist z. B. der Einfluß Jungs und der Daseins-

analyse. Sofern das Thema der Schrift, der Freiheitsbegriff, im außeranalytischen Rahmen abgehandelt wird, trifft man auf ein eher abenteuerliches Gemisch verschiedener Theoreme, von Geulinckx bis Gehlen. Zentral ist aber das Anknüpfen Mitscherlichs an die Kantsche Tradition einerseits und die lebensphilosophische und existenzialontologische Strömung andererseits. Wichtige Kronzeugen für den Mitscherlichschen Standpunkt sind hier insbesondere Max Scheler und — bei einem entschiedenen Antifaschisten wie Mitscherlich etwas verwirrend — Martin Heidegger. Zweifellos verweist diese seltsame Gemengelage auf die besonderen Bedingungen, unter denen Mitscherlich den Faschismus überhaupt überleben konnte: nämlich als Staatsfeind, dem es unter Auflagen der GESTAPO gestattet war, sein Medizinstudium zu beenden und als Arzt zu arbeiten, und der sich — ganz anders als die emigrierte Frankfurter Schule — an *dem* theoretisch zu orientieren hatte, was überhaupt zugänglich, d. h.: nicht verboten war. Man versteht diese theoretische Gemengelage besser, wenn man weiß, daß Mitscherlichs medizinische und philosophische Lehrer Viktor von Weizsäcker und Karl Jaspers heißen.

Literatur

ADORNO, Theodor W., 1955: Zum Verhältnis von Soziologie und Psychologie, in: Sociologica. Aufsätze, Max Horkheimer zum sechzigsten Geburtstag gewidmet, Frankfurt, pp. 11—45.

Ders., 1966: Postscriptum, Kölner Zeitschrift für Soziologie und Sozialpsychologie 18/1966, pp. 37—42.

Ders., 1970: Die Freudsche Theorie und die Struktur der faschistischen Propaganda, Psyche 24/1970, pp. 486—508.

BRÜCKNER, Peter, 1967: Die Transformation des demokratischen Bewußtseins, in: Agnoli/Brückner, Die Transformation der Demokratie, Berlin.

DAHMER, Helmut, 1970: Psychoanalyse und historischer Materialismus, Psyche 24/1970, pp. 191—270.

FREUD, Sigmund, 1930: Das Unbehagen in der Kultur, in: Studienausgabe IX, Frankfurt 1974, pp. 191—270.

HORKHEIMER, Max, 1931: Die gegenwärtige Lage der Sozialphilosophie und die Aufgaben eines Instituts für Sozialforschung, in: ders., Sozialphilosophische Studien. Aufsätze, Reden und Vorträge 1930—19972, hrsg. von W. Brede, Frankfurt 1972, pp. 33—46.

Ders., 1932: Geschichte und Psychologie, in: ders., Kritische Theorie. Eine Dokumentation, 2 Bde., hrsg. von A. Schmitt, Frankfurt 1968, Bd. 1, pp. 9—30.

JACOBSEN, Walter, 1963a: Zur Einführung — Was ist »politische Psychologie«? in: W. v. Baeyer-Katte u. a. (Hrsg.), Politische Psychologie, Bd. 1: Politische Psychologie als Aufgabe unserer Zeit, Frankfurt, pp. 9—16.

Ders., 1963b: Politische Grundeinstellungen in der Bundesrepublik. Eine politisch-psychologische Diagnose an zwei Daten: 1952 und 1959, a. a. O., pp. 25—56.

JAY, Martin, 1976: Dialektische Phantasie. Die Geschichte der Frankfurter Schule und des Instituts für Sozialforschung 1923—1950, Frankfurt (engl. 1973).

LAZARSFELD, Paul, 1975: Eine Episode in der Geschichte der empirischen Sozialforschung, in: T. Parsons u. a., Soziologie — autobiographisch. Drei kritische Berichte zur Entwicklung einer Wissenschaft, Stuttgart (engl. 1968).

MITSCHERLICH, Alexander, 1946: Freiheit und Unfreiheit in der Krankheit. Studien zur psychosomatischen Medizin 3, Frankfurt 1977.

Ders., 1957: Die Krankheiten der Gesellschaft und die psychosomatische Medizin, in: Krankheit als Konflikt. Studien zur psychosomatischen Medizin 1, Frankfurt 1966, pp. 11—34.

Ders., 1966: Das soziale und das persönliche Ich, Kölner Zeitschrift für Soziologie und Sozialpsychologie 18/1966, pp. 21—36.

Ders., 1969: Die Idee des Friedens und die menschliche Aggressivität. Vier Versuche, Frankfurt.

MITSCHERLICH, Alexander und Margarete, 1967: Die Unfähigkeit zu trauern. Grundlagen kollektiven Verhaltens, München.

SCHMITT, Carl, 1932: Der Begriff des Politischen, Berlin 1963.

STREIFFELER, Friedrich, 1975: Politische Psychologie, Hamburg.

WEBER, Max, 1904: Die »Objektivität« sozialwissenschaftlicher und sozialpolitischer Erkenntnis, in: Gesammelte Aufsätze zur Wissenschaftslehre, Tübingen 1973 (4. Aufl.), pp. 146—214.).

Karola Brede
Der interdisziplinäre Charakter analytischer Sozialpsychologie[1]

Mit den nachfolgenden Ausführungen werde ich die These vertreten, der Gegenstand analytischer Sozialpsychologie verweise auf ein Erklärungsmuster, das nicht ohne eine wissenschaftlich-fachliche Arbeitsteilung auskommt. Analytische Sozialpsychologie verlange, in die Untersuchung von Vorgängen, in denen Strukturen des Gesellschaftlichen und psychische Strukturen aufeinandertreffen, zwei Wissenschaften mit je anderer Gegenstandslogik — die Soziologie und die Psychoanalyse — einzubeziehen. Ich bin der Auffassung, diese Interdisziplinarität sei der analytischen Sozialpsychologie inhärent, und werde dieser These auf verschiedenen Ebenen nachgehen.

Zur Präzisierung dieser Auffassung sei zunächst auf die Programmatik analytischer Sozialpsychologie eingegangen. Es sind grundlegende logische Schwierigkeiten anzusprechen, die das von Fromm formulierte, hinsichtlich zentraler Forderungen immer noch gültige Programm analytischer Sozialpsychologie impliziert. Zur Erläuterung folgt ein Fallbeispiel. Es soll zeigen, wie wir mit den zu schildernden Problemen umgegangen sind.

1. Programmatik

Fromms Aufsatz »Über Methode und Aufgabe einer analytischen Sozialpsychologie« erschien 1932 im ersten Jahrgang der »Zeitschrift für Sozialforschung«, ein Jahr, nachdem Horkheimer die Leitung des Frankfurter Instituts für Sozialforschung übernommen und in seiner Eröffnungsrede die organisatorische Verwirklichung eines interdisziplinären

143

Materialismus vertreten hatte. An den Ausführungen von Dubiel (1978) sowie von Bonß und Schindler (1982) wird erkennbar, wie Horkheimer mit dieser Rede auf die steigende Spezialisierung des Denkens und dessen Formierung in Einzelwissenschaften reagierte. Gleich der Volkswirtschaftslehre, der Politikwissenschaft und der Psychologie hatte die Soziologie zu dieser Zeit ihren Gegenstand — Varianten der Lehre von den sozialen Formen — konsolidiert und sich damit, so hat es aus der Sicht des Frankfurter Kreises wohl geschienen, der Komplexität einer Theorie begeben, die den Blick auf das Ganze der Gesellschaft gewahrt hätte. Horkheimer schwebte die Versammlung von Wissenschaftlern unterschiedlicher fachlicher Herkunft in einer Arbeitsgemeinschaft und die Zusammenführung ihrer Forschungsergebnisse in einer einigenden Theorieform vor. Dubiel, der der Frage der Verwirklichung dieses Plans in seiner Studie zur frühen kritischen Theorie nachging, fand in seiner »Rekonstruktion der Vernetzungsstrukturen in den ersten Nummern der ›Zeitschrift für Sozialforschung‹ …, daß es in der Tat ein so hohes Maß an Interdependenz der fachlich diversifizierten Einzelbeiträge gab, daß eine … an Einzeltexten orientierte Interpretation systematisch unter dem Niveau der Texte bleiben muß(te)« (Dubiel 1978, S. 204). Folglich habe es auch gegolten, die Komplexität der Theoriebildung in der Verfassung der Texte auszudrücken. Das sollte, so Dubiel, eine überdisziplinäre »Problemlösungsheuristik« in Verbindung mit einer einigenden Theorieform leisten. Die einigende Theorieform war die Ideologiekritik, die analytische Sozialpsychologie eine solche überdisziplinäre Problemlösungsheuristik (vgl. ebd.). Bezogen auf die analytische Sozialpsychologie kann unter dem, was Dubiel eine überdisziplinäre Heuristik nennt, ein Verfahren zur Lösung des Problems verstanden werden, wie Sachverhalte, zu denen sich zwei Disziplinen — Soziologie und Psychoanalyse — zu äußern vermögen, empirisch entfaltet werden können. Dies ist die formale Umschreibung dessen, was Fromm in jenem Aufsatz über »Methode und Aufgabe einer analytischen Sozialpsychologie« tut: Er liefert den Begründungszusammenhang für ein Programm empirischer Forschung, das die Perspektive der Soziologie als auch der Psychoanalyse auf einen empirischen Sachverhalt umschließt. Bekanntlich verfügt Fromm zu dieser Zeit bereits über Erfahrungen mit einschlägiger empirischer Forschung, nämlich die auf einer schriftlichen Befragung fußende Untersuchung von »Arbeitern und Angestellten am Vorabend des Dritten Reichs« aus dem Jahr 1929/30, der Fromm später diesen Titel geben wird.

Schon diese Untersuchung war von der Möglichkeit einer Sozialcharakterologie angeleitet gewesen, wie Fromm sie später, bezogen auf den sadomasochistischen Charakter, im »Sozialpsychologischen Teil« (1936) von »Autorität und Familie« entwickelte. Mit dem Programm einer analytischen Sozialpsychologie war also von vornherein die Überwindung einzelwissenschaftlicher Standpunkte — sei es einer auf die Psychologie hilfsweise ausgreifenden Soziologie, sei es einer sich in die Soziologie vortastenden Psychoanalyse — beabsichtigt gewesen.

Ich meine, vor diesem Hintergrund sei Fromms ansonsten und aus heutiger Sicht etwas grobschlächtige Definition analytischer Sozialpsychologie zu verstehen. Fromm schreibt: »Analytische Sozialpsychologie heißt, die Triebstruktur, die libidinöse, zum großen Teil unbewußte Haltung einer Gruppe aus ihrer sozialökonomischen Struktur heraus zu verstehen« (Fromm 1932, S. 34). Später im Text heißt es hierzu mit Rücksicht auf den Stellenwert der Psychoanalyse, diese könne »zeigen, wie sich auf dem Wege über das Triebleben die ökonomische Situation in Ideologie umsetzt« (ebd., S. 46).

Der Begründungszusammenhang, den Fromm in dem Anspruch bereitstellte, noch das gesellschaftlich Disparateste — Ökonomie und Trieb — aufeinander zu beziehen, war vielfältiger Kritik nicht nur von psychoanalytischer Seite ausgesetzt. Bonß und Schindler bringen eine auf soziologischer Seite charakteristische Kritik vor, indem sie gegen die von Fromm behauptete gesellschaftliche Formbarkeit der Triebe einwenden, Fromm habe damit einer funktionalistischen Position nicht zu entrinnen vermocht. Er sei von einer gesellschaftstheoretisch hoffnungsvollen Ausgangslage, nämlich die Diskrepanz zwischen der unpersönlichen Stellung der Individuen im ökonomischen System und der subjektiv komplexen Beschaffenheit der Individuen bestimmen zu wollen, abgeglitten in die »Analyse der Funktionalität des Bewußtseins für die schlechte ökonomische Basis« (Bonß und Schindler 1982, S. 60), statt, so ergänze ich, diese Funktionalität als prozeßhafte Zurichtung der Individuen zu untersuchen. Es sei dahingestellt, ob Bonß' und Schindlers Kritik in ihrer Allgemeinheit berechtigt ist, insbesondere wenn man die Überlegenheit von Fromms Untersuchungen des masochistischen Charakters über soziologische Konzepte der *basic* oder *modal personality* berücksichtigt. Hier kommt es aber nur auf das Vorverständnis der beiden Autoren an, das den Funktionalismusvorwurf freisetzt. Hinter der Enttäuschung an Fromm steht die Erwartung, die analytische Sozialpsychologie werde Aussagen über die Subjektivität machen, die deren Artikulation von Autonomie, Widerstand und Leiden nicht von vornherein als gesellschaftlich dysfunktional qualifizieren. Damit ist auf ein Spezifikum analytischer Sozialpsychologie angespielt, welches über das bloß Überdisziplinäre ihres Gegenstands hinausreicht. Indem disziplinäre Kompatibilität zwischen Soziologie und Psychologie hergestellt wird, soll das Inkompatible im untersuchten Sachverhalt, genauer: der Widerspruch zwischen zwei Ansichten im Innern der Subjekte sichtbar werden: der ihrer Integriertheit in soziale Systeme und der ihrer Selbstzentriertheit; der Zivilisiertheit und der Triebhaftigkeit. Die Verknüpfung der Disziplinen soll also nicht die Homogenisierung des untersuchten Sachverhalts nach sich ziehen, sondern an ihm gerade Divergenzen sichtbar macht, die das Kräftefeld psychisch interner Auseinandersetzung mit Gesellschaft und innerer Natur kennzeichnen.

Analytische Sozialpsychologie ist, so kann man das bisher Gesagte zusammenfassen, dadurch gekennzeichnet, daß mit ihr (1) die Untersuchung von problematischen Sachverhalten angestrebt wird, die über die disziplinären Grenzen von Soziologie einerseits und Psychologie andererseits hinwegreichen, wobei (2) die Bornierungen der beteiligten Disziplinen abgebaut werden sollen, damit (3) die in der Sache begründete Differenz der Disziplinen in der Divergenz von Sozialcharakter und psychologischem Charakter (vgl. Adorno 1955, S. 69) zum Vorschein komme. Nun muß man sich darüber im klaren sein, daß die Grundlagen des Konzepts einer analytischen Sozialpsychologie umfassender sind, als diese Bestimmung erkennen läßt. Einflußreich war nicht zuletzt der philosophische Gedanke einer Divergenz von subjektiv und objektiv bestimmten Interessen, von Interesse und Vernunft, welcher die Aufmerksamkeit auf eine Empirie gelenkt hatte, an der sich Ideologiekritik gehaltvoll würde entfalten können. Im Verhältnis zu diesem hier nur angedeuteten philosophischen Reflexionsrahmen hat das Programm einer analytischen Sozialpsychologie aber auch eine gewisse Selbständigkeit. Diese ergibt sich unter anderem aus Erwägungen zur Forschungslogik.

2. Forschungslogik

Was heißt es, das Programm analytischer Sozialpsychologie in konkrete Forschung umzusetzen? Welche Gesichtspunkte sind zu berücksichtigen, wenn Forschung disziplinenübergreifend betrieben werden muß, sollen Probleme wie in der Vergangenheit der Autoritarismus und der Antisemitismus sozialpsychologisch zugänglich sein? Insbesondere ist zu fragen, wie der erkenntnislogische Unterschied, der zwischen Soziologie und Psychoanalyse besteht, produktiv genutzt werden kann. Immerhin gibt es ernstzunehmende Zweifel daran, daß die Psychoanalyse zur Erklärung eines gesellschaftlichen Sachverhalts, etwa eines Arbeitsstreiks, irgend etwas Erhellendes beitragen kann und ob dann nicht gerade die sozialstrukturelle Dimension des Streiks — etwa Klassenunterschiede, die sich in der materiellen Lebenslage manifestierender psychologischen Betrachtungsweise geopfert würde. Es geht also auch darum zu verhindern, daß Einseitigkeiten und Reduktionen sich unwillkürlich und entgegen der erklärten Absicht, über Hintertürchen der Forschungspraxis durchsetzen und die Forschungsergebnisse am Ende dann doch wieder dem Einwand psychologistischer Pseudoerklärung ausgesetzt sind.

Soziologie und Psychologie befassen sich mit Sachverhalten, die dem Wissenschaftsgegenstand nach logisch voneinander unterschieden sind. Das aufgeworfene Problem ist von einer dieser Wissenschaften erklärt, wenn ihr deren Konstruktion der jeweiligen Logik gelingt. Stellen beide Disziplinen eine Erklärung bereit, dann ergänzen diese sich weniger, als daß sie miteinander konkurrieren.[2] Zum Beispiel kann die Entstehung eines Arbeitsstreiks entweder auf die Interessen zurückgeführt werden, die eine gesellschaftlich abhängige Klasse an der Veränderung ihrer Lage hat, oder sie kann mit ungelösten Autoritätskonflikten der Streikenden erklärt werden. Dabei tendiert die eine Erklärung dazu, die andere auszuschließen: Wer für die Interessen der benachteiligten Klasse kämpft, steht nicht unter dem Einfluß unbewußter Motive, und wer unter dem Einfluß eines unbewußten Autoritätskonflikts steht, dem wäre nicht wirklich an einer Verbesserung der Klassenlage gelegen.

Sowohl Popper als auch Simmel sehen in dem doppelten Erklärungszugang zu einem Sachverhalt die Aufforderung, zu einer Entscheidung zwischen Soziologie und Psychologie zu gelangen. Popper entscheidet sich für eine objektivierende Situationslogik. Diese überwinde zwar den individualpsychologischen Zugang zu sozialen Situationen nicht, soll aber auf psychologische Elemente der Situationsteilhabe der Person — z. B. »Wünsche, Motive, Erinnerungen und Assoziationen« (Popper 1962, S. 247) — verzichten können. Auch Simmel geht davon aus, jeder sozialpsychologische Sachverhalt basiere auf individuellen Beiträgen, übersteige aber gerade darin, daß die Individuen zugleich Träger gesellschaftlicher Einrichtungen sind — von Sprache, Staat, Recht, Religion und Sitten, wie allgemeiner Geistesformen insgesamt (vgl. Simmel 1908, S. 421). Den Versuch, die individualpsychologische Basis sozialer Gebilde in Richtung einer seelischen Substanz von Gesellschaft »einer Volksseele, einem Bewußtsein der Gesellschaft« (ebd., S. 422) zu verallgemeinern, weist Simmel allerdings zurück. Dieser »Mystizismus, der seelische Vorgänge außerhalb von Seelen ... stellen will« (ebd.), vernachlässige die »innere«, unabhängig von ihren individuellen Trägern gegebene »Dignität« der Kulturgebilde.

Simmel konzentriert die Aufgabenstellung der Sozialpsychologie daher auf die »Modifikationen«, die »der seelische Prozeß eines Individuums (erfährt), wenn er unter bestimmten Beeinflussungen durch die gesellschaftliche Umgebung verläuft« (ebd., S. 423). Was sich unter dem Einfluß der gesellschaftlichen Umgebung, wie Simmel sagt, verändert, ist die Aktion, die das Individuum daraufhin in Gang setzt. Die forschungslogischen Konsequenzen, die im Anschluß an Simmel zu ziehen sind und über die sich eine analytische Sozialpsychologie nicht hinwegsetzen kann, ohne ihre Forschungsarbeit erheblicher Kritik auszusetzen, sind weitreichend. Zum einen, aus der Festlegung der (von Simmel gleichwohl als Gebiet der Soziologie begriffenen) Sozialpsychologie auf eine individualpsychologische Basis folgt, daß gesellschaftliche Phänomene keine psychologischen Eigenschaften haben. Individuen und ihr Handeln bilden das Forschungsterrain der Sozialpsychologie. Zum anderen, aus der Trägerrolle der Individuen für gesellschaftliche Gebilde folgt, daß überindividuelle, in die Zuständigkeit der Soziologie fallende Sozialformen, Kulturgebilde und Bewußtseinsformierungen nur durch die Emotionen, Motive, Handlungsentwürfe der Individuen Geltung haben. Zum dritten schließlich, aus der Ableitung der individuellen Aktion von Umgebungseinflüssen folgt, welche Art von Erklärungen Sozialpsychologie zu produzieren vermag, nämlich Veränderungen des Handelns einer Person unter dem Einfluß einer Gesellschaft. Insofern dieser Einfluß immer nur von anderen Individuen, den Trägern der gesellschaftliche Gebilde ausgehen kann, bleibt Simmels Bestimmung der Sozialpsychologie dem Feld sozialer Interaktion verhaftet. Sie eignet sich wohl kaum als Vorgriff auf einen definitiven gesellschaftstheoretischen Rahmen, wie ihn die analytische Sozialpsychologie mit der Marxschen Theorie und deren Bestimmung Objektivität in Anspruch nimmt.

Für die folgenden Überlegungen sei davon ausgegangen, die analytische Sozialpsychologie habe, wie die Sozialpsychologie allgemein, die forschungslogischen Implikationen bei Simmel zu beachten. Ihr sind daher einerseits, was die psychische Repräsentierung von Gesellschaft in den Individuen angeht, engere Grenzen gesteckt, als zur Realisierung ihrer Programmatik wünschenswert wäre. Andererseits ist mit analytischer Sozialpsychologie innerhalb dieser Grenzen doch auch eine weitreichendere Veränderlichkeit des Psychischen unter dem Einfluß sozialer Kontexte behauptet, als Simmel sie für möglich hielt. Das zeigt seine Einordnung suizidalen Handelns. Für Simmel gibt es eine soziologische und eine psychologische Bestimmung dafür, daß jemand zum Selbstmörder wird. Im einen, dem für die Soziologie relevanten Fall sei die »einzelne Tat« *allein* durch »die sozialen Umstände« bestimmt, im anderen Fall sei sie »eine rein personale, innere« (ebd., S. 424). Folglich würde es auch zwei verschiedene Arten von Selbstmördern geben. Analytische Sozialpsychologie betreiben heißt demgegenüber die gesellschaftliche Genese gerade der »rein personalen, inneren« Tat des Selbstmörders rekonstruieren. Mit dem analytisch-sozialpsychologischen Ansatz sollen also nicht Kausalzusammenhänge reproduziert werden, die mehr oder weniger evident sind, sondern gegeneinander verselbständigte Dimensionen des Psychischen werden ursächlich aufeinander bezogen. Hierdurch wird die Bestimmung, die Simmel für die Sozialpsychologie gibt, um einiges komplizierter. Denn nun müssen zwei Bereiche des Psychischen aufeinander bezogen werden: (1) die Motivik, mit der das Individuum an den gesellschaftlichen Handlungszusammenhängen, welche es beeinflussen will, teilhat, sowie (2) der seelische Bereich im Individuum, der aufgrund der sozialen Teilhabe so verändert wird, daß ein neuer Handlungsentwurf, eine Aktion die Folge ist. Analytische Sozialpsychologie schreibt sozialen Gebilden, in die die Individuen gleichsam hineingestellt sind und an denen sie mit Wünschen und Motiven teilhaben, Einfluß auf einen spezifischen Bereich psychischen Geschehens zu. Die Vorgänge in diesem Bereich, behauptet sie zusammen mit der Psychoanalyse, folgten einer Logik eigener Art, nämlich der Logik des Unbewußten. Daher geht der Einfluß des Gesellschaftlichen auf diesen Bereich mit einem Perspektivwechsel von der Soziologie zur Psychoanalyse, von der der soziologischen zur psychoanalytischen Gegenstandslogik einher. Und der Wechsel der Gegenstandslogik zeigt an, daß auf dem Wege der Umformung eines erlebten Einflusses in ein unbewußtes Motiv der ursprüngliche kausale Nexus abhanden gekommen zu sein scheint. Selbst wenn es will, verfügt das Subjekt nicht darüber, wie es sich verhält und handelt, und der Forscher als Dritter und Beobachter versucht, über die zwei Gegenstandslogiken hinweg zu rekonstruieren, warum das Subjekt unter dem Einfluß sozialer Kontexte, die als Ursache für einen seelischen Vorgang fungiert hatten, sich nun so verhält und handelt, wie es das tut.

3. Ein Beispiel

Mit unserem Forschungsprojekt hatten wir uns von der Annahme, betriebliche Herrschaft könne, insofern sie zum uneingeschränkten Zugriff auf das Arbeitsvermögen tendiert, gegebene psychische Funktionen der Bewältigung dieses Realitätsbereichs — die Wahrnehmung, das Urteilsvermögen, das Erleben und die Kontrolle unbewußter Affekte und Wünsche — unter Umständen irreversibel beeinträchtigen bzw. beschädigen. Die Aufrechterhaltung personaler Identität bedürfe daher unter Bedingungen von Lohnarbeit immer besonderer Anstrengungen. Diese seien die Antwort auf konkrete betriebliche Arrangements. Es ging uns daher insbesondere darum herauszufinden, ob spezielle Formen der subjektiven Bewältigung für betriebliche Situationen entstehen und inwieweit die Herausbildung dieser Bewältigungsformen im Rückgriff auf nicht altersgemäße, zum Teil bereits während der Kindheit angelegte Umgangsweisen mit Affekten und Triebimpulsen geschieht. Damit zielt die Frage nach Erfahrung und Erleben der Lohnarbeitssituation auf Verstehens- und Erkenntnismöglichkeiten, die nur in der Verknüpfung von Soziologie und Psychoanalyse vorhanden sind. Wir hatten also mit überdisziplinären Sachverhalten zu tun, wie sie zuvor als spezifisch für das Gebiet der analytischen Sozialpsychologie gekennzeichnet worden waren.

Zur Illustration der recht grundsätzlichen, vielen konkreten, forschungspraktischen Problemen vorgelagerten Überlegungen zur Forschungslogik analytischer Sozialpsychologie gebe ich die Darstellung des Arbeitslebens von A.B. wieder. A.B. ist Facharbeiter in einem großen industriellen Unternehmen. Die Darstellung seines Arbeitserlebens basiert auf einer Untersuchungsanordnung, die erlauben sollte, der systematischen Differenz von soziologischer und psychoanalytischer Gegenstandslogik gerecht zu werden. Mechtild Zeul als Psychoanalytikerin und ich als Soziologin führten mit einer identischen Person je ein analytisches und ein soziologisches Gespräch unabhängig voneinander durch. Der Grundgedanke bei dieser Aufteilung der Materialproduktion ist, an den Gesprächsteilnehmern zwei Schichten des Erlebens zu entdecken — eine, die auf die Spur der subjektiven Repräsentierung von betrieblich-abhängiger Arbeit führt, und eine weitere, die auf die Spur unbewußter Erlebnisverarbeitung einschließlich der in der Kindheit führt. Diese Vorgehensweise soll ermöglichen, die Entstehung individueller Handlungsentwürfe mit Veränderungen zu erklären, die das Arbeitserleben in der unbewußten Erlebnisverarbeitung bewirkt.

Die sich anschließende Darstellung folgt den Gesichtspunkten von (A) A.B.s Teilhabe an der betrieblichen Arbeitsorganisation, (B) seinem unbewußt konflikthaften Erleben sowie (C) der Reaktion mit seinem Unbewußten auf seine Arbeitssituation. So gegliedert, enthält die Darstellung die narrative, einen Erklärungsanspruch vermittelnde Verknüpfung derjenigen Mitteilungen A.B.s, die sein bewußtes Erleben der Arbeitswirklichkeit wiedergeben, mit psychoanalytischen Aussagen über A.B.s unbewußte Motive, die auf seine Wahrnehmung der Arbeitssituation Einfluß haben.

(A) Im Zentrum von A.B.s Darstellung stehen drei Arten von Beziehung innerhalb des Betriebs: (1) zu Vorgesetzten, (2) zu Kollegen sowie (3) zu Betriebsrat und Gewerkschaft, für die A.B. als gewerkschaftlicher Vertrauensmann betriebspolitisch tätig ist. Diese Beziehungen A.B.s haben deutlich unterscheidbare Qualitäten.

Insgesamt wird die Einschätzung Vorgesetzter von den

Interviewten häufig in Vorstellungen über die Betriebshierarchie eingebettet. Sie ist fast regelmäßig mit dem Anspruch verknüpft, die Beziehung zu den Vorgesetzten nach Regeln symmetrischer Interaktion gestalten zu können. Das heißt, der Unterschied in der hierarchischen Stellung soll in der konkreten Interaktion mit einem Vorgesetzten ausgeschaltet sein. Zumindest soll die Fiktion der Gleichheit als Handlungspartner wirksam werden.

Diesen Anspruch hat auch A. B. Zwar akzeptiert er ausdrücklich die Anweisungsbefugnis und Kontrolltätigkeit, durch die Vorgesetzte hervortreten. Aber er verlangt von den Vorgesetzten, daß sie ihre Funktion innerlich distanziert ausüben. Für ihn ist das Gelingen einer symmetrischen Interaktion davon abhängig, daß ein Vorgesetzter den Konsens über die entsprechenden Spielregeln nicht aufkündigt und nicht willkürlich aus der Stellung des gleichgestellten Interaktionspartners in die des weisungsbefugten Vorgesetzten überwechselt. Daher rührt A. B.s Erwartung an die Vorgesetzten, daß sie ihren Vorgesetztenstatus gegen die Stellung als abhängig Beschäftigte relativieren können. (»Sie [die Vorgesetzten] gehen doch auch nur hin, ... weil sie abhängig sind vom Geld, und aus sonst keinem Grund«.)

Indem A. B. auf diese Weise den Vorgesetztenstatus akzeptiert, tritt in den Vordergrund, was ihm an den Vorgesetzten wichtig ist: sie als Gegenüber bei der Aushandlung konkreter Arbeitsbedingungen betrachten zu können.[3] Sofern A. B. sich dabei von überbetrieblichen, gesellschaftspolitischen Vorstellungen leiten läßt, nämlich zum Abbau struktureller Arbeitslosigkeit im Rahmen institutionalisierter Konfliktaustragung zwischen Gewerkschaft und Arbeitgeber beizutragen, hat er durch diese Symmetrisierung seiner Beziehung zu Vorgesetzten eine Handlungsmöglichkeit gefunden, durch die der Betrieb Feld gesellschaftlicher Betätigung ist. Zugleich läßt die »Verwandlung« der Vorgesetzten in die bedeutsamen Verhandlungspartner dieses Betätigungsfeld aber auch betriebsbegrenzt bleiben.

Daß Vorgesetzte eine ausgehandelte Vereinbarung nicht einhalten bzw. umgehen, nimmt A. B. zwar wahr, diese Erfahrung beeinträchtigt aber nicht die Art von Beziehung, die er zu Vorgesetzten unterhält. Er mißt einer gewissen Eindeutigkeit und Berechenbarkeit von Vorgesetzten große Bedeutung bei und übergeht deren Stellung als aktiv drängendem Widerpart, den das Interesse am möglichst ökonomischen Einsatz der Arbeitskraft nicht ruhen läßt und der daher die Verbindlichkeit von Verhandlungsergebnissen unterläuft. A.B. kann in dieser positiven Weise an der Beziehung zu Vorgesetzten festhalten, weil es ihm wenig bedeutet, selber von ihnen mit Aufmerksamkeit bedacht zu werden. Nicht beachtet zu werden, zeugt für A.B. von der als positiv bewerteten Fähigkeit, sich aus den Niederungen alltäglicher Auseinandersetzungen, in die A.B. verwickelt ist, herauszuhalten. Die Erklärung für A.B.s Bereitschaft, das Hintergangenwerden durch Vorgesetzte auszublenden, ist also darin zu sehen, daß A.B. für die Beziehung zu ihnen nur eine bestimmte Seite, ihre Abgeklärtheit, gelten läßt.

Das Feld gegensätzlicher Interessen an der betrieblichen Arbeitsorganisation ist für A.B. klar abgesteckt. Auf der einen Seite stehen die Vorgesetzten, die das Leistungsverhalten kontrollieren und den Arbeitseinsatz regeln, auf der anderen Seite die Arbeiter, die Arbeitserleichterungen und Verbesserungen ihrer Arbeitssituation durchsetzen wollen. A.B. nimmt den Standpunkt ein, daß Einigkeit unter den Kollegen deren Verhandlungsposition stärke und die Chancen der Durchsetzung von Veränderungen erhöhe. Er hat sich daher zum Ziel gesetzt, Einigkeit unter den Kollegen herzustellen, bezweifelt aber, daß er dieses Ziel jemals erreichen werde. Denn die Kollegen seien untereinander zerstritten. Angesichts der ihm unbegreiflichen Uneinigkeit drängt es ihn, sie zum Solidarisch-Sein zu bewegen. Die Geringschätzung für die zerstrittenen und gegeneinander arbeitenden Kollegen in Verbindung mit A.B.s Zweifel daran, ob ihm eine Solidarisierung der Kollegen jemals gelingen werde, lädt die Beziehung zu ihnen emotional auf. Es ist diese ihn einbegreifende emotionale Aufgeladenheit, der A.B. Herr zu bleiben sucht, indem er sich in eine herausgehobene Position begibt. Er stellt sein eigenes Verhalten zu den Zwistigkeiten als offen und direkt dar und gibt sich als moralisch parteiisch, als jemand, der Distanz zu den alltäglichen Zwistigkeiten hat.

A.B. nimmt also die an den Vorgesetzten als positiv angesehene Seite der Distanz zu den Widrigkeiten des Alltags in der Beziehung zu seinen Kollegen auch für sich in Anspruch — mit einer Differenz: Die Beziehung zwischen ihm und den Vorgesetzten ist abgeklärt und ohne die Spannung, die etwa aus Erwartungen und Forderungen an ihn herrühren könnte. Die Beziehung zu den Kollegen dagegen ist voll Spannung und mit der moralisch-erzieherischen Forderung verknüpft, die Kollegen sollten sich ändern.

Die Auseinandersetzung wegen der Samstagsarbeit (s. Anm. auf S. 164) war etwa ein Jahr nach einem Streik abgeschlossen, in dem A.B. eine aktive Rolle gespielt hatte. Seine Erfahrungen damals ließen, so erklärt er, den Streik zu einem Wendepunkt in seiner Beziehung zu den Kollegen werden. Die Streikerfahrungen scheinen eine neue, A.B. bewußte Festlegung von seiner Identität bewirkt zu haben. Seit dem Streik unterscheidet er zwischen vertrauenswürdigen und unzuverlässigen Kollegen und versucht, an dieser Unterscheidung auch im Betriebsalltag festzuhalten. Er bettet seine betriebspolitische Arbeit jetzt stärker in die des Betriebsrats und der Gewerkschaft ein als zuvor. Die Beziehung zu diesen Organisationen, die in seiner Erzählung nicht durch konkrete Personen, sondern durch die einende Kraft des gemeinsamen Handlungsziels repräsentiert sind, stellt A.B. als spannungsarm dar. Er entwickelt die Vorstellung einer Kontinuität zwischen individuellem, kollektivem und vom Gewerkschaftsverband ausgehendem Handeln. Die Möglichkeit einer Kollision gemeinschaftlicher Ziele mit Eigeninteressen einzelner läßt er außer acht. Seine Vorstellung von Kontinuität behauptet sich gegen alle zuwiderlaufenden Erfahrungen, von denen A.B. berichtet.

A.B.s Unterscheidung zwischen unzuverlässigen und ihm nahestehenden Kollegen, für die allein er sich betriebspolitisch noch einsetzt, sowie seine verstärkte Hinwendung zu Betriebsrat und Gewerkschaft markieren einen gewollten Wendepunkt in der spannungsgeladenen Beziehung zu den Kollegen. Die Absicht, sich aus einem Beziehungsmuster zurückzuziehen, in dem A.B die anderen entwertet und sich selber mit Selbstzweifeln überzieht, geht mit der Hinwendung zu jenem anderen Beziehungsmuster einher, in dem Distanz zu den Alltagsquerelen vorherrscht und daher Raum ist für das Motiv der Sehnsucht nach einem glücklichen und zufriedenstellenden Leben. (»Normal wär' ein Traum von mir, wär' mal, wenn jeder seine Ruhe hätte und jeder hätt' seine Arbeit«.)

(B) Dieser Interpretation des Arbeitserlebens fügen die psychoanalytischen Einsichten eine Dimension hinzu, die A.B. von der Dynamik seiner unbewußten, ihm nicht ohne weiteres zugänglichen Motive her zeigt. Einen im Falle A.B.s zentralen Zugang hierzu bilden die Objektbeziehungen. Objekte im Sinne der Psychoanalyse sind in der Kindheit bedeutsam gewesene, affektiv besetzte psychische Repräsentanzen der Beziehung zu Eltern, Großeltern, Geschwistern etc. Sie umfassen verschiedene Beziehungsqualitäten, können also, auch wenn in der Auseinandersetzung mit einer Person gewonnen, gegensätzlich sein (z.B. die gute Mutter und die böse Mutter). In der Psychoanalyse wird davon ausgegangen, diese Objektbeziehungen würden durch später im Erwachsenenalter gebildete Vorstellungen nicht ersetzt, sondern blieben — meist unbewußt — erhalten.

A.B.s Sehnsucht nach einem glücklichen und zufriedenstellenden Leben drückt dieser Betrachtungsweise zufolge aus, in ihm sei der schon früh in der Kindheit entstandene Wunsch erhalten geblieben, eine befriedigende Beziehung zur Mutter herzustellen. In der — aufgrund der Kürze der Begegnung mit A.B. im psychoanalytischen Interview natürlich nur wenig gesicherten — Rekonstruktion der frühen Mutter-Kind-Beziehung hat die Mutter A.B. in seinem Wunsch an sie enttäuscht und damit seine Rachsucht heraufbeschworen. Weitere für A.B.s Entwicklung bedeutsame Objekte waren der Vater und der Großvater. Am Großvater habe A.B. eine Beziehung erlebt, die frei von Gefühlsstürmen, von Gegeneinander-Kämpfen, von Rangeln um Anerkennung und Liebe war und die eine liebevoll-freundliche Tönung hatte. Eine ähnliche Distanz hatte A.B., was die Alltagsauseinandersetzungen angeht, in der Beziehung zum Vater erlebt, aber in Verbindung eher mit Strenge als mit Liebe. Identifiziert mit dem idealisierten, strengen Vater, habe

A.B. gegenüber den mit ihm rivalisierenden Geschwistern an einer Führungsposition festzuhalten gesucht.

Wie das Verhältnis der verschiedenen Objektbeziehungen A.B.s untereinander geregelt ist, ergibt sich aus dem Abwehrmechanismus der Spaltung. Abwehrmechanismen üben eine Vermittlungsfunktion aus, indem sie verdrängten und in diesem Sinne unbewußten Motiven eine Anschlußmöglichkeit an bewußtes Erleben verschaffen. Der Abwehrmechanismus der Spaltung bei A.B. leistet das, indem aggressive Strebungen auf böse Objekte gerichtet werden und libidinöse Strebungen den guten Objekten vorbehalten bleiben. Er geht also mit einer wahrnehmungsmäßigen Aufteilung — und damit auch Entdifferenzierung — der Realität in gut und böse einher. Daß A.B.s an einen frustrierenden Liebeswunsch anknüpfende Phantasien (die Mutter betreffend) lebensgeschichtlich früher und in diesem Sinne älter sind als seine aggressionsgespeisten Phantasien, kommt dieser Spaltung entgegen, wie ihre unterschiedliche Verwendung zeigt: (1) Die im Vordergrund stehenden Objektbeziehungen sind die aggressionsgespeisten und erlangen bei A.B. gegenüber anderen Personen (wie den Kollegen), die er zu bedrängen scheint, eine sadistische, gegenüber ihm selbst eine masochistische, selbstquälerische Qualität. Diese sadomasochistische Beziehungsqualität wird von A.B aber projektiv gewendet, d.h., er nimmt sie an den anderen wahr; es sind die anderen, die sich in A.B.s Wahrnehmung selbst schaden, indem sie einander hintergehen. A.B.s unbewußtem Erleben nach repräsentieren die anderen folglich die verräterische Mutter, den strengen Vater und die rivalisierenden Geschwister als böse Objekte, an denen sich A.B. rächen muß, nicht ohne dabei selber zu Schaden zu kommen. (2) Mit der Sehnsucht nach einem glücklichen Leben greift A.B. demgegenüber auf den früher als der sadomasochistische Beziehungsmodus entstandenen — und als abgespalten erhalten gebliebenen — Wunsch nach einer libidinös befriedigenden Beziehung zur Mutter zurück.

Die Objektbeziehungen geben A.B.s von ihm argumentativ eingebrachten und rational begründeten Verhalten sowie seiner durch soziokulturelle Erwartungen vermittelten

Selbstdarstellung in der Interaktion (mit der soziologischen Interviewerin) eine spezifische Qualität. In seinem wohlbegründeten Erwachsenenhandeln und -verhalten werden Objektbeziehungsqualitäten sichtbar, in denen die in der Kindheit entstandenen Objektbeziehungen wiederkehren. A. B.s zwiespältige Beziehung zu den Kollegen wird als Wiederholung des (sadomasochistischen) Beziehungsmodus erkennbar und verstehbar, nach dem sich bereits die Beziehung zwischen ihm und seinen Brüdern gestaltet haben mochte. Heute wie damals stellt A. B. sich über die anderen, seine Kollegen (Brüder), ohne sich allerdings aus der aggressionsgeladenen Verstrickung lösen zu können. In der sein betriebspolitisches Handeln beeinflussenden Sehnsucht nach einem glücklichen Leben wirken sich demgegenüber das Festhalten an dem Wunsch nach einer libidinös befriedigenden Beziehung zur Mutter sowie eine Form der Distanzierung aus, die mit Ruhe und Liebe verbunden ist und die A. B. vermutlich am Großvater erlebt hatte.

Man sieht, daß die narrative Wiedergabe von Mitteilungen im Interview ihren definitiven Sinn von der psychoanalytischen Einsicht in psychodynamische Vorgänge bei A. B. erhalten kann. In den libidinösen Besetzungen von Vorgesetzten, von seiner eigenen Person sowie des Betriebsrats und der Gewerkschaft zeichnen sich Objektbeziehungsqualitäten ab, die A. B. in die betriebliche Arbeitsorganisation einbinden. Sie sind Teil der »libidinösen Struktur« (Fromm), die die Belegschaft auch über unterschiedliche Positionen in der Betriebshierarchie hinweg zusammenhält. A. B.s eigener Darstellung nach erreichte die Spannung in seiner Beziehung zu den Kollegen während des Streiks einen Höhepunkt, und vielleicht hat die konflikthafte Streiksituation tatsächlich dazu geführt, daß sich bei der lebensgeschichtlich ältere, von sadomasochistischen Impulsen überlagerte Wunsch nach einer libidinös befriedigenden Beziehung durchsetzte und Einfluß auf sein Handeln gewann. Das Ergebnis war die Fähigkeit und Bereitschaft, zwischen bösen, unzuverlässigen und guten, vertrauenswürdigen Kollegen zu unterscheiden, sowie die verstärkte Hinwendung zu den letzteren und zur betriebspolitischen Arbeit für den Betriebsrat und Gewerkschaft.

(C) A.B. erscheint als Arbeiter, der an die politische Durchsetzung von Arbeiterinteressen politisch engagiert ist. Er verknüpft ein gesellschaftspolitisches Ziel, die Abschaffung der Arbeitslosigkeit, mit der Durchsetzung konkreter Erleichterungen in seinem betrieblichen Wirkungsbereich, wie er am Beispiel der Samstagsarbeit zeigt. A.B. hält an der Vorstellung von Kontinuität zwischen individuellem, kollektivem und von der Gewerkschaft ausgehendem Handeln gegen alle zuwiderlaufende Erfahrung mit den Kollegen fest. Die Einsicht darin, daß die betriebliche Realität »ein bißchen anders« ist, als er von ihr erwartet, hält ihn nicht davon ab, sich an der persönlichen Utopie eines entspannten Gesellschaftszustands zu orientieren, den A.B. realistisch als seinen Traum bezeichnet. Im Zusammenhang mit der psychoanalytischen Interpretation von A.B.s Beziehungen zu Vorgesetzten, Kollegen, Betriebsrat und Gewerkschaft wurde deutlich, daß A.B für sein hohes politisches Engagement eine Weise des Erlebens aktiviert, in der früh entstandene libidinöse Objektbesetzungen erkannt werden können: die Sehnsucht nach einer befriedigenden Beziehung, die Idealisierung der Distanziertheit anderer, aus seiner Sicht Höhergestellter, eine affektiv nicht befrachtete Ruhe. Die Nachdrücklichkeit, mit der A.B. an politischen Zielen festhält, denen er einen visionären Rahmen gibt, deutet darauf hin, daß er entsprechende Motive für sein Handeln zu mobilisieren sucht.

A.B.s psychische Situation enthält zwei Möglichkeiten der Entwicklung: (1) der sadomasochistische Charakter, den seine Beziehung zu Kollegen trägt, verstärkt sich, oder (2) der durch diesen Beziehungsmodus überlagerte Wunsch nach einem glücklichen Leben setzt sich durch und läßt seine Energie in das Streben nach einer besseren Welt einfließen. Indem die zweite Möglichkeit die Oberhand gewinnt, lassen die Aggressionen und die begleitende Angst nach, die aufgrund des sadomasochistischen Beziehungsmodus A.B. nicht zur Ruhe kommen lassen. Das heißt aber auch, A.B. bringt die Aggression unter Kontrolle, indem er zu dem nie aufgegebenen Liebeswunsch regrediert. Die Regression ist mithin der Weg, den A.B. beschreitet, um sich in der betrieblichen Wirklichkeit die identitätsstiftende Zugehörigkeit zur Gruppe der Arbeiter, vertreten in den guten Kollegen, zu erhalten. Das größere Gewicht, das das Sehnsuchtsmotiv hierdurch erlangt, befähigt A.B. zugleich, sich verstärkt politischen Handlungszielen zuzuwenden, und läßt ihn sein Eigeninteresse zurückstellen. Beide in A.B.s psychischer Situation enthaltenen Möglichkeiten beziehen sich auf unbewußte Motive. A.B. weicht von einem unbewußten Motiv auf ein anderes, älteres aus. Damit zeigt die Verknüpfung von A.B.s Selbstverständnis als lagebewußtem und politisch handelndem Arbeiter mit gleichsam darunterliegenden psychisch unbewußten Motiven und Vorgängen, wie gerade ein Verhaltensmuster, das sich in der Geschichte der Arbeiterbewegung herausbildete und den Erwartungen an den klassenbewußten Arbeiter nahe steht, unter der Beteiligung von Motiven zustande kommt, die nicht in der bewußten Verfügung des Handelnden liegen. Vielleicht trifft es sogar zu, daß A.B.s unbewußt motivierter Lebensentwurf die Kraft der Motivierung zum politischen Handeln einbüßen würde, verstände A.B. dessen Herkunft.

4. Aussagekraft

Das Beispiel A.B.s zeigt, wie die Struktur des Psychischen unter dem Einfluß der Teilhabe am betrieblichen Produktionsprozeß modifizierbar ist. Die Teilnahme am Handlungszusammenhang betrieblicher Arbeit ist individuell repräsentiert, und das Beispiel zeigt Handlungsentwürfe und -motive, die A.B. in diesem Kontext entwickelt. Indem diese Dimension der individuellen Handlungsentwürfe und -motive der soziologischen Betrachtungsweise zugeschlagen wird, lassen sich aus dem komplexen Vorgang der Identitätsbildung Anpassungsschritte isolieren. Bei A.B. werden diese Anpassungsschritte unter anderem in der Intention sichtbar, die Position des moralisch Überlegenen gegenüber den zerstrittenen Kollegen einzunehmen. Diese Anpassungsbewegung verschiebt sich nach den Streikerfahrungen zugunsten der verstärkten Übernahme von Orientierungen und Leitideen, die A.B. die innerbetriebliche Teilhabe an gewerkschaftspolitischen Zielsetzungen ermöglichen und sichern.

Die Verschiebung insbesondere läßt erkennen, daß sich jeder dieser Anpassungsschritte unter Mobilisierung spezifischer unbewußter Motive vollzieht, die A.B. als Handlungs-*fähigkeiten* zur Verfügung hat: sich über die Querelen unter gleichgestellten Kollegen stellen und sich von einer Idee guten Lebens leiten lassen zu können. Mit der psychoanalytischen Exploration wurde aufgedeckt, daß diese Fähigkeiten in unbewußten Motiven eine Grundlage haben und auf konflikthaftes Erleben in der Kindheit zurückgehen: die sadomasochistische Qualität der Objektbeziehungen, die in der Auseinandersetzung mit den Geschwistern und gegenüber dem Vater entstanden sein mag, und die Sehnsucht nach einer guten Beziehung zur Mutter.

Durch unsere disziplinär arbeitsteilige Vorgehensweise war es möglich, eine Innenansicht des Individuums zu gewinnen, innerhalb derer die subjektive Repräsentierung der Teilhabe am betrieblichen Arbeitszusammenhang und die unbewußte Erlebnisverarbeitung als gesonderte Dimensionen des Psychischen unterscheidbar bleiben und folglich ursächlich aufeinander bezogen werden können. A.B.s Mobilisierung und Aktualisierung von früh erworbenen Objektbeziehungsqualitäten (in der Auseinandersetzung mit dem Vater, dem Großvater, den Geschwistern und der Mutter) ist so betrachtet die Wirkung, die von Erfahrungen im Umgang mit Kollegen, Betriebsrat und Gewerkschaft ausgeht. A.B. verwendet diese unbewußten Motive, ohne sich ihrer Herkunft bewußt zu sein. Er verwendet sie als Fähigkeiten, über die er verfügt. Indem er sie in Anspruch nimmt, wird die Kontinuität seiner Teilnahme am betrieblichen Arbeitszusammenhang auch und gerade unter Bedingungen des Scheiterns aufrechterhalten.

Die disziplinär arbeitsteilige Vorgehensweise läßt aber noch mehr erkennen. Dem Wechsel in der Beanspruchung unbewußter Motive entspricht in der Ebene von A.B.s Handlungsentwürfen einen Veränderung der Aktion. Nachdem A.B. an dem Handlungsmuster kollegialer Solidarisierung gescheitert war, baute er, um seine Engagement an die Veränderung ungünstiger Arbeitsbedingungen aussichtsreicher werden zu lassen, die Orientierung seines Handelns am Betriebsrat und der Gewerkschaft aus. Dieser zweite Schritt der Anpassung an die betriebliche Wirklichkeit beeindruckt durch A.B.s Nutzung von Handlungsspielräumen und damit durch das Moment von Handlungsautonomie, das die soziologische Betrachtungsweise registriert.

Über dieser sichtbaren Umschichtung der Handlungsentwürfe darf indessen nicht vernachlässigt werden, was zugleich in der Ebene unbewußter konflikthafter Motive vor sich geht. A.B. regrediert zu einem vergleichsweise älteren Modus der psychischen Auseinandersetzung mit der Wirklichkeit und der Erlebnisverarbeitung. Die sadomasochistische Qualität der Objektbeziehungen tritt hinter die in A.B.s Entwicklung früher angelegte Sehnsucht nach einer guten Beziehung zur Mutter zurück. Was soziologisch zurecht als Moment rationaler Auseinandersetzung mit der betrieblichen Wirklichkeit erscheint, geht mit einer regressiven Bewegung in der Konstellierung unbewußter Konflikte einher. Die Handlungsteilnahme ist somit von einer Modifikation der individuellen Struktur des Psychischen begleitet, die psychologisch nicht uneingeschränkt als progressiv einzuschätzen ist, weil das Ich durch die Beanspruchung der Abwehr und die Einschränkung der Realitätsprüfung belastet wird. Der veränderte Anschluß an den betrieblichen Handlungszusammenhang wird hergestellt, indem A.B. auf der Linie der in die Kindheitsentwicklung eingelassenen Triebumwandlungen auf ein vergleichsweise älteres (was hinsichtlich der Ausdifferenzierung des psychischen Apparats immer auch heißt: einfacheres) Niveau zurückgreift. Somit zeigt die gewonnene Innenansicht, daß A.B. seine Integration in den betrieblichen Handlungszusammenhang um den Preis erhalten bleibt, eine Umschichtung seiner Selbstzentrierung in Richtung eines regressiven, einfacheren Niveaus der Konfliktverarbeitung vornehmen zu müssen. Es bleibt darauf hinzuweisen, daß A.B. den nächstliegenden Bezug zum gesellschaftlichen Bedingungsrahmen von Lohnarbeit, nämlich den innerbetrieblichen Zugriff auf sein Arbeitsvermögen, von seiner Auseinandersetzung mit seiner Arbeitssituation ausspart: Der Vorgesetztenstatus wird von A.B. angetastet, obwohl hierin doch eine Ursache von A.B.s Scheitern gesehen werden muß, das Problem der Samstagsarbeit dauerhaft zu lösen.

Das Beispiel des Facharbeiters A.B. sollte zeigen, daß die Entwicklung der analytischen Sozialpsychologie unter anderem davon abhängig ist, daß die Bedeutung der Interdisziplinarität und mit ihr die Eigenständigkeit von Bereichen des Psychischen erkannt wird. An analytische Sozialpsychologie richten sich vergleichsweise hohe Erwartungen bezüglich ihres gesellschaftskritischen Potentials, und dies um so mehr, als die Verfassung der Gesellschaft mehr und mehr von psychischen Regulationen in den Individuen getragen zu sein scheint. Diese Regulationen zu durchschauen, ist die Voraussetzung dafür, daß die problematische (weil konflikthafte) Dimension gegenwärtiger Vergesellschaftung durchsichtig wird. In der disziplinären Spezialisierung von Soziologie und Psychoanalyse reifiziert sich, so falsch sie einerseits sein mag, andererseits vermutlich auch etwas von der besonderen Verfassung der Gesellschaft. Diese gültige Seite der Interdisziplinarität nutzbar zu machen, trägt daher vielleicht dazu bei, die Erwartungen an die Aussagemöglichkeiten analytischer Sozialpsychologie zu erfüllen und Chancen der Kritik wahrzunehmen.

Anmerkungen

1 Diese Ausführungen gehören zu den Ergebnissen des Projektes »Erlebniswelten unter Bedingungen betrieblich-abhängiger Arbeit«, an dem neben mir Rudolf Schweikart (Soziologie) und Mechtild Zeul (Psychoanalytikerin) beteiligt waren. Das Projekt wurde von 1985—1987 vom Hamburger Institut für Sozialforschung gefördert und ist institutionell in einen Kooperationsvertrag zwischen dem Hamburger Institut und

dem Sigmund-Freud-Institut eingebunden gewesen. Die Ergebnisse des Projekts sind zusammengefaßt in dem Abschlußbericht »Subjektivität als psychologische Dimension betrieblich-abhängiger Arbeit«, Hamburg, Frankfurt 1988.

2 Dies macht den Unterschied zu Devereux' Komplementaritätsbeziehung zwischen Soziologie und Psychologie deutlich (Devereux 1972).

3 A.B. hatte im soziologischen Interview von seinen Bemühungen berichtet, für seine Kollegen und sich durchzusetzen, daß samstags geleistete Arbeitsstunden »abgefeiert« werden konnten. Unterstützt vom Betriebsrat erreichte er seinem Bericht zufolge, daß diese Regelung zunächst praktiziert wurde. Doch bald sei begonnen worden, Kollegen zur Samstagsarbeit heranzuziehen, die zu Überstunden gegen Bezahlung bereit waren.

Literatur

ADORNO, Theodor W. (1955), Zum Verhältnis von Soziologie und Psychologie, in: ders. Gesammelte Schriften, Bd. 8: Soziologische Schriften 1, Frankfurt a. M. 1972, S. 42—85.

BONß, Wolfgang u. Norbert Schindler (1982), Kritische Theorie als interdisziplinärer Materialismus, in: Wolfgang Bonß u. Axel Honneth (Hrsg.), Sozialforschung als Kritik. Zum sozialwissenschaftlichen Potential der kritischen Theorie, Frankfurt a. M. 1982, S. 31—66.

DEVEREUX, Georges (1972), Die These, in: ders., Ethnopsychoanalyse. Die komplementaristische Methode in der Wissenschaft vom Menschen, Frankfurt a. M. 1978, S. 11—26.

DUBIEL, Helmut (1978), Wissenschaftsorganisation und politische Erfahrung. Studien zur frühen Kritischen Theorie, Frankfurt a. M.

FROMM, Erich (1929/30), Arbeiter und Angestellte am Vorabend des Dritten Reichs, in: Ges. Schriften, Bd. III, Stuttgart 1981, S. 3—224.

ders. (1932), Über Methode und Aufgabe einer analytischen Sozialpsychologie, in: Zeitschrift für Sozialforschung 1, S. 28—54.

ders. (1936), Sozialpsychologischer Teil, in: Max Horkheimer (Hrsg.), Autorität und Familie, Paris, S. 77—135.

HORKHEIMER, Max (1931), Die gegenwärtige Lage der Sozialphilosophie und die Aufgaben eines Instituts für Sozialforschung, in: Frankfurter Universitätsreden, Heft XXXVII, Frankfurt a. M., S. 1—16.

POPPER, Karl R. (1962), Die Logik der Sozialwissenschaften, in: Kölner Zeitschrift für Soziologie und Sozialpsychologie 14, S. 233—248.

SIMMEL, Georg (1908), Exkurs über Sozialpsychologie, in: Soziologie. Untersuchungen über die Formen der Vergesellschaftung, Berlin 1968, S. 421—425.

Robert Heim
Das Subjekt im Text

Zur Methodologie psychoanalytischer Sozialforschung

I. Anknüpfungspunkte psychoanalytischer Sozialforschung

1. Das methodologische Dilemma

Psychoanalytische Sozialforschung, wie auch immer sie theoretisch begründet und verfahrenstechnisch ausdifferenziert werden möchte, ist einem Selbstverständnis von Sozialwissenschaft verpflichtet, das die hermeneutische Forschungsdimension nicht preisgibt. Sie nimmt Bezug auf jenes Forschungsparadigma innerhalb der Sozialwissenschaften, das seit den sechziger Jahren im Umfeld einer methodisch vornehmlich an quantitativen Verfahren der Datenerhebung und Auswertung orientierten Forschungslogik der interpretativen Wende zum Durchbruch verhalf. Was die psychoanalytische Methode in ihrem angestammten Bereich empirischer Erfahrung, im therapeutischen Behandlungssetting, leistet: im wesentlichen Verstehen und Deuten, mithin eine interpretatorische Dechiffrierung unbewußt chiffrierter Erlebnisbedeutungen eines Individuums, das gilt psychoanalytischer Sozialforschung als methodologisch mustergültige Prämisse. Indem sie ihr Setting verläßt, dabei aber an der Heuristik ihres hermeneutischen Erkenntnisstils festhält, konvergiert die Psychoanalyse zur psychoanalytischen Sozialforschung, reiht sie sich ein in die verstehenden Sozialwissenschaften, wird zur sozialwissenschaftlichen Hermeneutik. Sie knüpft an am »Programm dessen (...), was man vielleicht einmal kritische oder dialektische Sozialforschung nennen wird.«[1]

Hieraus ergäbe sich die Chance, die heute verschiedenerseits in Vorschlag gebrachten Konzepte psychoanalytischer Sozialforschung sowohl hinsichtlich ihres theoretischen und normativen Begründungsrahmens wie in bezug auf verfahrenstechnische Folgeprobleme klärend zu sichten. Denn weder das eine noch das andere ist in diesen Konzepten hinreichend gesichert, so daß die Schlüsselfrage psychoanalytischer Sozialforschung, die Frage nach dem »Methodentransfer«[2] und der Wandelbarkeit des zunächst settinggebundenen Deutungsverfahrens in eine Methode der nichttherapeutischen Anwendung der Psychoanalyse, offen bleibt.

Es ist dies zugleich eine Frage nach der *Empirie* psychoanalytischer Sozialforschung, und zwar derart, daß Empirie — hierin sehen sich die diversen Ansätze unbestritten einig — nicht im Lichte des empirisch-analytischen Wissenschaftsverständnisses als Inbegriff von quantitativ registrierbaren Fakten und Daten konstituiert wird. Der Bezug auf die hermeneutische Forschungsdimension meint hier allemal eine Erfahrungswissenschaft, in der eine hinreichende Intimität zum Gegenstand allein im Medium symbolisch vermittelter sprachlicher Interaktion herzustellen ist. *Erfahrung* ist denn zunächst die Erfahrung einer intersubjektiven Beziehung, aus der, wie zu zeigen sein wird, als Erfahrungsdestillat ein *Text* hervorgeht. An ihm arbeitet sich psychoanalytische Sozialforschung als eigenwilliges Verfahren sozialwissenschaftlicher Hermeneutik ab und gewinnt hierdurch die Gestalt einer »Textwissenschaft«: Erfahrung geht in Texterfahrung über.

Zunächst also ist davon auszugehen, daß weder der theoretische noch der methodologische Status einer psychoanalytischen Sozialforschung stimmig geklärt ist. Diese Ungeklärtheit hat mit dem Problem des Verhältnisses von Individuum und Gesellschaft zu tun. Schon Marx hat diesen Gegensatz als »Ideologie« entlarvt, die ihr gesellschaftliches Substrat zwar widerspiegelt, es aber zugleich verzerrt. Seine Einsicht in die Reflexionsbestimmung von Individuum und Gesellschaft ist Freud dort, wo er sein Instrumentarium der Neurosenpsychologie auf das Feld der sozialen Integration übertrug, stillschweigend zum Credo geworden. Dem konzentrierten analytischen Blick auf das Individuum enthüllen sich — sofern er es zugleich als Gestalt sinnlich-individueller Konkretion gesellschaftlicher Realabstraktionen zu erhellen vermag — durchaus die Umrisse der sozialen Struktur, in die es eingebunden ist. Denn:

»Es ist vor allem zu vermeiden, die ›Gesellschaft‹ wieder als Abstraktion dem Individuum gegenüber zu fixieren. Das Individuum *ist* das *gesellschaftliche Wesen.* Seine Lebensäußerung — erscheine sie auch nicht in der unmittelbaren Form einer *gemeinschaftlichen,* mit andern zugleich vollbrachten Lebensäußerung — *ist* daher eine Äußerung und Bestätigung des *gesellschaftlichen Lebens.*«[3]

Unterzieht man diese Passage einer strengen Auslegung, so tritt ein epistemologisches Paradoxon zutage, das zur Geschichte der Wissenschaft seit ihren antiken Ursprüngen gehört und erst recht der Psychoanalyse als produktiver Widerspruch innewohnt. Es ist dies das Paradoxon einer konkreten Wissenschaft vom Individuellen, die sich an der seit Aristoteles überlieferten epistemologischen Last abzumühen hat, daß jede Wissenschaft mittels Begriffen operieren muß, Begriffe indes zwangsläufig nur allgemeine Abstraktionen formulieren können und somit diese Wissenschaft vom Individuellen einen inneren Selbstwiderspruch aus sich hervortreibt.

Die logische Bestimmung des Paradoxons der Individualität ist freilich keineswegs eine Art Quadratur des Zirkel im Prozeß der wissenschaftlichen Erkenntnis; sie hat ihr Substrat in der realen Dialektik von Individuum und Gesellschaft. Fassen wir diese Dialektik unter logischen Gesichtspunkten zusammen, so stoßen wir unmißverständlich auf Marx' Devise, das Individuum in seiner unaustauschbaren Individualität zugleich als allgemeinen Brennpunkt des »gesellschaftlichen Lebens« zu sehen. Denn wenn jedes Individuum kraft seiner Individualität einmalig ist, dann ist folglich diese individuelle Einmaligkeit ein allgemeiner, und das heißt: ein gesellschaftlich vermittelter Sachverhalt. Dieser gesellschaftliche Sachverhalt kann sich selbst wiederum nur vermittels individueller Differenzen konstituieren. Weil jedes Individuum diesen Titel nur in dem Maße verdient, in dem es in seiner Differenz zu anderen seine Einmaligkeit und Besonderheit herausstellt, sind diese wesentlich für die Individualität. Dagegen erscheint diese wiederum als unwesentlich, weil Individualität ein allgemeiner und gesellschaftlicher Sachverhalt ist. Eine Wissenschaft vom Individuellen — und dies ist die Psychoanalyse vorerst konsequenterweise, sofern sie sich klinisch als therapeutische Kur entfaltet — ist also vermöge dieses epistemologischen Paradoxons stets nur denkbar als Wissenschaft von der Gesellschaft, ist verfahrenstechnisch in ihrer Forschungspraxis immer schon Sozialwissenschaft.

Werfen wir noch einmal den Blick zurück auf den Passus von Marx aus den »Ökonomisch-philosophischen Manuskripten«, so muß darin dem psychoanalytischen Interesse im besonderen die scheinbar beiläufige Formulierung zwischen dem Gedankenstrich auffallen. Selbst dort, wo die Lebensäußerungen des Individuums nicht eingebettet sind in ihre sozialisierten Formen, sind sie zutiefst gleichwohl »Äußerungen und Bestätigung des gesellschaftlichen Lebens«. Die Übersetzung fällt leicht: Noch in den bizarrsten nächtlichen Träumen, die nachträglich nicht selten an die Grenzen ihrer Kommunizierbarkeit stossen, jedenfalls in die ich-gerechte Konsistenz der sekundären Bearbeitung gebracht werden müssen, chiffriert sich der gesellschaftliche Lebensprozeß; er ist präsent selbst in der geheimsten Kryptogeschichte, die die lebensgeschichtliche Sinngenese des neurotischen Symptoms determiniert. Indem das psychoanalytische Gespräch mit seinem komplementären Arrangement von freier Assoziation und gleichschwebender Aufmerksamkeit sich in einem — therapeutisch zu Recht im Setting institutionalisierten — Reservat unantastbarer individueller Intimität bewegt, arbeitet es zugleich als »Ikonoklasmus des Intimen«,[4] der in der Deutung unbewußter Phantasien und Bilder des Patienten die Spuren der je vorherrschenden soziokulturellen Modifikation der Triebstruktur sichert.

Psychoanalytische Sozialforschung, die sich das Paradoxon der Individualität vor Augen führt, sieht sich unweigerlich mit dessen methodologischen Konsequenzen konfrontiert.

Wenn für eine sozialwissenschaftlich ausgreifende Psychoanalyse feststeht, daß in ihrem Gegenstand Gesellschaftliches und Individuelles keineswegs säuberlich rein zu trennen sind, so könnte sie versucht sein, ihre forschungspraktischen Ambitionen unter das Maß einer methodologischen Vereinheitlichung zu stellen. Dagegen aber wäre nicht nur erneut der alte Vorwurf des »Psychologismus« zu erheben, sondern erst recht die uneingestandene Angleichung an das im Logischen Positivismus des Wiener Kreises artikulierte Postulat der Einheitswissenschaft zu beklagen. Psychoanalytische Sozialforschung ist keine synthetisierende Zwittergestalt zwischen Psychologie und Soziologie, die Individualität und Sozialität methodologisch zu versöhnen sucht, derweil beide als Realgrund der Erkenntnis paradox ineinander verquickt bleiben, zugleich aber unentwegt auseinanderklaffen. Vielmehr hat sie sich dem Widerspruch auszusetzen, die disziplinäre Apartheid zwar durchbrechen zu wollen, dabei aber nicht dem Trugschluß eines methodologischen Monismus aufzusitzen. Auf diesen Monismus zielt Adorno mit seinem Verdikt gegen das »methodologische Dekret«:

»Die Wissenschaften von der Gesellschaft und von der Psyche, soweit sie unverbunden nebeneinander herlaufen, verfallen gemeinhin der Suggestion, die Arbeitsteilung der Erkenntnis auf deren Substrat zu projizieren. Die Trennung von Gesellschaft und Psyche ist falsches Bewußtsein: sie verewigt kategorial die Entzweiung des lebendigen Subjekts und der über den Subjekten waltenden und doch von ihnen herrührenden Objektivität. Aber diesem falschen Bewußtsein läßt sich nicht durchs methodologische Dekret der Boden entziehen.«[5]

Gewiß richtet sich Adornos Verdikt im besonderen gegen Parsons psychoanalytisch orientierten Integrationsversuch von Psychologie und Soziologie. Dabei wird aber ein Sachverhalt getroffen, der für die Perspektive einer psychoanalytischen Sozialforschung von prinzipieller Bedeutung ist. Denn der Haupteinwand Adornos gegen Parsons, eine »Vereinheitlichung von Psychologie und Gesellschaftslehre durch Verwendung der gleichen Begriffe auf verschiedenen

171

Abstraktionsebenen (laufe) inhaltlich notwendig auf Harmonisierung hinaus«,[6] trifft indirekt auch Freuds expansive Ambition, Soziologie als »angewandte Psychologie« zu betreiben. Soweit also bei Freud überhaupt bereits von »psychoanalytischer Sozialforschung« und/oder vom Projekt einer »analytischen Sozialpsychologie« die Rede sein kann, verfährt er im Grunde nach diesem Schema der Verwendung identischer Begriffe auf verschiedenen theoretischen Abstraktionsebenen.

Das Defizit, das Freuds Gesellschaftslehre deshalb hinterlassen mußte, ist dasjenige einer empirisch gesättigten und methodologisch ausgewiesenen psychoanalytischen Sozialforschung, die sich nicht dabei bescheidet, soziologisch ambitionierte »angewandte Psychologie« zu sein. Die notwendige spekulative Begriffsarbeit, die Freud in der Subversion einer falsch institutionalisierten Arbeitsteilung zwischen Psychologie und Soziologie leistete, kann nicht davon entbinden, das psychoanalytische Instrumentarium aus seinem ursprünglichen empirischen Entstehungskontext, dem therapeutischen Setting, abzuziehen und in der Konstitution einer sozialwissenschaftlichen Empirie heuristisch fruchtbar in Vorschlag zu bringen. Die widersprüchliche Synthese von psychoanalytischer Theorie, hermeneutischer Methode und sozialwissenschaftlicher Empirie ist in dem Maße erfolgreich, wie es gelingt, ihr methodologisches Dilemma in einer nicht vereinheitlichenden, aber gleichwohl gelungenen Vereinigung psychoanalytischer und sozialwissenschaftlicher Kompetenz auszuhalten.

Dies fordert freilich das Eingeständnis ab, daß dies Dilemma so lange andauern wird, »bis das gesellschaftlich Allgemeine wahrhaft der Inbegriff der individuellen Bedürfnisse wäre.«[7] Methodologische Erörterungen einer psychoanalytischen Sozialforschung werden so lange nicht auf einen runden Begriff zu bringen sein, als die Gesellschaft jenen Antagonismus »ungeselliger Geselligkeit« verewigt, den Kant treffend als anthropologisch tiefsitzenden Vergesellschaftungsmodus herausgestellt hat. In ihrem Amalgam von Trieb- und Kulturtheorie hat Freuds Psychoanalyse die Differentialdiagnose dieses Antagonismus geliefert. Sie bildet den anthropologischen Bezugsrahmen einer psychoanalytischen Sozialforschung, die ihre Untersuchungsgegenstände — hierin deckungsgleich mit dem therapeutischen Prozeß — letztlich den konfliktiven Schnittflächen zwischen innerer und äußerer Natur entnimmt.

2. Historische Anknüpfungspunkte: »Laienanalyse« und »interdisziplinärer Materialismus«

Nun gibt es nach Freud längst eine Tradition an Versuchen, dieses Dilemma forschungspraktisch zu bewältigen. In ihrer Frühphase ist diese Tradition weitgehend an die wissenschaftsprogrammatischen Perspektiven des Frankfurter Instituts für Sozialforschung gebunden, die in Horkheimers Projekt eines »interdisziplinären Materialismus« ihren verdichteten Ausdruck fanden. Die historische Rekonstruktion der systematischen Bedeutung der Psychoanalyse für die Kritische Theorie der Gesellschaft setzt bei der nachrevolutionären Konstellation der 20er Jahre an, die die marxistische Analyse zu einer Reformulierung ihrer Grundannahmen über die Entwicklungslogik des europäischen Kapitalismus nötigte.[8] Vor diesem Hintergrund entwickelten sich die unterschiedlichen Rezeptionsstränge einer Freudschen Linken: Bezogen die einen die Erklärungskraft der Psychoanalyse unmittelbar auf die historische Krisenerfahrung proletarischer Politik, so setzten die anderen sie als Baustein in eine umfassende Strategie der Wissenschaftskritik ein, in deren Folge erst ein kooperativ erarbeitetes Deutungsmuster die Blockierung des revolutionären Potentials im westlichen Kapitalismus erhellen sollte.

Indes ist unter dieser historischen Voraussetzung eine Scharnierstelle interessant, deren Bedeutung im Entstehungskontext psychoanalytischer Sozialforschung es zu berücksichtigen gilt. Sie liegt zwischen Freuds Arbeit zur Laienanalyse aus den Jahren 1926/27 und Horkheimers Skizze und Begründung einer interdisziplinären Forschungsstrategie, die am Leitfaden der Frage nach der gesellschaftlichen Rolle von Wissenschaft den Engpaß sowohl einer positivistisch geprägten szientistischen Rationalität wie die historische Aporetik des marxistischen Theorie-Praxis-Problems zu überwinden trachtete. Die Konstruktion einer solchen Scharnierstelle erlaubt es, Freuds mit der »Frage der Laienanalyse« verbundene Intentionen in eine Richtung weiterzudenken, deren normative Maßstäbe Horkheimer in seinem Programm zu Beginn der 30er Jahre formulierte. Erst in diesem Gesichtswinkel kann der Versuch, Psychoanalyse und Sozialforschung zu vermitteln, nicht nur hinsichtlich seiner wissenschaftsprogrammatischen, sondern auch in bezug auf seine methodologische Binnendifferenzierung in den gegenwärtigen Unternehmungen psychoanalytischer Sozialforschung aussichtsreich diskutiert werden.

Der historische Stellenwert von Freuds Schrift für diese Problemlage ist nicht hoch genug zu veranschlagen. Neuere Ausdeutungen unterstreichen zu Recht ihre gegen medicozentristische Verengung der klinischen Psychoanalyse gemeinte Absicht, aus deren Kern »ein weitgehend unausgeschöpftes Theorie- und Methodenpotential für kultur- und sozialwissenschaftliche Forschung«[9] zu gewinnen, das es extensiv im Feld der Humanwissenschaften zu aktualisieren gälte. Entscheidend ist, daß Freud seine eigene Sicht auf die Genese von Gesellschaft und Kultur in der Optik analogischer Begriffsübertragung und Psychologismus-verdächtiger Deduktion des Sozialen mittels individualpsychologischer Kategorien unüberhörbar in die Richtung einer Empirie sozialwissenschaftlicher Forschung wies. Freud weist seine eigene virtuosenhafte Kompetenz im Umgang mit »angewandter« Psychoanalyse, deren Scheidungsgrenze er dezidiert »zwischen der wissenschaftlichen Psychoanalyse und ihren Anwendungen auf medizinischem und nichtmedizinischem Gebiet«[10] zog, in die Richtung einer eigenen »Grundregel psychoanalytischer Interdisziplinarität«.[11] Darin beschlossen ist das Angebot an all jene Wissenschaften, »die sich mit der Entstehungsgeschichte der menschlichen Kultur und ihren großen Institutionen wie Kunst, Religion und Gesellschaftsordnung beschäftigen«,[12] sich dazu zu verstehen, »das ihnen zur Verfügung gestellte Forschungsmittel selbst zu handhaben.«[13]

Das Neue solcher Interdisziplinarität besteht im wesentlichen darin, den fraglichen Methodentransfer nicht als Übertragung von klinisch fundierten und neurosen- bzw. metapsychologisch gewonnenen Forschungs*ergebnissen* zu erbringen. Vielmehr gilt es — was gerade methodologisch entscheidend ist —, eine gelungene, der je spezifischen Eigenlogik des wissenschaftlichen Erkenntnisgegenstandes mimetisch angeschmiegte Übernahme psychoanalytischer Forschungs*mittel* zu leisten. Erst in dieser Übernahme stellen sich die konkreten Probleme der Konstitution einer Empirie psychoanalytischer Sozialforschung, in der eine modifizierte, an nicht-klinische Aufgabenstellungen anverwandelte psychoanalytische Methode zum Tragen kommen soll.

Freud hat in seinem Projekt einer »analytischen Hochschule« in nuce die Skizze eines institutionellen Rahmens entworfen, dessen Grundriß in ausgebauter Form in die wissenschaftsorganisatorische Struktur des frühen Frankfurter Instituts für Sozialforschung eingegangen ist. Der idealtypische Entwurf eines wissenschaftlichen Curriculums für den angehenden Analytiker, in dem es »geisteswissenschaftlichen Stoff, psychologischen, kulturhistorischen, soziologischen ebenso (anzueignen gälte) wie anatomischen, biologischen und entwicklungsgeschichtlichen«,[14] führte in seiner Konsequenz zum Prototyp des Laienanalytikers: Er ist — gewiß auf der Grundlage eigener psychoanalytischer Erfahrung — »Propagandist des wissenschaftlichen Erklärungsanspruchs der Psychoanalyse auf anderem als therapeutischem Gebiet und Verdichtung einer der Psychoanalyse eigentümlichen methodischen Einstellung.«[15] Unbestritten hat Horkheimer in seiner Begründung der wissenschaftsstrategischen Perspektive eines interdisziplinär rekonstruierten materialistischen Erkenntnisparadigmas an diese Figur des Laienanalytikers gedacht, der hier als »Psychologe« notiert ist:

»Vielmehr kommt es darauf an (...), aufgrund aktueller philosophischer Fragestellungen Untersuchungen zu organisieren, zu denen Philosophen, Soziologen, Nationalökonomen, Historiker, Psychologen in dauernder Arbeitsgemeinschaft sich vereinigen und das gemeinsam tun (...), was alle echten Forscher

immer getan haben: nämlich ihre aufs Große zielenden philosophischen Fragen anhand der feinsten wissenschaftlichen Methoden zu verfolgen, die Fragen im Verlauf der Arbeit am Gegenstand umzuformen, zu präzisieren, neue Methoden zu ersinnen
und doch das Allgemeine nicht aus den Augen zu verlieren.«[16]

Horkheimer hat in der Trias von »Sozialphilosophie«, »Sozialforschung« und einer allgemeinen »Theorie des historischen Verlaufs der gegenwärtigen Epoche« die drei Stütz-
pfeiler eines in solcher »Arbeitsgemeinschaft« normativ
begründeten und forschungsstrategisch ausdifferenzierten
Wissenschaftsunternehmens benannt.[17] Dabei artikuliert
die Sozialphilosophie die Zielsetzungen einer Theorie gesellschaftlicher Objektivität, in der die grundlegenden Bewegungsgesetze des sozialen Lebensprozesses auf ihren Begriff
gebracht werden sollen. »Sozialphilosophie« nimmt damit
die Tradition Marxscher Gesellschaftstheorie wieder auf, indem sie deren Konkretion unter den veränderten gesellschaftlichen und geschichtlichen Voraussetzungen der 20er und
frühen 30er Jahre zu leisten sucht. In ihrer Ausrichtung auf
das gesellschaftliche Allgemeine vermag die Sozialphilosophie normative Maßstäbe formulieren, die als Vorgaben an
die material- und gegenstandsspezifisch aufgefächerten Einzeldisziplinen herangetragen werden. Soweit sich diese sozialwissenschaftlich verstehen, entwickeln sie am Leitfaden
ihrer eigenen Standards oder dann in der Folge innovativ
überprüfter methodischer Modelle die empirischen Designs
einer Sozialforschung, die die normativen Vorgaben in der
feinmaschigen Empirie ihrer Untersuchungen einzulösen
trachtet. Aus dem Zusammenspiel zwischen Sozialphilosophie und empirischer Sozialforschung, in dem der theoretische Begriff der ersteren gleichsam durch die widerspenstige
Erfahrung der letzteren geschleust wird, resultiert als Rück-
koppelungseffekt die Aufhebung der Sozialphilosophie in
die »Theorie des historischen Verlaufs der gegenwärtigen
Epoche«. Hierdurch erst vermag der gesellschaftliche Ge-
samtprozeß in seiner konkreten Totalität als Einheit von be-
grifflicher Form und empirischem Gehalt rekonstruiert zu
werden.

Die Pionierleistungen einer empirischen psychoanalytischen Sozialforschung — von Fromms Arbeiter- und Angestelltenstudie bis hin zu den »Studien zum autoritären Charakter« — haben offene Fragen hinterlassen, die es heute zu klären gilt. Soweit die Psychoanalyse aussichtsreich von ihm einverleibt werden konnte, mußte im Begründungskontext des interdisziplinären Materialismus gleichwohl ein Defizit an methodologischer Reflexion psychoanalytischer Sozialforschung hängig bleiben. Die innere Kontinuität zwischen Freuds Wünschbarkeit der »Laienanalyse« und Horkheimers materialistischem Forschungsparadigma wird dann am besten zu bewahren sein, wenn sie zum einen überhaupt wieder auf ihre mögliche Aktualität hin geprüft wird, zum anderen gerade dadurch die Chance eröffnet, »die aufs Große zielenden philosophischen Fragen« psychoanalytischer Sozialforschung anhand ihrer eigenen »feinsten wissenschaftlichen Methoden zu verfolgen.«

Dies beinhaltet freilich nicht nur die Abarbeitung des besagten methodologischen Defizits durch das aufgewiesene Dilemma hindurch, sondern erst recht die Bereitschaft, die normativen Maßstäbe psychoanalytischer Sozialforschung unter Bezugnahme auf die aktuellen philosophischen Auseinandersetzungen um Vernunft, Rationalität und Modernität zu begründen. Auch für eine psychoanalytischen Sozialforschung ist die Klärung ihrer methodologischen Grundlagen aufs innigste verknüpft mit dem spekulativen Bezug auf jene allgemeine Theorie des historischen Verlaufs der gegenwärtigen Epoche, an der ihr, in der Konsequenz von Freuds ausgreifendem Konzept der Laienanalyse, jedenfalls gelegen sein müßte. Denn indem sie »paradoxerweise in den innersten psychologischen Zellen auf Gesellschaftliches«[18] stößt, befindet sich die Psychoanalyse als Untersuchungsmethode — sei dies nun in ihrem angestammten Setting oder in dessen Transposition in einen sozialwissenschaftlichen Forschungszusammenhang — allemal im Schnittpunkt von individueller Lebensgeschichte und Sozialgeschichte.

II. Psychoanalytische Sozialforschung als sozialwissenschaftliche Texthermeneutik

In der Darstellung psychoanalytischer Sozialforschung als ein Verfahren sozialwissenschaftlicher Texthermeneutik sind zumindest drei Prämissen mitgesetzt, die einer Explikation bedürfen. Es sind dies 1) der sozialwissenschaftliche Anspruch der Psychoanalyse; 2) ihr hermeneutischer Status und 3) ein Textverständnis, das seinerseits sozialwissenschaftlich begründet ist und in die Methode psychoanalytischer Sozialforschung einzubauen wäre.

1) Zunächst ist nicht nur die Psychoanalyse als Sozialwissenschaft unterstellt, sondern, darüber hinaus, ein Begriff von »Sozialwissenschaft« in Anspruch genommen, deren Logik zwar in den disziplinären Schranken der Soziologie im Zuge des Positivismusstreits ausbuchstabiert wurde, ihr Geltungsbereich hingegen für eine sozialwissenschaftlich verstandene Psychoanalyse keineswegs zufriedenstellend geklärt ist. Bislang richteten sich die einschlägigen Diskussionen um den logischen und methodologischen Status der Sozialwissenschaften, soweit diese überhaupt den interpretativen Ansatz einzubeziehen vermochten, dahin, auf das Erkenntnismodell der Psychoanalyse zurückzugreifen, um hieraus das Paradigma eines methodisch gesicherten Sinnverstehens für die eigenen Forschungsziele nutzbar zu machen.[19]

Daraus entstand im Grunde eine eigentümliche Synthese von Max Weber und Freud, denn die neuere, aus dem Positivismusstreit der 60er Jahre resultierende Bereitschaft zur Berücksichtigung der hermeneutischen Forschungsdimension geht auf Webers Konzeption einer verstehenden Soziologie zurück. Webers Patenschaft für den heute geläufigen Begriff der Sozialwissenschaft überhaupt, für deren hermeneutische Grundlegung im besonderen, ist denn auch unübersehbar; seine verstehende Soziologie ist zugleich Handlungstheorie, die sich im wesentlichen in ihrer Kategorie des Sinns von den behavioristisch inspirierten Verhaltenswissenschaften abgrenzte.

Nun ist die sozialwissenschaftliche Grundlegung der Psychoanalyse nicht dadurch beiläufig zu leisten, daß sie lediglich über den disziplinären Zaun hinweg dem hermeneutischen Bekenntnis der Soziologie ein Erkenntnismodell zur Verfügung stellt, über dessen empirische und forschungspraktische Verwendung in einem nicht-therapeutischen Setting nachgewiesenermaßen keine hinreichende methodologische Konsistenz besteht. Sie hat diese Grundlegung vielmehr durch die Konstruktion einer aus ihren Essentials, im besonderen aus ihrer Trieblehre destillierten Theorie der Interaktion und des Handelns zu erbringen. Erst so findet die Psychoanalyse im Durchgang durch diese Binnendifferenzierung von Neurosentheorie und Metapsychologie den Anschluß an die Sozialwissenschaften, ohne dabei den Gefahren ihrer Soziologisierung zu erliegen. Die Koordinaten solcher Grundlegung wurden bekanntlich erstmals im Umfeld der Ich-Psychologie gezeichnet,[20] ihr ausgeprägtes Gefüge erlangte sie in den metatheoretischen Arbeiten von Alfred Lorenzer.

Erst hier ist für die Psychoanalyse ein Terrain so weit geebnet, daß ihre sozialwissenschaftliche Grundlegung im Schnittpunkt von Sprache und Handlung geleistet werden kann. Indem sie sich im Doppelschritt als Sprach- und Handlungstheorie, als deren Gegenstand letztlich sozialisatorisch eingespielte Interaktionsformen zu bestimmen sind, ausweist, gewinnt sie Anschluß an den neueren Stand sozialwissenschaftlicher Theoriediskussion. Sie berücksichtigt hierbei die von Weber herrührende Tradition, Sozialwissenschaft im wesentlichen in einem Handlungsbegriff gründen zu lassen, der Sozialität und gesellschaftliche Objektivität als integrales Konstrukt sozialer Handlungen zu verstehen hätte. In dem Maße also, wie »Sprache« und »Handlung« durchweg im Zentrum des psychoanalytischen Erkenntnisgegenstandes stehen, führt dies zur Einsicht,

»daß es in der Psychoanalyse nicht nur um Sprach*psychologie* gehen kann, sondern stets um eine Sprachtheorie, die zugleich Handlungstheorie (...) ist, wobei Handlung auch keinesfalls individuell als subjektives Vermögen, abgetrennt von objektiven Prozessen, begriffen wird. Psychoanalytische Theorie wird in dieser Sicht grundsätzlich in ›sozialwissenschaftlicher Dimension‹ angenommen.«[21]

2) Kann der Gegenstand der Psychoanalyse im Zuge seiner sozialwissenschaftlichen Grundlegung im Rahmen einer das naturale und zugleich sinnhafte Triebsubstrat von Sprechen und Handeln mitreflektierenden Sprach- und Handlungstheorie bestimmt werden, so ist ihr Verfahren allein hermeneutisch auszuweisen. Den verstehenden Sozialwissenschaften, die sich die Struktur sozialer Handlungen forschungspraktisch im Medium sprachlich artikulierten und dokumentierten Sinns zu erschließen suchen, korrespondiert auf seiten der Psychoanalyse eine hermeneutische Erkenntnisqualität sui generis. Diese besondere Erkenntnisqualität ist von Lorenzer und Habermas mit unterschiedlichen Akzenten im Begriff der »Tiefenhermeneutik« gefaßt worden.

Diese besonderen Akzentsetzungen sind nicht unbedeutend. Zwar vermögen sie sich komplementär zu ergänzen, verfolgen hingegen keineswegs identische Intentionen. Lorenzer bindet die hermeneutische Vorgehensweise des Analytikers an die Funktion des szenischen Verstehens, das durch die intersubjektiv gemeinsame, Analysand und Analytiker verbindende Schicht bedeutungsidentischer sprachlicher Symbole deren neurotisch privatisierten Bedeutungsanteil zu erschließen sucht. Weil der desymbolisierte Leidensgehalt neurotischen Erlebens kraft einer lebensgeschichtlich strukturierten Abwehrformation sowohl aus dem reflexiven Vermögen von kognitiven Ich-Funktionen wie aus der Intersubjektivität gemeinsamer Verständigung exkommuniziert ist, tritt er auch in der therapeutischen Gesprächssituation nur umgangssprachlich maskiert zutage. Gerade hieraus schöpft die Tiefenhermeneutik szenischen Verstehens ihre methodische Legitimität: Sie macht sich das therapeutisch reaktivierte Übertragungsszenario gezielt zunutze, um durch die Teilhabe des Analytikers an der Übertragungsneurose des Patienten deren frühkindlichen Kern freizulegen.[22]

An der vertikalen, aus der eigentümlichen Verstehensoperation des Psychoanalytikers abgeleiteten Bestimmung von Tiefenhermeneutik bei Lorenzer knüpft Habermas' Version zunächst an, um sie dann freilich auf einer horizontalen Linie in die neuere Geschichte der Hermeneutik von Dilthey über Heidegger bis Gadamer einzurücken. Habermas bedient sich gleichsam der materialiter am psychoanalytischen Verstehen gewonnenen Tiefenhermeneutik und macht mit ihr gegen das ontologische Selbstverständnis der Hermeneutik, das vorbehaltlos auf die methodisch nicht ausgewiesene Kunst alltagspraktischer Verständigung vertraut, die ständige Virtualität systematisch verzerrter Kommunikation geltend. Hierfür bietet das Exkommunikationsmodell der Neurose eine begrifflich ausgearbeitete Folie, auf der die Gebrochenheit und Fragilität intersubjektiver und intrasubjektiver Verständigung mustergültig eingezeichnet werden können.

Die Neurose bietet — metapsychologisch gesehen — mit ihrer Dissoziation zwischen »Sachvorstellungen« und »Wortvorstellungen«, zwischen symbolisierten und nicht- bzw. desymbolisierten Triebrepräsentanzen das Muster systematisch verzerrter Kommunikation, die die Tiefenhermeneutik mittels szenischen Verstehens freizulegen sucht. Deren methodische Übertragung in den Bereich gesellschaftlicher Kommunikation und sozialen Handelns ist denn konsequenterweise »eine auf das regulative Prinzip vernünftiger Rede verpflichtete Tiefenhermeneutik«;[23] sie erkundet in den Feldern empirischer Sozialforschung die Bedingungen systematisch verzerrter Kommunikation und verallgemeinert hierdurch den ursprünglichen Aufklärungsanspruch des psychoanalytischen Verstehens — sein uneingeschränktes Interesse an einer diskursiven Mündigkeit.

3) Damit ist lediglich ein erster Hinweis auf jene normativen Maßstäbe gegeben, deren sich psychoanalytische Sozialforschung, die die Tiefenhermeneutik des szenischen Verstehens sozialwissenschaftlich transferieren möchte, im Gleichschritt mit ihrer methodologischen Reflexion zu versichern hätte. Dieser Reflexion fehlt zunächst aber noch ein Textbegriff, der psychoanalytische Sozialforschung auch methodisch als Verfahren sozialwissenschaftlicher Texthermeneutik auszuweisen befähigt wäre.

Nun bezieht sich die Tiefenhermeneutik im analytischen Setting szenisch verstehend auf »Texte, die die *Selbsttäuschun-*

gen des Autors anzeigen.«[24] Gewiß ist der Begriff der Selbsttäuschung analytisch nur im Bezug auf die Abwehrtechni-
ken des Ichs und die in den Primärvorgängen der Verdichtung und Verschiebung wirkende List des Unbewußten sinngemäß auszubuchstabieren. Selbsttäuschungen machen sich
allgemein in der Konfliktstruktur des neurotischen Symptoms, in der damit verbundenen Übertragungstendenz,
in Fehlleistungen oder schließlich in den in den Träumen
chiffrierten unbewußten Wünschen kenntlich. In der therapeutischen Gesprächssituation sind die verschiedenen Wi-
derstandsformen weitere Indizien der Selbsttäuschung des
Patienten, die im Rahmen des Exkommunikationsmodells
der Neurose als eine umgangssprachlich maskierte Ver-
zerrung sinnhaften Erlebens zu begreifen ist. Zumal hierin
die lebensgeschichtliche Virulenz unbewußter Wünsche
nur im phantasmatischen Medium des neurotischen Konflikts repräsentiert ist, dieser aber aufgrund seines abwehr-
bedingten Ausschlusses aus dem kognitiven Vermögen von
Ich-Leistungen auch nicht sprachlich kongruent artikuliert
zu werden vermag, ist Selbsttäuschung zugleich subjektives
Äquivalent systematisch verzerrter Kommunikation. Weil
das Symbolisierungsvermögen des Ichs im neurotischen Konflikt die verdrängten und abgewehrten Triebwünsche nicht
selbst interpretieren kann, »ist die Kommunikation des sprechenden und handelnden Subjekts mit sich selber unterbrochen.«[25]

»Texte« als Gegenstand psychoanalytischer Tiefenhermeneutik sind die Erscheinungsformen dieses Unterbruchs,
von denen das manifeste Traumbild in seiner narrativ er-
zählten Gestalt als mustergültiges Vorbild gelten darf. Hier
nun bietet sich eine Gelenkstelle zu einem Textbegriff, wie
er in der neueren sozialwissenschaftlichen Diskussion zu
einem methodologischen Zentrum erhoben worden ist:
Nicht nur ist »der Sozialwissenschaft eine Zukunft als Textwissenschaft prophezeit«;[26] darüber hinaus gilt es grundsätzlich »den Gegenstandsbereich der Soziologie als symbo-
lisch-vorstrukturierten, sprachlich-verfassten (zu) begreifen,
der in seiner Textförmigkeit durch sinnverstehende Methoden zu erschließen ist.«[27] Das Konzept des Textes ist zu

einem aussichtsreichen Rüstzeug geworden, mit dem sozialwissenschaftliche Gegenstandsbereiche vermittels ihrer symbolischen Verfassung angemessen zu erschließen sind.

Weil sich sozialwissenschaftliche Untersuchungen in der Folge ihrer neueren methodologischen Befunde — das interpretative Paradigma und der »linguistic turn« greifen hier unmittelbar ineinander — »nahezu ausschließlich mit der Analyse *sprachlicher* Dokumente und sprachlicher Interaktion oder der sprachlichen Beschreibung sozialen Handelns«[28] befassen, sind sie auf einen Textbegriff angewiesen, der das empirische Faktum als ein vermeintlich Letztes auflöst. Wie der Psychoanalyse das neurotische Symptom oder der manifeste Traum lediglich Indizien eines unbewußten Trieb-Abwehr-Konflikts sind, den es schrittweise verstehend aufzuspüren und rekonstruktiv zu erklären gilt, übernimmt auch die Sozialwissenschaft sowohl in ihrer theoretischen Begründung wie zu Zwecken ihrer empirischen Forschung die — von Hegels Dialektik überlieferte — Prämisse der Vermitteltheit alles Unmittelbaren. Denn:

»Das Gegebene, die Fakten, auf welche sie ihren Methoden nach als auf ihr Letztes stößt, sind selber kein Letztes, sondern ein Bedingtes. Sie darf daher nicht ihren Erkenntnisgrund — die Gegebenheit der Fakten, um welche ihre Methode sich müht — mit dem Realgrund verwechseln, einem Ansichsein der Fakten, ihrer Unmittelbarkeit schlechthin, ihrem Fundamentalcharakter. Gegen diese Verwechslung kann sie insofern sich wehren, als sie durch Verfeinerung der Methoden die Unmittelbarkeit der Daten aufzulösen vermag.«[29]

Nun haben das interpretative Paradigma und die linguistische Wende in den Sozialwissenschaften lediglich die philosophische Grundannahme bekräftigt, daß das vorzügliche humanspezifische Medium solcher Vermittlung — abgesehen von der menschlichen Praxisform gesellschaftlicher Arbeit — zunächst die soziale Metainstitution der Sprache ist. Als deren innerer struktureller Kern fungiert das sprachliche Zeichen mit seiner Symbolqualität. So erstaunt es denn nicht, wenn Adornos Postulat nach einer Verfeinerung sozialwissenschaftlicher Methoden durch die Ausarbeitung einer Texthermeneutik als eingelöst gelten darf, die ihren Gegenstand methodologisch unter folgenden Gesichtspunkten belichtet:

a) Gegenstand von Sozialwissenschaft ist die Analyse symbolischen, d. h. sinnhaften, zeichenförmig repräsentierten und demnach interpretationsbedürftigen sozialen und — aufgrund der unauftrennbaren Dialektik von Individualität und Sozialität — individuellen Handelns.

b) Sozialwissenschaftliche Daten sind keine kruden Fakten, die es lediglich mit den geläufigen quantitativen Erhebungsverfahren zu bündeln und zu evaluieren gilt. Sie zeigen sich der Analyse immer schon vermittelt in den in sprachlichen Symbolen repräsentierten individuellen und sozialen Handlungen.

c) Vermöge ihrer Zeichen- bzw. Symbolqualität lassen sich sozialwissenschaftliche Daten und der Gegenstandsbereich, dessen Empirie sie konstituieren, als »Texte« bestimmen. Die interpretative Wende in den Sozialwissenschaften erfordert von diesen spezifische Verfahren der Textinterpretation, die letztlich nur als hermeneutische kenntlich zu machen sind.

d) Weil individuelle und soziale Handlungen grundsätzlich eine Doppelstruktur aufweisen, in die sowohl ein intentional bewußt verfügbarer Sinn als auch unbewußt wirksame motivationale Sinnressourcen eingelassen sind, ist es Ziel sozialwissenschaftlicher Hermeneutik, diese Doppelstruktur in Gestalt objektivierter Texte aufzuzeichnen. Durch die Aufzeichnung und Fixierung der Texte gewinnen diese eine von ihren Entstehungsbedingungen abgehobene Qualität, deren relative Autonomie dem oder den Interpreten freilich nur einen methodisch notwendigen Umweg weist, auf dem im Gleichschritt von Verstehen und Erklären die ursprüngliche Doppelstruktur von Handlungen reproduziert werden kann.

e) Zur Methodologie sozialwissenschaftlicher Texthermeneutik gehört die Unterscheidung zwischen Entstehungs- bzw. Produktionsbedingungen ihrer Texte und den eigentlichen Verfahren ihrer interpretatorischen Rezeption. Sie geht davon aus, daß die Textproduktion interaktiv im Rahmen von Gesprächen und Interviews verläuft; hierin unterscheidet sie sich von den in der empirischen Sozialforschung weitgehend dominanten Fragebogenerhebungen.

Ein Text ist demnach im wesentlichen ein Interaktionsprodukt, das sich aus dem Zusammenspiel zwischen dem Forscher und seinem — seien dies Individuen, Gruppen, Institutionen usw. — Gegenüber ergibt. Die Textrezeption, mithin die eigentliche Arbeit sozialwissenschaftlicher Texthermeneutik, setzt an diesen Interaktionsprodukten an. Sie liest diese auf Sinnvarianten hin durch, die in der ursprünglichen face-to-face-Kommunikation zwischen Sozialwissenschaftler und den Individuen oder Gruppen, deren Handlungsstrukturen er aufschließen möchte, in ihrer Latenz noch nicht durchscheinen konnten.

Dürfen nun diese allgemeinen Prämissen einer sozialwissenschaftlichen Texthermeneutik auch für die Methodologie psychoanalytischer Sozialforschung gelten, bleibt freilich zu klären, in welcher Weise diese Prämissen für eine sozialwissenschaftlich in Anspruch genommene Psychoanalyse forschungspraktisch und methodisch überhaupt wirksam sein können. Es ist zunächst davon auszugehen, daß in der neueren Geschichte psychoanalytischer Sozialforschung im wesentlichen zwei Strukturmodelle der Textinterpretation entwickelt wurden, die das Konzept der Tiefenhermeneutik aus seinem Begründungsrahmen des analytischen Settings herauszulösen und für die Bearbeitung sozialwissenschaftlicher Problemstellungen fruchtbar zu machen suchten. Es handelt sich zum einen um Leithäusers und Volmergs Unternehmen, ein Verfahren der psychoanalytischen Textinterpretation im Hinblick auf empirische Untersuchungen des Alltagsbewußtseins zu entwerfen, zum anderen um Lorenzers neueren Vorstoß, seinen kategorialen Rahmen der Tiefenhermeneutik materialiter dem Projekt einer umgreifenden interdisziplinären Kulturanalyse zur Verfügung zu stellen, die zugleich Sozialanalyse zu sein beansprucht.[30]

Wir unterstellen im folgenden diese beiden Modelle, um hernach ein weiteres Paradigma zu akzentuieren, dessen methodische und forschungspraktische Vorzüge es zu unterstreichen gilt. Es handelt sich hier um das — im folgenden sogenannte — »Züricher Modell psychoanalytischer Sozialforschung«, wie es neuerdings seit einigen Jahren im Rahmen einer Untersuchung der Stiftung für Psychotherapie und Psychoanalyse ausgearbeitet wurde.[31]

III. Das Züricher Modell psychoanalytischer Sozialforschung

1. Das Erstinterview als Instrument der Textproduktion

Betrachtet man die beiden genannten sozialwissenschaftlichen Modelle psychoanalytischer Textinterpretation unter einem methodologischen Nenner, so springt zunächst ein Punkt ins Auge: Das ganze Problemfeld einer »angewandten Psychoanalyse«, in welcher der geforderte Methodentransfer geleistet werden möchte, erschöpft sich darin, daß zwar, im aussichtsreichen Gegensatz zu einem schlecht analogisierenden Transfer von Forschungsergebnissen der Psychoanalyse, eine Übernahme ihrer Forschungsmittel erfolgt. Diese Mittel knüpfen jedoch erst an der Vorgegebenheit von Texten an. Ist es bei Leithäuser und Volmerg das protokollarisch fixierte themenzentrierte Gespräch, an dessen Text das Instrumentarium der Tiefenhermeneutik nachträglich interpretativ angelegt wird, so in der tiefenhermeneutischen Kulturanalyse der literarische oder analoge Text der kulturellen Produktion, der in seiner Gegebenheit nicht mehr zu hintergehen ist.

Pointieren wir kurz: In beiden Unternehmungen angewandter Psychoanalyse kommen ihre Forschungsmittel lediglich rezeptiv zum Einsatz, indem sie als Interpretationsversuche an vorgegebenen Texten deren latent-unbewußte Sinnbezüge aus einer Position der Nachträglichkeit erschließen möchten. Die Chance einer psychoanalytischen Sozialforschung, den Kern der psychoanalytischen Methode — das szenisch-teilhabende Einlassen auf einen anderen Menschen im unmittelbaren Gespräch — in einen sozialwissenschaftlichen Forschungskontext zu übertragen und hierbei zugleich heuristisch produktiv zu verfremden, ist nicht hinreichend wahrgenommen. Psychoanalytische Sozialwissenschaft muß derart methodisch auf der Ebene der Textrezeption verbleiben, sie vermag nicht direkt — wie dies doch im therapeutischen Setting unverzichtbar ist — in die Textproduktion einzugreifen. die Eule der Minerva setzt auch hier erst in der Dämmerung zu ihrem Flug an.

Dagegen steht im »Züricher Modell psychoanalytischer Sozialforschung« der Versuch, angewandte Psychoanalyse in einer Perspektive zu betreiben, die methodologisch Textproduktion und Textrezeption konsequent zu vereinen sucht. Tiefenhermeneutik bleibt hier nicht allein ein kategorialer Interpretationsrahmen, in dessen Licht ein vorliegender Text untersucht wird, sondern wird bereits in dessen Produktionsphase in Anspruch genommen. Es geht hierbei im besonderen um die sozialwissenschaftliche Heuristik des psychoanalytischen Erstinterviews und damit um die bedeutsame Problemlage, wie eine genuin zu klinischen und therapeutischen Zwecken entworfene Gesprächsform eigener Art im Hinblick auf ein sozialwissenschaftliches Erkenntnisziel in Vorschlag gebracht werden kann.

Wenn wir uns im folgenden diesem Züricher Modell zuwenden, so lassen wir uns zunächst von zwei Behauptungen leiten: Zum einen steht das Modell durchweg in der Kontinuität der Unternehmungen von Leithäuser/Volmerg und Lorenzer, psychoanalytische Textinterpretation als sozialwissenschaftliche Hermeneutik zu entfalten. Sein methodischer und forschungspraktischer Vorzug besteht indes darin, daß es Elemente der beiden vorliegenden Modelle durchaus zu kombinieren vermag, dabei aber — und das bleibt die herausragende Differenzmarke — den fraglichen Methodentransfer bereits schon im vorgängigen Vollzug der Textproduktion zu leisten weiß.

Zum anderen darf das Züricher Modell den Anspruch stellen, zumindest ansatzweise im empirischen Bezugsrahmen psychoanalytischer Sozialforschung jene Motive fortzuführen, die Adornos Überlegungen zu den Fragen einer positivismuskritischen Methodologie sozialwissenschaftlicher

Forschung speisten. Diese Überlegungen können unter die Schlüsselbegriffe des »Indizienparadigmas« und der »Totalitätsempirie«[32] gebündelt werden. Wir lassen uns hier also lediglich unter diesen Gesichtspunkten auf das besagte Modell ein, ohne dessen Forschungs- und Erkenntnisanspruch im ganzen diskutieren zu wollen. Es sei hierzu auf den eigenen Beitrag der »Stiftung für Psychotherapie und Psychoanalyse« in diesem Band verwiesen.

Als Drehscheibe für das, was in diesem Modell psychoanalytischer Sozialforschung als — analog zum Setting der therapeutischen Analyse — »Setting-Konstruktion«[33] in der sozialwissenschaftlichen Empirie erfolgt, darf das psychoanalytische Erstinterview gelten. Es bildet dem Modell zufolge eine erste Ebene der Textproduktion, auf der in der Methode des Erstinterviews geschulte Psychoanalytiker zusammen mit den Adressaten ihres Forschungsprojektes eine Reihe von Gesprächen führen. Dabei gilt es freilich zu berücksichtigen, daß dieses elementare Stück Methodentransfer hier nicht zu klinisch-therapeutischen Zwecken geleistet wird, mit denen in der Regel eine Indikationsstellung verbunden ist. Es handelt sich lediglich um eine Variation des Erstinterviews, und zwar derart, daß es nicht nur psychoanalytisch aufschlußreiche Befunde über die Subjektivität des Gesprächspartners zeitigen, sondern darüber hinaus dessen soziale Eingebundenheit in die objektiven Strukturen der entsprechenden — in diesem Falle betrieblichen — Lebenswelt erschliessen soll. Vermittels dieses Zwischenschrittes, der die je besondere Erlebniswelt der individuellen Gesprächspartner in den sozialen Bezügen ihrer Lebenswelt zumindest in ihren lebensgeschichtlichen Grundzügen szenisch zu verstehen sucht, sollen schließlich Aussagen über die objektiven Strukturen dieser Bezüge selbst gewonnen werden.

Damit sind zunächst Fragen einer methodologischen Doppelstrategie psychoanalytisch-sozialwissenschaftlicher Kompetenz verbunden, die im vorliegenden Modell in der Person des einzelnen Analytikers bzw. der ganzen Forschergruppe idealiter vereinigt ist. Dagegen mag das Argument eingeführt werden, den Anforderungen dieser Doppelqualifikation könne nur eine personale Aufteilung und wissenschaftslogische Gabelung des Forschungsprozesses in eine psychoanalytische und soziologische Komponente mit entsprechenden Akzentuierungen der Interviewtechnik genügen. Wir finden uns hier erneut vor dem nachgewiesenermaßen unüberwindlichen methodologischen Dilemma jeder psychoanalytischen Sozialforschung, die mit der Prämisse arbeitet, in den subtilen Zellen individuellen Erlebens Indizien auf die Strukturen gesellschaftlicher Objektivität zu finden.

Es ist klar, daß eine methodologische Vereinigung psychoanalytischer und sozialwissenschaftlicher Kompetenz im Vollzug des Erstinterviews nur unter der Voraussetzung denkbar ist, daß der klinisch in dessen Technik erfahrene Psychoanalytiker über hinreichende Kenntnisse in Soziologie und Gesellschaftstheorie verfügt. Dies ist gewiß eine starke Idealisierung, entspricht jedoch durchweg jenen Intentionen von Freuds Projekt der Laienanalyse, die neuerdings für das Anforderungs- und Qualifikationsprofil einer zeitgenössischen psychoanalytischen Ausbildungs- und Forschungsstätte aktualisiert worden sind.[34] Kurz: Sozialwissenschaftlich informierte Psychoanalytiker, die ihre praktische Tätigkeit und deren theoretische Grundlegung in den Koordinaten der Dialektik von Individualität und Sozialität denken, sind allemal mit den Qualifikationen versehen, ihr vorzügliches Forschungsmittel in den Labyrinthen des Sozialen zu gebrauchen.

Im Züricher Modell fungiert also das psychoanalytische Erstinterview als erster Angelpunkt sozialwissenschaftlicher Forschungsstrategie. Die Erkenntnismöglichkeiten dieser eigentümlichen Gesprächskonstellation sind verschiedenerseits hinlänglich dargelegt worden.[35] Sowohl Argelander wie Benz heben den szenischen Charakter des Erstinterviews hervor und machen damit deutlich, wie das tiefenhermeneutische Konzept szenischen Verstehens nicht nur auf die Länge eines psychoanalytischen Prozesses ausgreift, sondern bereits in dessen Vorfeld Geltung beanspruchen darf. Gewiß ist hierbei an das Erstinterview zu klinischen Zwecken — Diagnose der Persönlichkeitsstruktur des Patienten, Indikationsstellung und, hiervon ausgehend, erste Prognose für den therapeutischen Verlauf — gedacht. Da Indikation und Prognose in psychoanalytischer Sozialforschung außer Kraft gesetzt sind, ist ausschließlich der diagnostische Aspekt des Erstgesprächs von Bedeutung: Wenn dieses Erstgespräch bzw. eine Folge von Erstgesprächen einen Einblick in lebensgeschichtliche Grundmuster der Trieb-/Abwehr-Konfliktbewältigung mit ihren entsprechenden Übertragungsneigungen zu geben vermögen, dann kann es auch gelingen, die Aktualisierung dieser Grundmuster in jenem Lebensweltbereich zu verstehen, auf dessen Erkenntnis psychoanalytische Sozialforschung zielt. Das komplementäre Zusammenspiel zwischen subjektiver Erlebniswelt und objektiver Lebenswelt ereignet sich nämlich im interaktiven Kanal von Übertragung und — sofern die Strukturen der Lebenswelt im wesentlichen symbolvermittelt und damit anfällig für systematisch verzerrte Kommunikation sind — Gegenübertragung.

Dies setzt freilich voraus, daß selbst dort, wo psychoanalytische Sozialforschung wie im Züricher Modell etwa die Auswirkungen modernster industrieller Technologien auf deren Produzenten untersuchen möchte, »Mensch-Maschinen-Systeme« stets nur als verdinglichte Beziehungen aufgefaßt werden. Darin sind die betrieblichen Herrschaftsverhältnisse gleichermaßen eingekapselt wie der kommunikative Fluß zwischen den Mitarbeitern auf allen Ebenen der Hierarchie. Weil der instrumentelle Charakter des Arbeitsprozesses überwölbt ist von den kommunikativen Bezügen der betrieblichen Lebenswelt, darf in dem Maße von einem Netzwerk von Übertragungs- und Gegenübertragungsbeziehungen die Rede sein, wie eine allgemeine psychoanalytische Kommunikationslehre Übertragung und Gegenübertragung aus ihrem klinischen Kontext extrapoliert und sie zu Grundpfeilern sozialer Interaktion überhaupt macht. Es scheint also konsequent, wenn psychoanalytische Sozialforschung mit dem Erstinterview ein Verfahren in Vorschlag bringt, in dem das szenische Zusammenspiel von Übertragung und Gegenübertragung zu einer unabdingbaren und erstrangigen Erkenntnisquelle wird.

Nun wird das Erstinterview in seiner Abwandlung zum hermeneutischen Instrument psychoanalytischer Sozialforschung in einer methodologischen Perspektive vor allem unter einem Gesichtspunkt interessant, der auf Adornos allgemeine Überlegungen zum Verhältnis von Philosophie, (soziologischer) Theorie und empirischer Forschung zurückverweist. In den Spannungsbogen von Begriffen wie »Indizienparadigma« und »Totalitätsempirie« sind nämlich allgemeine forschungslogische Bestimmungen eingelassen, die das Konzept eines sozialwissenschaftlich beanspruchten Erstinterviews materialiter in Anspruch zu nehmen weiß.

Zunächst muß auffallen, daß zwischen Adornos philosophisch gemeinter Denkfigur einer negativen Spurensicherung und der psychoanalytischen Methode, die ihrerseits am Leitfaden ihres metapsychologischen Begriffs der Erinnerungsspur rekonstruiert werden kann, eine insgeheime Konvergenz besteht. Adorno entwirft unter dem historischen Trauma von Auschwitz eine Ontologie des Rätsels, zu dem sich Seiendes chiffriert und entstellt; soweit die Perspektive einer Vernunft aufrechterhalten werden kann, die weder ihren Erkenntnisanspruch preisgibt noch ihre Aufgabe als praktisches Regulativ eines vernünftigen Lebens zurücknimmt, obliegt ihr, »flüchtige, verschwindende Hinweise in den Rätselfiguren des Seienden«[36] als Indizien ihrer selbst aufzudecken. Nach dem irreparablen Ohnmachtsfall von Vernunft und Rationalität kann die Welt in ihren historischen und sozialen Gestalten »allein polemisch dem Erkennenden als ganze Wirklichkeit sich dar(bieten), während sie nur in Spuren und Trümmern die Hoffnung gewährt, einmal zur richtigen und gerechten Wirklichkeit zu geraten.«[37] Weil Seiendes unwiderruflich als negative, in sich unversöhnlich zerrissene Totalität denkbar ist, bietet allein das eindringliche Sicheinlassen auf kleinste Miniaturen des Seienden eine Chance, aus deren besonderem Eigensinn Spuren freizulegen, die einen Blick auf die verschüttete Struktur des allgemeinen Ganzen noch gewähren könnten.

Unschwer läßt sich von hier aus eine Affinität zur Tiefenhermeneutik herstellen. Erinnern wir daran, daß die wissenschaftsgeschichtlichen Ursprünge der psychoanalytischen Methode unter anderem in einem Klima liegen, in dem sich am Ende des 19. Jahrhunderts in den Humanwissenschaften ein Indizienparadigma durchzusetzen begann. Im Kontrast zu seinem damaligen naturwissenschaftlichen Selbstverständnis ist Freud zugleich Leser Morellis, dessen Identifikationstechnik künstlerischer Werke ihn nachhaltig beeinflussen sollte: In seiner Schrift *Der Moses des Michelangelo* bekennt er sich schließlich zu methodischen Analogien zwischen Morellis Versenkung in die Details des Werkes und dem Vorgehen der Psychoanalyse. Beidemal geht es um eine Technik der Interpretation, die sich mitunter auf scheinbar Wertloses, Nebensächliches und vermeintlich Unwichtiges stützt — just Prädikate mithin, die Freud zur Empfehlung der freien Assoziation und, im Zusammenspiel damit, zur gleichschwebenden Aufmerksamkeit drängen sollten. Morellis Verfahren also »ist mit der Technik der ärztlichen Psychoanalyse nahe verwandt. Auch diese ist gewöhnt, aus gering geschätzten oder nicht beobachteten Zügen, aus dem Abhub — dem ›*refuse*‹ — der Beobachtung, Geheimes und verborgenes zu erraten.«[38]

Pointieren wir: Was Adorno erkenntniskritisch postuliert und für die Methodologie der Forschung einklagt, nämlich in unreglementierter Erfahrung das begriffslos Einzelne und Partikulare in seiner unaustauschbaren Nichtidentität zu erschließen und von ihm her auf das Wesen oder Strukturgesetz des (gesellschaftlich) Allgemeinen zu stoßen, das ist für Freud der im Detail sitzende »Abhub der Beobachtung«. Auch der analytischen Technik, ihrer unablässigen Verstehensbemühung kommt die Aufgabe rätsellösender Deutungen zu, die die primärprozeßhaften Rätselfiguren — es sei an den Rebus-Charakter des manifesten Traumtextes erinnert — unbewußter Persönlichkeitsanteile entziffert. Diese Deutungen bilden sich in der Anordnung des analytischen Gesprächs, »indem die singulären und versprengten Elemente der Frage solange in verschiedene Anordnungen gebracht werden, bis sie zur Figur zusammenschießen, aus der die Lösung hervorspringt.«[39] Die »Frage« ist der Psychoanalyse freilich die unbewußte Persönlichkeitsstruktur des Individuums, die sich in den verschiedene Anordnungen der Übertragung zu jener Figur verdichten soll, auf deren Verständnis letztlich die Tiefenhermeneutik des szenischen Verstehens zielt.

Daß dieser Bezugsrahmen auch in der dichten Erfahrung des Erstinterviews in nuce beansprucht werden kann, vermag nun dessen Binnenkonzeption zu zeigen. Wenn Adorno die Herstellung von — ohne dies allein im Sinne eines empirisch-experimentellen Forschungsdesigns mißverstehen zu müssen — Versuchsanordnungen als einen Aufbau von Konstellationen und Konfigurationen beschreibt, die den Erkenntnisgegenstand in diesen Konstellationen aufscheinen lassen, dann darf auch des psychoanalytische Erstgespräch als eine solche Versuchsanordnung aufgefaßt werden. Ist »Erkenntnis des Gegenstandes in seiner Konstellation die des Prozesses, den er in sich aufspeichert«,[40] so geht es in den Erstgesprächen darum, daß der Psychoanalytiker sich verschiedene Informationsquellen zunutze macht und diese Quellen szenisch konstelliert.

Bilden dabei die unbewußten Persönlichkeitsanteile und deren Virulenz in den lebensweltlichen Bezügen des Individuums einen zumindest in seinen Umrissen erkennbaren Gegenstand, so konstellieren sich diese Umrisse szenisch im Kontext der elementaren Übertragungs- und Gegenübertragungssituation in der Versuchsanordnung der Erstgespräche. Zu diesen Umrissen gehört der im Gegenstand gespeicherte Prozeß: Lebensgeschichte mit ihren ätiologischen Wurzeln der Neurose und ihrem Triebschicksal. Dabei kann sich diese erfahrungsdichte Begegnung mit einem Fremden, der als solcher zunächst ja doch — so im klinischen — sein subjektives Leiden wie — so im sozialwissenschaftlich orientierten Erstinterview — seine subjektive Erfahrung in seiner Lebenswelt in Rätseln konstelliert, auf folgende Quellen abstützen: »1. die Gefühle des Fremden, 2. seine Inszenierungen (›die szenische Funktion des Ichs‹ [Argelander]), 3. die verbalen Informationen und Äußerungen, 4. die Übertragungs- und Gegenübertragungs-*Konfigurationen*.«[41]

In solchen Konfigurationen kommt vorerst das Indizien-

paradigma zum Tragen; Benz nennt es in bezug auf das Erstgespräch sinngemäß holistisches oder pars-pro-toto-Prinzip:
»Es besagt, daß in jedem Teilstück die wesentlichen Orga-
nisationsmerkmale und Strukturen des Ganzen enthalten
sind. (...) Immer ist es ein Teil (...), der wesentliche Strukturen der ganzen Persönlichkeit und ihrer Psychodynamik
zeigt.« Bereits im Vorfeld des Interviews vermögen »pars-
pro-toto einzelne Elemente der Konfliktneigungen des Gesprächspartners im Leben bzw. in der Art, wie er sich dem
Psychoanalytiker annähert«[42], als minutiöse Indizien wahrgenommen zu werden. Die methodische Einstellung dieser
Wahrnehmung, die prototypisch der gleichschwebenden
Aufmerksamkeit entspricht, ist ein Spurenlesen eigener
Art, das auf eine lange kulturgeschichtliche Tradition zu-
rückblicken darf, in die selbst noch die präanalytische Detek-
tivik eines Monsieur Dupin in Poes Erzählungen eingerückt
werden kann. Worauf schon der Dechiffrierungscode der Jäger gründete, nämlich auf die rhetorische Darstellungsfigur
der Metonymie, die das Ganze lediglich im monadischen
Kern eines Teils andeutet,[43] das nimmt auch die psychoanalytische Einstellung im Erstinterview in Anspruch.
Deren mimetischer Gehalt schöpft dabei aus der Einsicht,
daß — wie Lacans mit Jakobsons Zweiachsentheorie der
Sprache gewonnene Erkenntnis in die metonymische Beschaffenheit der primärprozeßhaften Verschiebung zeigen
konnte — sich Unbewußtes mitunter stets in metonymischen Verschiebungen konfiguriert. Bekanntlich ist die Verschiebung, neben der metaphorischen Qualität der Verdichtung, eine der Gesetzmäßigkeiten des Primärprozesses, die
im Traum, im Symptom, im Setting des Erstgesprächs oder
schließlich in der Dynamik der Übertragungsneurose wirksam ist.
Gerade wenn bereits im Erstgespräch mit einer Übertra-
gungskonstellation gerechnet wird, liegt es auf der Hand,
sich an den beiden grundlegenden Werkmeistern unbewußter Prozesse zu orientieren. Dabei stützt sich der Psychoanalytiker auf das Modell eines Konflikt-Dreiecks, in dem das
Zusammenspiel zwischen abgewehrter Triebkomponente,
Abwehr und Angst formuliert werden kann; dazu gesellt

Sich ein Personen-Dreieck, in dem in der Übertragungsdichte des Erstgesprächs kindliche Beziehungspersonen, Beziehungspersonen in der aktuellen Lebenssituation und der Psychoanalytiker szenisch interagieren. Übertragungsneigungen, in denen sich ein psychischer Grundkonflikt mittels feinster Indizien anzuzeigen vermag, sind als Verschiebungen zu lesen, worin sich die Konfliktstruktur in den emotionalen Regungen des Gesprächspartners auf den Psychoanalytiker überträgt.

Wiederum ist dieser als Erstinterviewer auf das Indizienparadigma angewiesen, wenn es auch freilich einen Funktionswandel erfährt. Zielt bereits das Erstgespräch darauf, zumindest Anzeichen auf »die emotionale Basis eines Konflikts in seinen szenischen Verknüpfungen zu verstehen und erlebbar zu machen«,[44] so ist damit keineswegs gemeint, diese Anzeichen qua Indizien ergäben sich allein aus dem Zusammenspiel zwischen freier Assoziation und gleichschwebender Aufmerksamkeit. Im Gegenteil: Dieses Zusammenspiel ist ohnehin nur idealtypisch zu verstehen, und erst recht kann es im Erstgespräch nur einen beschränkten Raum einnehmen.

Was in der psychoanalytischen Erstinterviewtechnik vielmehr in den Vordergrund rücken muß, das ist eine Kunst des gezielten Fragens. Gewiß sind die Antworten darauf, die »Erzähltexte« des Gesprächspartners, assoziativ, so daß die gleichschwebende Aufmerksamkeit komplementär zu einer Kunst des Zuhörens wird. Beim Erstinterview überwiegt zunächst ein interessiertes Fragen nach Details, macht sich der Interviewer gewissermaßen eine auf dieses spezifische Setting abgewandelte »maieutische Produktivität des sokratischen Dialogs, seine Hebammenkunst des Wortes«[45] zunutze, um den ursprünglichen Gehalt der Dialektik als einer nicht-inquisitorischen Kunst des Fragens zu entfalten. Diese Kunst kann sich ihrerseits auf das Indizienparadigma abstützen, denn das »interessierte Fragen nach möglichst detaillierter Schilderung von Lebensszenen fördert regelmäßig reiches emotionales Material zutage, das ›am Detail‹ klebt und nur mit dem Detail zusammen wieder erinnert und erlebt wird. (...) Das Fragen wird zum Transporteur von Details, die hochbedeutsame Gefühle mit sich füh-ren.«[46] Die analytische Kunst des Fragens vermag bereits in der ersten Interviewstunde zur Erinnerung einer lebens-geschichtlich hochsignifikanten Szene zu führen, die dem Analytiker — freilich für den Fall eines vereinbarten Thera-piebeginns — einen kognitiven Organisator als Orientie-rungsmaßstab für die weitere analytische Arbeit an die Hand gibt.

Fassen wir zusammen: Soweit das Züricher Modell in ei-nem ersten Schritt der Textproduktion die psychoanalyti-sche Interviewmethode in Anspruch nimmt, modifiziert es diese im Zuge einer ins sozialwissenschaftliche Feld verscho-benen Setting-Konstruktion. Sie behält die Kunst des Fra-gens in dem Maße bei, wie sich diese an dem Modell des Kon-flikt- und des Personen-Dreiecks orientiert, darüber hinaus aber ihren Fragehorizont wesentlich erweitert. In dieser Er-weiterung muß sich gerade die sozialwissenschaftliche Di-mension des analytischen Erstinterviews kenntlich machen, muß der soziologische und gesellschaftstheoretische Bil-dungshintergrund des Psychoanalytikers zum Tragen kom-men. Nicht nur fragt er vorsichtig und mit der gebotenen Empathie, wie in jedem klinisch-diagnostischen Erstge-spräch, nach dem sexuellen Erleben und der Sexualanamnese des Gesprächspartners, sondern, beispielsweise, nach Inhalt und Funktion von CAD (Computer Aided Design), mit dem sein Gesprächspartner zu arbeiten hat und das in tech-nologisch hochentwickelten Betrieben zu einem erhebli-chen Rationalisierungsfaktor des Produktionsprozesses geworden ist. Damit sind lediglich zwei Extreme dieses Fra-gehorizonts bezeichnet: subjektive Erfahrung, bis hin zu den sexuellen Erlebens- und Beziehungsformen, auf der einen, subjektive Erfahrung an und mit den objektiven Strukturen der — betrieblichen — Lebenswelt auf der ande-ren Seite.

Wir wollen kurz anhand einer miniaturhaften »Vignette« aus dem vorliegenden Material des Züricher Projekts psychoanaly-tischer Sozialforschung verdeutlichen, in welchem Maße hier die methodologischen Topoi des Indizienparadigmas und der

Totalitätsempirie zur Geltung kommen können. Es geht um die Fehlleistung eines italienischen Gastarbeiters, dem in der Beschreibung seiner Berufstätigkeit statt »Unterhaltsmechaniker« »Unterhalt*ungs*mechaniker« entschlüpft.[47] In der Subtilität dieser Fehlleistung finden wir ein Indiz, das auf die verschiedenen libidinösen und aggressiven Besetzungsenergien verweist, mit denen der junge Mann Gegenstand und Instrument seiner Arbeit versieht und im gleiche Zuge auf der Übertragungsschiene sein personales Umfeld im Betrieb, im besonderen die Beziehung zu seinem Chef, gestaltet.

Die libidinöse und aggressiv angereicherte Symbolqualität, die dem Computer übertragen wird, beinhaltet eine aufschlußreiche Gefühlsambivalenz: Zum einen führt diese auf Figuren des Triebschicksals, auf ein ödipal-adoleszentes Rivalisieren mit dem Vater sowie auf die Abwehr von Verschmelzungswünschen mit einer präödipalen Mutter zurück, zum anderen zeigt sie ein nicht-pathologisches narzißtisches Widerstandspotential, das sich gegen die rationalisierungsgefährdete berufliche Existenz und damit gegen das Selbstgefühl eines angelernten Arbeiters richtet.

Hier kann auch deutlich werden, wie sich Indizienparadigma und Totalitätsempirie ineinander verzahnen. Denn im kleinsten Indiz einer solchen Fehlleistung liegt ein empirisches »Faktum« vor, das im Sinne Adornos zugleich den Blick auf eines der »Strukturgesetze« des Kapitalismus zu werfen erlaubt: auf die Notwendigkeit der Rationalisierung des gesellschaftlichen Arbeitsprozesses zwecks Produktivitätssteigerung im Dienste der Mehrwertproduktion. Das Detail der Fehlleistung enthüllt dem sozialwissenschaftlich versierten Psychoanalytiker, der seine empirischen Fakten und Informationen nicht nur tiefenhermeneutisch gewinnt, sondern stets gleichzeitig vor dem Hintergrund gesellschaftstheoretischer Grundannahmen sichtet, den Blick auf eine Momentaufnahme des gesellschaftlichen Ganzen. Er hält sich dabei an eine Prämisse, die für kritische Sozialforschung gemeinhin gelten darf: »Wie aber verbindliche gesellschaftliche Theorie sich mit Material vollgesogen haben muß, so muß das Faktum, das verarbeitet wird, kraft des Prozesses, der es ergreift, selber bereits auf des gesellschaftliche Ganze transparent sein.«[48]

2. Von der Textproduktion zur Textinterpretation

Ist die Folge von Erstinterviews abgeschlossen, die noch um die unmittelbare Erfahrung des Gesprächspartners, um seine subjektive Erlebniswelt, kreisten, wird der Prozeß der Textproduktion zunächst im Rahmen einer Quasi-Supervision fortgesetzt. Diesen Rahmen bildet die ganze Forschergruppe, der die (beiden) Erstinterviewer ihr gewonnenes Material vortragen. Auch in diesem zweiten forschungslogischen Schritt schmiegt sich das Züricher Modell eng an ein Organisationsmuster psychoanalytischer Ausbildung an. Muß bereits die Einübung in die Technik des Erstinterviews zu einem curricularen Grundpfeiler gezählt werden, so wird nun jene Trias beansprucht, um die herum sich die klinisch-praktische psychoanalytische Ausbildung in ihrem Kern organisiert: Eigene Analyse, Kontrollanalysen (Supervision) und die Teilnahme an kasuistischen Seminaren.

In der vollen Bedeutung dieser Trias heißt dies, daß der Analytiker in seiner unmittelbaren Arbeit mit dem Patienten ein erstes hermeneutisches Feld bildet, in dem die »Erzähltexte« des Patienten zusammen mit den Interpretationen des Analytikers auf der Grundlage der Übertragungs- und Gegenübertragungsdynamik den Gesamttext der analytischen Situation konfigurieren. Subjekt dieses ersten hermeneutischen Feldes ist die Dyade von Analytiker und Analysand. Den Gesamttext dieser Dyade trägt der Analytiker vermittels der Brechung von Erinnerungsprotokollen in die Supervision hinein, die zunächst das Ziel verfolgt, den Verlauf der Analyse im Prisma der Gegenübertragung des Analytikers zu rekonstruieren. Das komplementäre Gegenstück zur Supervision bildet die Diskussion eines Analyseverlaufs im kasuistischen Seminar: Die Analytikergruppe bildet hier ein zweites hermeneutisches Feld, das die eigentliche »Achillesferse der Psychoanalyse als Wissenschaft«[49] ausmacht.

Das Züricher Modell psychoanalytischer Sozialforschung bedient sich dieser Organisationsstruktur der Psychoanalyse als wissenschaftlicher Hermeneutik in folgender, freilich nur auf die verdichtete Erfahrung des Erstinterviews verkürzter Hinsicht: Indem die beiden Erstinterviewer über ihre Gespräche berichten, wechseln sie von einer ersten auf eine zweite hermeneutische Ebene des Forschungsprozesses. Die Forschergruppe übernimmt hier in nuce die Aufgaben der Analytikergruppe im kasuistischen Seminar. Sie gewinnt nicht nur — was schon in den von zwei Analytikern geführten Erstinterviews angelegt ist — einen höheren Grad an Objektivität gegenüber der ersten hermeneutischen Ebene, sondern sichtet das Material in einem ersten Durchgang am Leitfaden von Interpretationen zur unbewußten Persönlichkeitsstruktur und zugleich zur Eingebundenheit von deren Erlebniswelt in die betriebliche Lebenswelt. Dabei bringt die Forschergruppe sowohl ihre psychoanalytische »Sinninterpretationskapazität«[50] wie ihr sozialwissenschaftliches Hintergrundwissen mit seinen Deutungsmustern in Vorschlag. Wichtigstes Instrument des kollektiven Interpretationsprozesses bilden die Gegenübertragungsneigungen der Erstinterviewer, die sich in den Nuancen der Materialpräsentation von der ersten auf die zweite hermeneutische Ebene verschieben.[51] Kraft dieser Verschiebung, in welcher die Unmittelbarkeit des Erstinterviews durch den »Erzähltext« der Erstinterviewer vermittelt und im Prisma der Gegenübertragung gebrochen wird, gewinnt die erste hermeneutische Ebene auf der zweiten erst eigentlich ihre kompakte Textform.

Zur Gerinnung dieser Textform wird der erste Interpretationsdurchgang der Forschergruppe, die also Funktionen der kollektiven Supervision übernimmt und eine sozialwissenschaftliche Miniatur des kasuistischen Seminars ist, in einer unveränderbaren Tonbandaufnahme gesichert. Erst hier liegt schließlich eine Textgestalt in einer so weit objektivierten Form vor, daß an ihr, je nach Akzentuierung im Spektrum sozialwissenschaftlicher Interpretationsmodelle, die Varianten der Textinterpretation von Leithäuser/Volmerg bzw. Lorenzer oder der objektiven Hermeneutik nach Oevermann ansetzen können.

Greifen wir abschließend noch einmal auf Adornos Methodologie der Dechiffrierung als Deutung und Rätsellösung zurück, um diesen Schritt von der Textproduktion zur Textinterpretation zu veranschaulichen. Dieser Schritt läßt sich knapp kennzeichnen: Es geht darum, »Chiffren in einen

Text (zu) verwandeln«,[52] tiefenhermeneutische Erfahrung, die am unmittelbaren szenischen Zusammenspiel mit der Erlebniswelt des Gesprächspartners im Erstinterview ansetzt, in kollektive Texterfahrung übergehen zu lassen. Präzisieren wir: Die Chiffren, von denen Adorno spricht, sind für psychoanalytische Sozialforschung Chiffren des Unbewußten, dessen Wirksamkeit im sozialen Feld — in den Strukturen der Lebenswelt — sie vermittels kleinster Zellen und minutiöser Details in der unbewußten Erlebniswelt von Individuen zu deuten sucht. Wie gezeigt, bildet hierfür das psychoanalytische Erstinterview innerhalb einer sozialwissenschaftlichen Setting-Konstruktion eine vorzügliche Art des Methodentransfers.

Chiffren des Unbewußten sind allemal an Phantasien und Phantasmen gebunden, in welchen sich die Spannbreite unbewußter Erlebniswelt vom Nachttraum über das neurotische Symptom bis zur Übertragung ausgestaltet. Auch das Erstgespräch muß sich vermittels seines szenischen Verstehens durch die Informationen und Erlebnisschilderungen hindurch auf jenen phantasmatischen Kern ausrichten, von dem her ein Individuum seinen Lebensprozeß gestaltet: auf seine, mit Lorenzer gesprochen, unbewußten Lebensentwürfe. Was für die lange Dauer einer therapeutischen Psychoanalyse gilt, darf keimförmig für Orientierung und Interpretation des Erstinterviews in Anspruch genommen werden.

»Die Geburt des Phantasmas, dieses wahrhaftigen Organisators des Unbewußten, ist mit den allerfrühesten Erfahrungen des menschlichen Subjekts verknüpft. In seiner Funktion als Organisator des Unbewußten strukturiert das Phantasma die ganze Persönlichkeit. Es ist in gewisser Weise das Wappen, das *Chiffre-Zeichen des Subjekts,* und seine Entdeckung im Verlauf einer Analyse erhellt dann die Hauptdrehpunkte und -ereignisse im Leben eines jeden, indem sie miteinander wieder in einen Zusammenhang gebracht werden.«[53]

Wenn es psychoanalytischer Sozialforschung gelingt, in den möglichen Feldern ihrer Anwendung einige Chiffren in Text zu verwandeln, in ihm und an ihm die Dechiffrierungsarbeit der Interpretation zu leisten, dann wird sie in dem, was vom einzelnen Subjekt chiffriert werden mußte, Spuren dessen sichern, was gesellschaftlich und geschichtlich vor dem »Gerichtshof der Vernunft« (Kant) nicht mehr verteidigt werden kann.

IV. Verteidigung der Lebenswelt: Die Aktualität normativer Maßstäbe psychoanalytischer Sozialforschung

Der Hinweis auf die insgeheime Koexistenz von Freuds Projekt der Laienanalyse und Horkheimers »interdisziplinärem Materialismus« hat gezeigt, wie die beiden Pfeiler Sozialphilosophie und empirische Sozialforschung die Architektonik einer Theorie des konkreten historischen Verlaufs der gegenwärtigen Epoche stützen. Dürfen Freuds Überlegungen zur Frage der Laienanalyse heute eine ungebrochene Aktualität geltend machen, so ist eine unmittelbare Anknüpfung an Horkheimers frühes Programm schwerlich umstandslos zu leisten. Die Kritische Theorie hat neuerdings einen Gestaltwandel erfahren, der mit Habermas durch das Nadelöhr der linguistischen Wende hindurchgegangen ist und im neuen Paradigma einer Kommunikationstheorie der Gesellschaft die geschichtsphilosophischen und vernunftkritischen Sackgassen in den Denkbewegungen Horkheimers und Adornos zu überbieten vorgibt.

Zwischen dem Projekt des interdisziplinären Materialismus von 1932 und der »Theorie des kommunikativen Handelns« aus dem Jahre 1981 gibt es freilich nicht nur folgenreiche Brüche, sondern weiterhin motivgeschichtliche Kontinuitäten. Horkheimers Absicht, aus der Kooperation sozialwissenschaftlicher Einzeldisziplinen einschließlich der Psychoanalyse den historischen Verlauf der gegenwärtigen Epoche in seiner inneren Entwicklungsdynamik zu begreifen, setzt sich bei Habermas unter verschobenen Vorzeichen in einer Theorie der Moderne durch. Die Theorie der Moderne

»(erklärt) den Typus der heute immer sichtbarer hervortretenden Sozialpathologien mit der Annahme, daß die kommunika-

tiv strukturierten Lebensbereiche den Imperativen verselbstän-
digter, formal organisierter Handlungssysteme unterworfen
werden. Die Theorie des kommunikativen Handelns soll also
eine Konzeptualisierung des gesellschaftlichen Lebenszusam-
menhangs, die auf die Paradoxien der Moderne zugeschnitten
ist, ermöglichen.«[54]

Will die Psychoanalyse den Anschluß an diesen durchaus kri-
tisierbaren, jedenfalls aber unumgänglichen Stand der Gesellschaftstheorie nicht verfehlen, ist von ihr zunächst freilich
ein Rückgang auf ihre eigenen normativen Gehalte gefordert.
Vor deren Explikation weichen Psychoanalytiker immer
wieder, weitgehend zu Recht, zurück, weil in sie stillschweigend gesellschaftliche Normvorstellungen einwandern können, an denen sich psychisches Leid mitunter oftmals gerade
entzündet. Im besonderen stellt sich das Problem der Normativität für die Psychoanalyse in ihrer therapeutischen
Praxis, in welcher sie mit der Formulierung therapeutischer
Ziele konvergiert: Sollen diese mit »Genitalität«, »stabilen
Objektbeziehungen«, Wiederherstellung defekter »Mikrostrukturen des Selbst« usw. umschrieben werden?
   Bei aller Fraglichkeit solcher Formulierungen darf gleichwohl daran erinnert werden, daß Freuds Devise »Wo Es war,
soll Ich werden« in sich bereits zutiefst normativ ist. Entscheidend wird deshalb eine Bestimmung dieses normativen
Gehalts in einer gleichsam neutralisierten Weise, die den je
besonderen klinischen Verlauf des psychoanalytischen Prozesses lediglich in allgemeinster Hinsicht überwölbt. Hierzu
ist allerdings wiederum die sprach- und kommunikations-
theoretische Wende der Psychoanalyse zu bedenken, die erst
sie mit der Theorie des kommunikativen Handelns in einem
gemeinsamen neuen Brennpunkt zu sichten erlaubt.

»Wenn man die normativen Implikationen von Begriffen wie
Ichstärke, Abbau ich-ferner Über-Ich-Anteile, Einschränkung
des Funktionsbereichs unbewußter Abwehrmechanismen
denkt, wird klar, daß auch die Psychoanalyse bestimmte Persön-
lichkeitsstrukturen als vorbildlich auszeichnet. Sobald man die
Psychoanalyse als Sprachanalyse deutet, zeigt sich der nämliche

normative Sinn darin, daß das Strukturmodell von Ich, Es und Über-Ich den Begriff einer zwanglosen, pathologisch nicht verzerrten Kommunikation voraussetzt.«[55]

Diese zunächst dem therapeutischen Prozeß unterlegte normative Folie darf bedenkenlos in die Koordinaten psychoanalytischer Sozialforschung eingezeichnet werden. Dies hat freilich eine Verschiebung des erkenntnismotivierenden Gegensatzes »systematisch verzerrte Kommunikation« versus »unverzerrte Kommunikation« von der Bühne des therapeutischen Geschehens in das Feld psychoanalytischer Sozialforschung zur Folge. Die Frage nach deren normativen Maßstäben ist deshalb in einem ersten Schritt mit dem Rückgriff auf jene Anthropologie der Erkenntnisinteressen zu klären, in der die Psychoanalyse in ihrem klinisch-therapeutischen Gehalt bereits mit den Vorzügen einer Selbstreflexion in Anspruch nehmenden, Emanzipation des Subjekts von seinen undurchschauten Persönlichkeitsanteilen verfolgenden Wissenschaft ausgezeichnet worden ist.

Ein solcher Rückgriff ist nicht zuletzt deshalb angezeigt, weil das Unterfangen, in einer historisch gebrochenen Anknüpfung an Horkheimers ursprüngliches Programm den Verlauf der gegenwärtigen Epoche in einer Theorie der Moderne zu begreifen, sich neuerdings von den Protagonisten der Postmoderne herausgefordert sieht. Dies ist hier nur aus dem Grunde von Bedeutung, weil das Projekt der Postmoderne, soweit es philosophisch durchdacht und argumentativ ernsthaft vorgetragen wird, die Verabschiedung von den drei großen »Meta-Erzählungen« der Moderne postuliert.[56] Dazu gehört der Emanzipationsgedanke, in dessen Wirkungsgeschichte seit der Aufklärung die Psychoanalyse unverkennbar eingerückt ist. Kurz: Indem sich die Psychoanalyse gegenüber diesem Gedanken redefiniert, klärt sie nicht nur ihre normativen Grundlagen, sondern zugleich ihre allgemeine kulturkritische Stellung zwischen den — zuweilen gewiß artifiziell konstruierten — Fronten der Moderne und der Postmoderne.

Schon Habermas mußte das emanzipatorische Erkenntnisinteresse mit einem Vorbehalt einführen: Es kann nicht, im

Gegensatz zu den technischen und praktischen Interessen der empirischen und der historisch-hermeneutischen Wissenschaften, unter Bezugnahme auf anthropologische Invarianten der gesellschaftlichen Reproduktion begründet werden. Es hat einen lediglich abgeleiteten, deshalb auch historisch und gesellschaftlich — jedenfalls utopisch wünschbaren — vergänglichen Status: »Es sichert den Zusammenhang des theoretischen Wissens mit einer Lebenspraxis, d. h. einem ›Gegenstandsbereich‹, der unter Bedingungen *systematisch verzerrter* Kommunikation und einer scheinhaft legitimierten Repression erst entsteht.«[57]

Mit dieser allgemeinen, zunächst für die ganze Psychoanalyse bedeutsamen Umschichtung sind die Voraussetzungen dafür gegeben, den normativen Gehalt einer Lebenspraxis, die sich nicht durch systematisch verzerrte Kommunikation auszeichnete, im Feld psychoanalytischer Sozialforschung zu erörtern. Was es heißt, die Bedingungen einer Lebenspraxis sozialwissenschaftlich zu untersuchen, in der es den Menschen gerade weitgehend vereitelt ist, sich kommunikativ unverzerrt über ihre Interessen und Bedürfnisse zu verständigen, kann mit einem Konzept verdeutlicht werden, das zum Rückgrat der Theorie des kommunikativen Handelns gehört. Es ist die Grundannahme einer »Entkoppelung von System und Lebenswelt«,[58] in deren Folge sich die gesellschaftlichen Krisenerscheinungen und Sozialpathologien zusehends als Pathologien der Lebenswelt durchsetzen.

Seit Husserl den Begriff der Lebenswelt gegen den herrschenden Objektivismus in den Wissenschaften eingeführt hatte, ist darunter im wesentlichen die Art und Weise befaßt, in der die Menschen ihren individuellen und sozialen Lebensprozeß in der alltäglichen Unmittelbarkeit von Vertrautheiten und Gewohnheiten gestalten. Liebe und Sexualität gehören der Lebenswelt ebenso zu wie die vielfältigen Formen der unendlichen Sozialisation, in denen sich die Menschen in den Strukturzusammenhang einer Gesellschaft einfügen und sich dabei gleichzeitig ihre Individualität zu bewahren wissen. Die Lebenswelt bildet ein soziokulturell tradiertes und stets reproduktionsbedürftiges Reservoir, aus dem die Menschen ihre alltagspraktisch notwendigen Situationsdeutungen schöpfen.

Nun sind die Ressourcen der Lebenswelt gewiß ideologieanfällig und demnach mit den Bedingungen systematisch verzerrter Kommunikation angereichert. Zugleich aber werden die verschiedensten Regionen der Lebenswelt über jenen Mechanismus sprachlicher Verständigung koordiniert, der paradoxerweise zum einen gerade Träger von ideologischen Deutungsmustern individueller und sozialer Erfahrung zu werden vermag, zum anderen das vorzügliche Instrument bietet, ideologisch klischierte Interpretationsfolien der Erfahrung aufzulösen. Das in diesem Sinne diskursive Potential unverzerrter sprachlicher Verständigung über individuelle und verallgemeinerungsfähige Interessen und Bedürfnisse gehört im gleichen Maße zur kommunikativen Binnenstruktur der Lebenswelt wie deren Aushöhlung durch Massenmedien und Kulturindustrie, in denen Ideologie in den entwickelten industriellen Gesellschaften vornehmlich transportiert wird. In dieser Hinsicht bemißt sich die Rationalisierung der Lebenswelt daran, wie es ihr gelingt, den diskursiven Gehalt ihrer kommunikativen Binnenstruktur gegen die Kolonialisierung durch weitgehend entsprachlichte (und neuerdings vorwiegend elektronische) Medien zu verteidigen.

Die analytische Sozialpsychologie ist noch mit dem Anspruch angetreten, den Mechanismus dieser Kolonialisierung vermittels der sozialen, und wie wir jetzt sagen können: der Lebensweltagentur der Familie zu begreifen, über welche die sozioökonomischen Erfordernisse gesellschaftlicher Reproduktion in die Triebschicksale der Einzelnen eingreifen. Ohne diesen Anspruch, der heute gewiß den Funktionswandel der bürgerlichen Kleinfamilie zu berücksichtigen hat, preisgeben zu wollen, bietet die Theorie des kommunikativen Handelns ein Erklärungsmodell, das die Kolonialisierung der Lebenswelt unter begrifflich erneuerten Vorzeichen zu denken erlaubt. Es ist dies ein Vorgang, der keineswegs auf die Familie beschränkt bleibt, sondern überall dort am Werk ist, wo die Lebenswelt mit ihrem »Gegengewicht eines *emanzipatorischen Potentials*«[59] den Imperativen einer lediglich funktional vom ökonomischen Wertgesetz gesteuerten gesellschaftlichen Reproduktion verfügbar gemacht werden soll.

Indem die Theorie des kommunikativen Handelns davon ausgeht, »Gesellschaften *gleichzeitig* als System und Lebenswelt zu konzipieren«[60], unterzieht sie zunächst die marxistische Prämisse vom Grundwiderspruch zwischen Arbeit und Kapital einer kritischen Revision. Der historisch konkrete Grundwiderspruch zwischen lebendiger Arbeit und der Verfügungsgewalt über Produktionsmittel wird dieser Revision zufolge evolutionsgeschichtlich von einer Doppelstruktur gesellschaftlicher Integration überwölbt: Die letztlich in der Metainstitution der Sprache vermittelte *Sozialintegration* steht in einem stets labilen Gleichgewicht mit der funktionalen *Systemintegration*. Als deren (wirtschafts-)geschichtliches Vorbild darf weiterhin der von Marx aufgewiesene Selbstverwertungsprozeß des Kapitals gelten, der zwar politischer, juristischer und ökonomischer Repräsentanten bedarf, im Grunde aber als funktional aufgegliederte systemische Subjektivität sich bis hinein in die Parzellen der Lebenswelt durchsetzt.

In den hochentwickelten Industriegesellschaften sowohl des westlichen Kapitalismus wie des bürokratischen Sozialismus hat die Systemintegration schrittweise die lebensweltnahe Sozialintegration verdrängt. Sie setzt sich selbst in jenen Bereichen durch, die einst noch durch den kooperativen Mechanismus sprachlicher Verständigung über die Verallgemeinerungsfähigkeit von Interessen und Bedürfnissen ausgezeichnet waren. Und schließlich scheint sie auch den letzten lebensweltlichen Residualbereich zu kolonialisieren, an den die — vor allem von Adorno und Marcuse vertretene — naturalistische Lesart von Freuds Trieblehre ihre Hoffnung knüpfte: an die Triebwünsche einer »inneren Natur«, die auf die Befriedigungsversprechen einer selbst Sexualität und Liebe ergreifenden Kulturindustrie zwar anspricht, aber gegen die geheime Gewalt jeder Sozialisation letztendlich resistent bleibt.

Für die Psychoanalyse wie eine psychoanalytische Sozialforschung, die sich für Triebschicksale der Menschen als Schicksale ihrer Sinnlichkeit interessieren, muß diese Diagnose nicht zu übersehende Folgen haben: Sie begreifen fortan die Erlebniswelt von Triebschicksalen im Zusammenhang von sozialen Lebenswelten, sie entnehmen ihre »Gegenstände« — von der individuellen Neurose bis zur sozialwissenschaftlichen Untersuchung von Menschen in den Institutionen der gesellschaftlichen Produktion und Reproduktion — letztlich dem Umkreis »systemisch induzierter Lebensweltpathologien.«[61]

Daraus ergeben sich schlüssig Folgerungen hinsichtlich der Frage normativer Maßstäbe psychoanalytischer Sozialforschung. Indem sie systemisch aufgedrängte Pathologien der Lebenswelt bis hinein in die Zellen unbewußter Erlebniswelt aufspürt, erkundet psychoanalytische Sozialforschung in den emanzipatorischen Potentialen der Lebenswelt die Bedingungen der Möglichkeit dafür, daß die Menschen noch Widerstandskerne gegen die Imperative der Systemintegration zu bilden vermögen. Diese Bedingungen sind freilich weitgehend davon abhängig, wie ihnen dies am Leitfaden unverzerrter Kommunikation gelingt und die kollektive Verarbeitung gemeinsamer Erfahrung nach Maßgabe diskursiver Konsensbildung erfolgt. Noch das unverzichtbare Dissensrisiko ist dieser Konsensfindung notwendig unterstellt, wenn kollektives soziales Handeln ohne Preisgabe partikularer und individueller Interessen möglich sein soll.

Freilich: Auch diese Potentiale, die in den Befunden von Lebensweltpathologien durchscheinen, können der psychoanalytischen Sozialforschung allein im Medium ihrer »Texte« als Indizien nachweisbar sein. Diese Indizien verweisen zugleich auf die »Sprachspiele« (Wittgenstein), in denen die Menschen ihre soziale Lebenswelt gestalten. Wie diese im ganzen, so birgt die Mannigfaltigkeit der Sprachspiele im besonderen eine eigentümliche Ambivalenz: Sprachspiele sind im gleichen Maße ideologieanfällig, wie sie das alltagspraktische Medium der Ideologiekritik zu bilden vermögen.

Soweit psychoanalytische Sozialforschung unter methodischen Gesichtspunkten im wesentlichen Textarbeit ist, forscht sie in diesen Befunden »nach den emanzipativen Potentialen in den alltäglichen Sprachspielen, als deren unbewußte gesellschaftliche Struktur sie nun zu begreifen sind, und vermag die Regeln der Interaktionspraxis anzugeben, die eine Verständigung über den verdrängten Sinn der Sprachspiele verhindern.«[62] Sobald sie diese Regeln darzustellen weiß, ist die Aufgabe psychoanalytischer Sozialforschung getan, hat diese ihre normative Setzung eingelöst. Beschreibt sie diese Regeln ihrerseits wieder in den Texten ihrer theoretischen Diskurse, potenziert sich zunächst die hermeneutische Spirale der Textproduktion. Auch sie wird letztlich ihr unhintergehbares »Sein zum Text«[63] nicht durchbrechen können und bleibt gleichsam in der Unabschließbarkeit des hermeneutischen Zirkels befangen.

Die Verständigung über den verdrängten Sinn von Sprachspielen aber, in welchem ihr Erkenntnisinteresse seinen Legitimationsgrund hätte, wird sie nicht eigens leisten können. Sie muß den Menschen überlassen bleiben, auf die sich psychoanalytische Sozialforschung in ihrem vorzüglichen Medium des Erstinterviews einen kurzen Augenblick, oder besser: für den flüchtigen Moment eines geliehenen »dritten Ohres«[64] szenisch verstehend eingelassen hat. Auf die Perspektive solcher Verständigung kann sie nur vertrauen, sie ist ihr nirgendwo mit Gewißheit gegeben. Es scheint, als müsse auch psychoanalytische Sozialforschung ihr Interesse an diskursiver Mündigkeit den fragilen Stützen einer den menschlichen Verständigungshandlungen allseits unterstellten »idealen Sprechsituation«[65] aufruhen lassen. Hierin ist der politisch griffigere »herrschaftsfreie Diskurs« aufbewahrt, der als praktische Hypothese und regulative Idee jedes ihrer Projekte im voraus zur Bescheidung zwingt. An solcher Bescheidung wird sich ebenso ihre Methodologie ihr Maß nehmen müssen.

Anmerkungen

1 Th. W. Adorno, Gesammelte Schriften (GS), Bd. 8, hrsg. v. R. Tiedemann u. a., Frankfurt/M. 1973, S. 545.

2 A. Lorenzer, Tiefenhermeneutische Kulturanalyse, in: Lorenzer, A. (Hg.), Kultur-Analysen. Psychoanalytische Studien zur Kultur, Frankfurt/M. 1986, S. 17.

3 K. Marx, Ökonomisch-Philosophische Manuskripte (1844), MEW Ergänzungsband, Erster Teil, Berlin 1977, S. 538f.

4 P. Ricœur, Hermeneutik und Psychoanalyse, München 1974, S. 112 ff.

5 Th. W. Adorno, Zum Verhältnis von Soziologie und Psychologie, in: Aufsätze zur Gesellschaftstheorie und Methodologie, Frankfurt/M. 1973, S. 10.

6 Ebd.

7 Ebd. S. 57.

8 Vgl. W. Bonß, Psychoanalyse als Wissenschaft und Kritik. Zur Freudrezeption der Kritischen Theorie, in: Bonß, W./ Honneth, A. (Hg.), Sozialforschung als Kritik, Frankfurt/M. 1982, S. 367 ff.

9 A. Krozova/Ch. Schneider, Freuds Kulturtheorie und die Frage der Laienanalyse, in: Belgrad, J. u. a. (Hg.), Zur Idee einer psychoanalytischen Sozialforschung, Frankfurt/M. 1987, S. 93.

10 S. Freud, Nachtrag zur »Frage der Laienanalyse«, Gesammelte Werke Bd. XIV, S. 295.

11 A. Lorenzer, Tiefenhermeneutische Kulturanalyse, a. a. O.

12 S. Freud, Die Frage der Laienanalyse, Gesammelte Werke Bd. XIV, S. 284.

13 Ebd.

14 Ders., Nachtrag zur »Frage der Laienanalyse«, a. a. O., S. 289.

15 A. Krovoza/Ch. Schneider, a. a. O., S. 96.

16 M. Horkheimer, Die gegenwärtige Lage der Sozialphilosophie und die Aufgaben eines Instituts für Sozialforschung, in: Sozialphilosophische Studien, Frankfurt/M. 1972, S. 33 ff.

17 Vgl. W. Bonß/N. Schindler, Kritische Theorie als interdisziplinärer Materialismus, in: Bonß, W./Honneth, A. (Hg.), a. a. O., S. 45 ff.

18 Th. W. Adorno, a. a. O.

19 Vgl. F.-O. Radtke, Hermeneutik und soziologische Forschung, in: Bonß, W./Hartmann, H. (Hg.), Soziale Welt, Sonderband 3, Göttingen 1985, S. 321 ff.

20 Vgl. H. Hartmann, Ich-Psychologie. Studien zur psychoanalytischen Theorie, Stuttgart 1972, S. 33 ff.; S. 55 ff.

21 A. Lorenzer, Über den Gegenstand der Psychoanalyse oder: Sprache und Interaktion, Frankfurt/M. 1973, S. 113.

22 »Während das Verstehen, oder sagen wir genauer: das szenische Verstehen des kritisch-hermeneutischen Operierens im Medium der Sprache sich bewegt und nirgends anders sich bewegen kann, läßt sich die Teilhabe im Übertragungs-Gegenübertragungsspiel direkt auf die Ebene des unmittelbar-lebenspraktischen Zusammenspiels ein. Beides zusammen konstituiert das, was wir *Tiefenhermeneutik* nennen wollen.« (A. Lorenzer, Die Wahrheit der psychoanalytischen Erkenntnis, Frankfurt/M. 1974, S. 139).

23 J. Habermas, Der Universalitätsanspruch der Hermeneutik, in: Apel, K.-O. u. a. (Hg.), Hermeneutik und Ideologiekritik, Frankfurt/M. 1971, S. 158.

24 J. Habermas, Erkenntnis und Interesse, Frankfurt/M. 1973, S. 267.

25 Ebd., S. 278.

26 F.-O. Radtke, a. a. O., S. 321.

27 Ebd.

28 Vgl. H.-G. Soeffner, Interaktion und Interpretation — Überlegungen zu Prämissen des Interpretierens in Sozial- und Literaturwissenschaft, in: ders. (Hg., 1979), Interpretative Verfahren in den Sozial- und Textwissenschaften, Stuttgart 1979, S. 328.

29 Th. W. Adorno, Soziologie und empirische Forschung, in: Aufsätze zur Gesellschaftstheorie und Methodologie, a. a. O., S. 106.

30 Vgl. Th. Leithäuser/B. Volmerg, Anleitung zur empirischen Hermeneutik. Psychoanalytische Textinterpretation als sozialwissenschaftliches Verfahren, Frankfurt/M. 1979; A. Lorenzer, Tiefenhermeneutische Kulturanalyse, a. a. O.

31 Materialer Gehalt und bisher vorliegende Forschungsbefunde des »Züricher Modells« sind in diesem Band eigens dokumentiert. Hierzu gilt es gewiß Abgrenzungen festzuhalten: Zum einen erhebt natürlich auch die Ethnopsychoanalyse Anspruch darauf, ein Modell psychoanalytischer Sozialforschung zu sein. Weil sie aber weder sich ausdrücklich auf eine hermeneutisch ausgewiesene Methodologie bezieht — und zudem oft eine wenig begründete Scheidelinie zwischen »Dialektik« und »Hermeneutik« zieht — noch explizit sich auf das sozialwissenschaftliche Textparadigma stützt, darf die Ethnopsychoanalyse hier mit guten Gründen ausge-

klammert werden. Zum anderen liegen neuerdings Untersuchungsergebnisse einer psychoanalytischen Sozialforschung vor, auf die an dieser Stelle nicht eingegangen werden kann; die Auseinandersetzung mit ihnen drängt sich jedoch allein schon deshalb auf, weil sie im wesentlichen gleiche Forschungsziele wie das »Züricher Modell« mit methodisch leicht verschobenen Akzenten verfolgen: Vgl. B. Volmerg/ E. Senghaas-Knobloch/Th. Leithäuser, Betriebliche Lebenswelt. Eine Sozialpsychologie industrieller Arbeitsverhältnisse, Opladen 1985; neuerdings auch Th. Leithäuser/ K. Schütt, Homo faber als Patient? Ein Projektbericht, Manuskript, Universität Bremen 1988; schließlich K. Brede/ R. Schweikart/M. Zeul, Subjektivität als psychologische Dimension betrieblich abhängiger Arbeit. Abschlußbericht über das Forschungsprojekt »Erlebniswelten von Individuen unter Bedingungen betrieblich abhängiger Arbeit«, Manuskript, Hamburg/Frankfurt/M. 1988. Ein Kondensat dieses Forschungsunternehmens ist in diesem Band im Beitrag von Karola Brede enthalten.

32 Vgl. W. Bonß, Empirie und Dechiffrierung von Wirklichkeit. Zur Methodologie bei Adorno, in: von Friedeburg, L./Habermas, J. (Hg.), Adorno-Konferenz, Frankfurt/M. 1983, S. 201 ff.; dazu: J. Ritsert, Indizienparadigma und Totalitätsempirie. Kommentar zu einigen Thesen Adornos über das Verhältnis von Theorie und empirischer Sozialforschung, ebd., S. 226 ff.

33 Ich beziehe mich auf E. Modena, Diskussionsbeitrag an der Tagung »Psychoanalytische Sozialforschung — forschungslogische und forschungspraktische Probleme«, Manuskript, Sigmund-Freud-Institut Frankfurt/M., 25./26. 6. 1988.

34 Vgl. etwa H. Dahmer, Die eingeschüchterte Psychoanalyse. Aufgaben eines psychoanalytischen Forschungsinstituts heute, in: Lohmann, H.-M. (Hg.), Das Unbehagen in der Psychoanalyse. Eine Streitschrift, Frankfurt/M. und Paris, 1983, S. 24 ff.

35 Vgl. H. Argelander, Das Erstinterview in der Psychotherapie, Darmstadt 1970; neuerdings: A. Benz, Augenblicke verändern mehr als die Zeit. Das psychoanalytische Interview als erster Eindruck von Therapeut und Gesprächspartner, in: Psyche, 42. Jg., 1988, S. 577 ff.

36 Th. W. Adorno, a. a. O., S. 335.

37 Ebd., S. 325.

38 S. Freud, Der Moses des Michelangelo, Gesammelte Werke Bd. X, S. 185; hierzu: C. Ginzburg, Spurensicherungen. Über verborgene Geschichte, Kunst und soziales Gedächtnis, München 1988, S. 82 ff.

39 Th. W. Adorno, a. a. O., S. 335.

40 Ders., GS 6, a. a. O. S. 165 f.

41 A. Benz, a. a. O., S. 578. Hervorhebung von mir — R. H.

42 Ebd., S. 579 f.

43 »Alle rhetorischen Figuren, auf denen noch heute der Dechiffrierungscode der Jäger beruht — der Teil für das Ganze, die Wirkung für die Ursachen — (können) auf die prosaische Achse der Metonymie zurückgeführt werden (lediglich die Metapher fällt nicht hierunter).« (C. Ginzburg, a. a. O., S. 88 f.)

44 A. Benz, a. a. O., S. 588.

45 Vgl. H.-G. Gadamer, Wahrheit und Methode, Tübingen 1975, S. 350.

46 A. Benz, a. a. O., S. 592.

47 Wir verweisen hier wiederum auf das Untersuchungsmaterial des Züricher Modells in diesem Band.

48 Th. W. Adorno, Soziologische Exkurse, Frankfurt/M. 1974, S. 96.

49 Vgl. A. Lorenzer, Die Wahrheit der psychoanalytischen Erkenntnis, a. a. O., S. 167.

50 Nach Oevermann u. a. zeichnet sich »Sinninterpretationskapazität« allgemein durch das Vermögen aus, latente Sinnstrukturen in Interaktionen zu realisieren. Vgl. U. Oevermann u. a., Die Methodologie einer »objektiven Hermeneutik« und ihre allgemeine forschungslogische Bedeutung in den Sozialwissenschaften, in: Söffner, H.-G. (Hg.), a. a. O., S. 384 ff.

51 Durch diese Gewichtung der Gegenübertragungsanalyse als Erkenntnisinstrument sui generis nimmt das Züricher Modell eine Forderung an die Methodologie in den Sozialwissenschaften wahr, die eindringlich von Devereux vorgetragen wurde. Vgl. G. Devereux, Angst und Methode in den Verhaltenswissenschaften, Frankfurt/M./Berlin/Wien 1976.

52 Th. W. Adorno, GS 1, a. a. O., S. 334.

53 L. Israël, Die unerhörte Botschaft der Hysterie, München/Basel 1983, S. 250 f. Hervorhebung von mir — R. H.

54 Vgl. J. Habermas, Theorie des kommunikativen Handelns, Bd. 1, Frankfurt/M. 1981, S. 8.

55 Ders., Zur Rekonstruktion des Historischen Materialismus, Frankfurt/M. 1976, S. 64.

56 Vgl. J.-F. Lyotard, Das postmoderne Wissen. Ein Bericht, Graz/Wien 1986. Dazu die umfassende Studie von W. Welsch, Unsere postmoderne Moderne, Weinheim 1987.

57 J. Habermas, Erkenntnis und Interesse, a. a. O., S. 400.

58 Ders., Theorie des kommunikativen Handelns, Bd. 2, a. a. O., S. 229 ff.

59 Ebd., S. 573.

60 Ebd., S. 180.

61 Ebd., S. 293.

62 Th. Leithäuser/B. Volmerg, Anleitung zur empirischen Hermeneutik, a. a. O., S. 183.

63 Vgl. O. Marquard, Frage nach der Frage, auf die die Hermeneutik die Antwort ist, in: Abschied vom Prinzipiellen, Stuttgart 1981, S. 130.

64 Vgl. die Bezugnahme auf Theodor Reiks prägende Metapher Th. Leithäuser, Psychoanalyse in der Sozialforschung, in: Lohmann, H.-M. (Hg.), Die Psychoanalyse auf der Couch, Frankfurt/M./Paris 1984, S. 95.

65 Vgl. zu Habermas' Entwurf der idealen Sprechsituation: Vorstudien und Ergänzungen zur Theorie des kommunikativen Handelns, Frankfurt/M. 1984, S. 118 ff.

Stiftung für Psychotherapie
und Psychoanalyse, Zürich

Zur Frage des Bewußtseins von Arbeitern und
Angestellten in der Mikroelektronik-Industrie

Ein Werkstattbericht von Heini Bader, Stefan Dietrich,
Emilio Modena und Katharina Petersen

Stefan Dietrich
Vom Fabriktor zum Labyrinth des Chips

Geschichte, Methode und Praxis der Untersuchung

Einleitung

Seit es Arbeiterorganisationen gibt, wurde von ihnen immer wieder zu verstehen versucht, was denn eigentlich im Kopf und im Herz einer Arbeiterin oder eines Arbeiters vorgeht, warum sie sich oft nicht so verhalten, wie sie es gemäß der marxistischen Theorie eigentlich sollten. Auch die Mitglieder der Projektgruppe haben diesbezüglich ihre Erfahrungen gemacht, sei es in ihrer Arbeit oder in politischer und gewerkschaftlicher Tätigkeit, nicht zuletzt in der 68er Bewegung.

Im Umfeld des »Psychoanalytischen Seminars Zürich« (PSZ), das sich seit dem Beginn der siebziger Jahre um den Einbezug der Gesellschaftstheorie in die Freudsche Psychoanalyse bemüht, stellte sich schon damals zwingend die Frage, was die Psychoanalyse denn zur Klärung des »subjektiven Faktors« beizutragen habe; dies nicht zuletzt unter dem Eindruck der Arbeiten von Fritz Morgenthaler, Goldy Parin-Matthèy und Paul Parin, die mit ihren Forschungen bei afrikanischen Völkern bereits erfolgreich eine psychoanalytische Untersuchungsmethode angewandt hatten.[1]

Die 1979 gegründete »Stiftung für Psychotherapie und Psychoanalyse« wollte den bis dahin bezüglich des psychotherapeutischen Angebots benachteiligten Arbeitern und Angestellten zu angemessenen therapeutischen Möglichkeiten verhelfen. Zumindest gleichwertig wurde von Beginn an das Ziel verfolgt, die wissenschaftliche Diskussion über die Erfahrungen mit den proletarischen Analysanden und Patienten neu zu initiieren. Zusammen mit Soziologen, Juristen, Ethnologen und Historikern (und selbstverständlich Berufskollegen) wurden Gesprächsabende veranstaltet, die ergaben, daß Biographien, Sozialisation, Verarbeitung der Informationen des täglichen Lebens, Kommunikationsmuster, Ängste vor den Psychiatern und Psychologen usw. bei Arbeitern und Angestellten offenbar spezifisch anders waren als bei uns mittelständischen Intellektuellen. Aber wie anders? In der psychoanalytischen Behandlung unterschieden sie sich nämlich nur unwesentlich von Angehörigen anderer Schichten. Wir beschlossen darum, ein eigenes Forschungsprojekt an die Hand zu nehmen.

Der Frage, wie Arbeiter und Angestellte die täglichen Begebenheiten mit ihrer Haltung und ihrer Überzeugung verbinden, legten wir ein Konzept von Alltagsbewußtsein und Klassenbewußtsein zugrunde, in dessen Spannungsfeld wir die Positionen und Verarbeitungsmechanismen der Betroffenen untersuchen wollten.

Das *Alltagsbewußtsein* verstehen wir nach Leithäuser und Volmerg folgendermaßen: »Der Begriff des Alltagsbewußtseins kennzeichnet in kritischer Absicht das gesellschaftliche Bewußtsein, das in den unmittelbaren alltäglichen Verhältnissen befangen ist. Das Alltagsbewußtsein hat die Tendenz, den Status quo der gesellschaftlichen Verhältnisse als natürlich anzusehen. So ist es empfänglich für Ideologien.«[2]

Das *Klassenbewußtsein* fassen wir mit Wilhelm Reich: »Als Elemente des Klassenbewußtseins kann alles angesehen werden, was der bürgerlichen Ordnung widerspricht, was Keime der Auflehnung enthält; als Hemmung des Klassenbewußtseins dagegen alles, was an die bürgerliche Ordnung bindet, sie stützt und festigt.«[3]

Geschichte des Projektes/Methode[4]

Angeregt auch durch die Arbeiten von Klaus Horn[5] vom »Sigmund Freud Institut« in Frankfurt (SFI), der neben anderen in Wiederaufnahme der Tradition der »Frankfurter Schule« die Notwendigkeit der Psychoanalyse als neues Paradigma der Sozialpsychologie postulierte und damit arbeitete, beschlossen wir, grundsätzlich mit unserer psychoanalytischen Methode vorzugehen.

Wir benutzten dabei die Erstinterview-Technik, die im Rahmen der Ausbildung am PSZ entwickelt worden war. Die Kernpunkte bestanden darin, daß ein Hilfesuchender von einem ersten und dann von einem zweiten Analytiker interviewt wurde und diese zwei anschließend in einer festen Gruppe von Analytikern ihre Gespräche referierten. Die Gruppe stellte gemeinsam die Indikation und half bei der Suche nach einem Analyse- oder Therapieplatz. Wir beschlossen, dieses Setting beizubehalten (vgl. »Einschub zum praktischen Vorgehen«), wobei die Gespräche (in der Voruntersuchung) in den jeweiligen Sprechzimmern der Analytiker in der Stiftung stattfinden und nicht elektronisch aufgezeichnet werden sollten. Die Beteiligten schwiegen über ihre Gespräche bis zur Sitzung aller Interviewer.

Im Gegensatz zu den Untersuchungen am SFI (vgl. Anm. 6) oder den Arbeiten der Bremer Leithäuser, Volmerg et al. (vgl. Anm. 8) wollten wir die sozialpsychologische Fragestellung von Anfang an mit unserer psychoanalytischen Methode angehen. Ergänzend dazu wollten wir aber auch nötigenfalls Daten zum konkreten Arbeitsplatz und der Einschätzung des Betriebes erfragen, analog der »Materialsammlung« im analytischen Erstinterview. Wir hofften, dadurch auch zu soziologisch relevanten Angaben zu kommen.

Weder wollten wir wie Klaus Horn nicht psychoanalytisch geschulte Soziologen supervidieren, noch die Befragungen wie Karola Brede et al.[6] von einem Soziologen und einem Analytiker getrennt durchführen lassen, aber auch nicht das Material mit einer anderen psychologischen Methode erheben und erst dann analytisch interpretieren wie Leithäuser und Volmerg et al.[7] Uns lag daran, schon von Beginn an die Äußerungen des Unbewußten des Interviewten, die Übertragung und Gegenübertragung zu beobachten und ins Material einzubeziehen. Von daher ist auch verständlich, daß unsere Transskripte neben den Fakten auch die emotionalen, unbewußten Manifestationen beider am Gespräch Beteiligten enthalten.

1981 begannen wir eine Pilotstudie in der Metallindustrie. Das erste Problem war, an die Probanden heranzukommen, da wir aus »naheliegenden Gründen« nicht über die Firmenleitung einsteigen wollten. Die Idee, in einer Betriebszeitung ein Inserat laufen zu lassen, scheiterte an den Redaktionen der Organe. Ein Inserat in der Boulevardzeitung »Blick«[8] wollten wir nicht, da wir allzu viele unbekannte Parameter befürchteten. Nach längerem Hin und Her entschlossen wir uns, wie in guten alten Zeiten, zu einer Flugblattaktion vor den Toren zweier großer Metallverarbeiter in Zürich (Escher-Wyss, Zahnrad Maag). Wir verteilten rund dreihundert Flugblätter, auf welchen wir uns als Gruppe von sozialwissenschaftlich interessierten Psychotherapeuten vorstellten, welche die Auswirkungen der neuen Produktionstechniken auf die Arbeiter untersuchen wollten. Wir baten die Empfänger, sich für drei Interviews zur Verfügung zu stellen.[9] Verhängnisvoll war, daß wir durch die Blume versprachen, die Befragten sozusagen am Entstehen einer Publikation zu beteiligen. Dieses implizite Versprechen und unser Psychotherapeuten-Status haben Erwartungshaltungen provoziert, die wir nicht befriedigen konnten und die zu Enttäuschungsreaktionen führten, was wir allerdings erst später merkten.[10] Vorerst meldeten sich telefonisch fünf Männer, von denen vier mitmachten.

Nach Abschluß der Interviews zwangen uns die Fehler in unserer Interviewtechnik, das zeitweise allzu stark gruppendynamisch geprägte Gespräch der Interviewer, die durch das Vorgehen verursachte Auswahl der Probanden, die durchweg Randständige im Betrieb waren, und nicht zuletzt die geringe Anzahl von Metallarbeitern zum Nachdenken.

In Zusammenarbeit mit Thomas Leithäuser und Birgit Volmerg und auch auf dem Hintergrund ihrer Erfahrungen bei der Arbeit in Betrieben revidierten wir unsere Interviewtechnik und beschlossen, strukturierter nach den nicht-»analytischen« Themen »Betrieb, Hierarchie, konkrete Tätigkeit« zu fragen. Mit dem Problem, wie an die Probanden heranzukommen sei, damit sich erstens mehr melden würden und zweitens keine Selektion nach irgendwelchen Wohlverhaltenskriterien stattfände, kamen wir allerdings weiterhin nicht zu Rande. Ein befreundeter Ingenieur, der beim SMUV[11] in einer nebenamtlichen Funktionärsstellung tätig war, ein Genosse, hätte uns zwar über die Betriebsobmänner

Adressen beschaffen können, doch hätte die Auswahl damit auch in deren Händen gelegen, was wir unsererseits ja gerade vermeiden wollten. Zudem war uns die Vorstellung nicht genehm, nur Gewerkschaftler, u. U. nur »gute« SMUV-Leute zu befragen. Wir waren eine Zeitlang ratlos und wälzten Möglichkeiten, über Bekannte in einen Betrieb zu kommen: z. B. hatte H. Bader in der »Sulzer«[12] gearbeitet, einer kannte einen ehemaligen Werkzeugmechaniker der »Maag« usw.

In Gesprächen mit Leithäuser und Volmerg kamen wir überein, daß trotz unserer Bedenken ein Zugang über eine Betriebsleitung zu suchen sei. Unsere Befürchtungen, daß die Firma ihr genehme, von ihrer Sicht aus »positive« Probanden stellen werde, die umgekehrt zu den obenerwähnten Außenseitern ein verfälschtes Bild zeichnen würden, da sie uns als mit der Betriebsleitung unter einer Decke steckend beurteilen müßten, nahmen wir als Parameter der Untersuchung von »Normalarbeitern« in Kauf.

Bei mangelndem Kontakt zu Chefs, Kaderleuten und Arbeiterkantinen ist offenbar doch das bekannte Quentchen Glück notwendig. E. Modena erinnerte sich eines Bekannten, der Entwicklungsingenieur bei einer Chips-Firma war. Besagter X. erklärte sich nach einem Gespräch mit der Befragergruppe einverstanden, den Kontakt zu C., dem Direktor des Betriebs, herzustellen. Es stellte sich auch noch heraus, daß Herr C. und E. Modena sich flüchtig kannten. Wir beschlossen, die sich bietende Möglichkeit einmal zu sondieren. Ein erstes Telefonat mit Herrn C., der grünes Licht gab, kam zustande, so daß wir einen Termin mit Herrn P., dem Personalchef der Chips-Firma, vereinbaren konnten.

Der erste persönliche Kontakt

Zum abgemachten Zeitpunkt, es war 1985 an einem eher warmen und sonnigen Tag im Juni, trafen sich E. Modena und S. Dietrich vor dem Betrieb in einem Züricher Industriegebiet. Das etwa hundert Meter lange, fünf- oder sechsstöckige Büro- und Werkgebäude stand klotzig zwischen anderen Zeugen der Betoneuphorie eingeklemmt und hatte den

Charme eines Bunkers. Zwar stand nicht über der Türe »Ihr, die Ihr hier eintretet, laßt alle Hoffnung fahren!«, doch ein Hauch davon über uns — wir traten ein.

Innen kein dem Gewicht der Firma angemessen großer Empfangsraum. Dafür zwei gediegene Ledersessel und ein ebensolches Sofa, an den Wänden Holzverkleidung und als Wandschmuck, was wir erst später sozusagen entziffern konnten, Großvergrößerungen der Schaltschemen eines Chips. In einem Minimalstbüro mit Guichet die zwei Empfangsdamen — alert, wie's dem Betrieb entspricht, über unser Treffen bereits informiert, ein kurzer Anruf: »Herr P. kommt gleich!«

Während der Wartezeit erschienen oder verschwanden durch eine Tür, die nur mit einem Patch oder Schlüssel geöffnet werden kann, verschiedene junge, dynamische, geschäftige Männer. Nach wenigen Minuten kam Herr P., ein eher kleiner, konservativ korrekt gekleideter Mittfünfziger. Er führte uns nach der Begrüßung durch den Patch-Eingang — für ihn eine Alltäglichkeit. Ein enger und kurzer Gang, der hinten noch weiterführte, dann eine Lifttüre. Wir fuhren in ein oberes Stockwerk, wo Herr P. uns vorausging, durch, wie es uns schien, labyrinthisch verschachtelte Gänge, die meisten eng, wenn breiter, den Wänden entlang mit technischen Einrichtungen unverständlichen Gebrauchs verstellt. In zügigem Tempo marschierten wir vorwärts, so daß kaum Zeit zum Betrachten der Umgebung blieb. Immerhin: wenige Männer, die Mechaniker zu sein oder in der Hauswartung zu arbeiten schienen — etwas mehr, vor allem jüngere Ausländerinnen in roten Arbeitsschürzen, die scheinbar dem Dolcefarniente huldigten — eine ebenfalls ausländische Putzfrau, ihr servierboyartiges Putzmobil mit den bekannten Utensilien vor sich herschiebend — durch eine offene Tür ein schmuckloses, kleines und kahles Büro — wir haben den Eindruck, daß nirgends Raum ist, alles bis zur letzten Ecke genutzt, wenn nicht übernutzt ist — und dann wieder Gänge mit den allgegenwärtigen Türen und Winkeln — wir befanden uns wahrscheinlich bereits in einem anderen Stadtteil — noch eine Türe, noch ein Gang — und die annähernd kafkaeske Reise war beendet. Herr P. öffnete eine Bürotür

222

und eine gediegene, kühle Chefetagen-Atmosphäre enthob uns dem Reiseerlebnis. Allerdings: Auch hier die Enge. Kein kleinerer Saal des Personalchefs, sondern ein Zimmerchen, in dem alles eben gerade Platz fand; ein Stuhl mehr hätte die Wege blockiert.

Unser Gesprächspartner war höflich, aber auch undurchdringlich. Im Laufe des Gesprächs gewannen wir den Eindruck, daß er recht frustriert sei, weil der Direktor uns grünes Licht für die Untersuchung gegeben hatte. Zumindest wollte er — und hatte sich das schon zurechtgelegt — die Auswahl der Probanden selber vornehmen. Er dachte daran, in einem Zufallsverfahren diese aus der Personalkartei auszuziehen, sie bezüglich sprachlicher Tauglichkeit — wegen der vielen Ausländer — zu filtrieren und uns die verwendbaren zuzuweisen, resp. ihnen freizustellen, ob sie an der Untersuchung teilnehmen wollten oder nicht. Er war bereit, dies solange zu machen, bis wir unsere rund zwanzig Mitarbeiter hätten. Wir erklärten und damit nach kurzem Bedenken einverstanden, denn wir dachten einerseits, die dadurch eingehandelten Parameter zu kennen, andererseits konnten wir mit einer genügenden Zahl von Probanden rechnen. Die mitgebrachte Literatur nahm Herr P. dankend an.[13] Gegen Ende des Gesprächs wies er unerwartet auf unsere Handgelenke. Zufälligerweise trugen wir beide ein buntgewobenes, mexikanisches Stoffbändchen. Ob das etwas zu bedeuten habe, ob das ein Geheimbund sei, fragte er halb lächelnd. Wir beruhigten ihn, es sei Zufall, womit er sich zufrieden zu geben schien.[14]

Wir verabschiedeten uns und wollten gehen und unseren Weg durch den Irrgarten antreten. Herr P. bestand recht bestimmt darauf, uns selber wieder zurückzubringen.

Auf dem Rückweg fehlten die rotbeschürzten Frauen in den Gängen. Bei der für Fremde nicht passierbaren Türe angelangt, öffnete sie Herr P., verabschiedete uns und kehrte zurück. Draußen schien die Sonne — im Hause selber waren alle Gänge neonbeleuchtet.

Bei der Mitarbeiterkommission

Im Gespräch mit Herrn P. hatten wir vereinbart, daß wir Ende August 1985 an einer Sitzung der Mitarbeiterkommission — MK — teilnehmen würden, da die Betriebsleitung in einer das Personal betreffenden Frage die MK begrüßen muß.

Bei unserem Erscheinen im Betrieb das gleiche Procedere. Nur holte uns diesmal der Präsident der MK ab, ein junger, quirliger Jeansträger, der sich mit uns sofort unterhielt, Dinge erklärte und auch an der Untersuchung interessiert schien.

Bevor wir ins Sitzungszimmer eintreten konnten, mußten wir uns noch einige Minuten gedulden, da man noch nicht am fraglichen Traktandum angelangt war. Wir warteten im Gang. Wieder die ausländischen Frauen! Aber jetzt, da wir Zeit hatten und umherstanden, wurde eine andere Atmosphäre spürbar. Eine hielt ihren Imbiß in der Hand, sprach mit einer Kollegin in einer unverständlichen Sprache und schielte mehr oder weniger unauffällig zu uns hinüber. Eine holte sich einen Kaffee vom Automaten und musterte uns ganz offen, während die Brühe in den Kartonbecher lief. Es war Arbeitspause. Nichts von Fließbandhektik, sondern soziale Kontakte, Plaudern und die Fremden beäugen. Über allem lag eine leise prickelnde, erotisierte Stimmung. Tauchte eine wahrscheinlich im Büro arbeitende Frau auf, gehörte sie nicht dazu und wollte das demonstrativ auch nicht. Eine andere Welt stöckelte vorbei an der spürbar vitalen Präsenz der Ausländerinnen.

Im Sitzungszimmer saßen Herr C., der Chef, Herr P., der Personalchef und die rund zwölf Mitglieder der Mitarbeiterkommission, alle zwischen 25 und Ende fünfzig, keine Frau. Wir waren in die erste Sitzung der neu gewählten MK geraten, in deren erster Hälfte jeweils auch die Betriebsleitung anwesend ist. Nachdem wir uns, die Stiftung und das Projekt vorgestellt hatten, begannen die Anwesenden, anfänglich zögernd, zu fragen. Wer gibt das Geld für die Stiftung — was haben die Probanden von der Untersuchung — warum keine Fragebogen — was ist denn das Interesse der Untersucher — warum keine Ausländer (was ursprünglich wegen der differenten Sozialisation von uns vorgesehen war)? Einer, er saß hinten an der Ecke des Tisches und beteiligte sich später an der Untersuchung, fragte, wie vertraulich das Material behandelt würde. Damit stellte er das Vorgehen des Personalchefs in Frage und traf ins Schwarze. Zwei, drei andere hakten nach, und Herr P. mußte sein geplantes Vorgehen bei der Auswahl verteidigen. Die Angst, wir könnten irgend etwas durchsickern lassen, die Firmenleitung könnte irgendwie von etwas Wind bekommen, wurde spürbar. Da griff Herr C., ganz Chef, ein und sagte, daß es wohl am besten sei, wenn die MK alles selber an die Hand nähme und die Firmenleitung sich heraushalte und nichts erfahre. Zustimmung von rundum, außer von P., der leicht frustriert zu schweigen schien. Man legte administratives Vorgehen fest, bestimmte einen Kontaktmann zu uns, und wir verabschiedeten uns und bedankten uns auch für den Kaffee. Wie wir gehen wollten, bat uns Herr C. noch in sein Büro, ein gar nicht direktorales Zimmer, ebenso schmucklos und klein wie die anderen. Er begann ein rund fünfminütiges Gespräch, in welchem nichts Neues gesagt wurde und dessen Sinn wir auf Anhieb nicht verstanden; im nachhinein wurde uns klar, daß Herr C. die »Untersucher« seines Betriebes kennenlernen wollte — immerhin sollten wir ja seine Mitarbeiter befragen. Nachdem er uns seinerseits verabschiedet hatte, führte uns Herr P. so kühl und undurchschaubar wie beim ersten Gespräch wieder nach unten. Im Lift bemerkte einer von uns im Scherz, wir würden vielleicht, wenn wir alleine nach unten gingen, noch in den Keller gelangen, wo die Tresore wären. Herr P. lächelte und meinte, ja, dort lägen die Originalcomputerdaten der Produktion.

Zum praktischen Vorgehen

Wie wir versucht haben, an die verborgenen Originaldaten, ans Unbewußte und ans Alltagsbewußtsein, die Verbindung von hochtechnisierter Arbeit und Persönlichkeit heranzukommen, soll hier kurz erläutert werden.

Wir haben diejenigen, die über unseren Verbindungsmann Interesse angemeldet hatten, im Betrieb zu einer Sitzung getroffen. Einmal die Angehörigen des mittleren Kaders, einmal die »Direkten«, d. h. die unmittelbar in der Produktion Arbeitenden. Dabei haben wir unser Projekt, das Vorgehen und die Methode nochmals erläutert. Wir haben erklärt, daß wir die wechselseitige Wirkung von Privat- und Arbeitswelt untersuchen möchten und uns neben den ihnen bewußten Erlebnissen vor allem das interessiere, was unbewußt sei. Dabei haben wir auch zu erklären versucht, was das Unbewußte ist.

Wir verteilten anschließend Anmeldetalons mit den nötigsten administrativen Angaben. Die Interessierten mußten sich damit bei uns anmelden. Über sie und ihr Gewand haben wir hernach nicht den Würfel geworfen, aber jedem in einem Zufallsverfahren zwei Interviewer zugewiesen. Der erste von ihnen nahm mit dem betreffenden Kontakt auf und vereinbarte zwei Sitzungen zu je fünfzig Minuten, die in der Regel im Sitzungszimmer der Stiftung stattfanden. Der zweite Interviewer nahm erst dann mit dem Probanden Kontakt auf und vereinbarte eine dritte Sitzung. Während der Interviews wurde nicht elektronisch aufgezeichnet; die Interviewer unterhielten sich nicht miteinander über die Gespräche.

Nach diesen drei Sitzungen fand dann meistens am folgenden Samstagmorgen eine Sitzung aller Interviewer statt, an welcher die zwei aktiven referierten. Diese Sitzungen wurden auf Band aufgenommen, dauerten eineinhalb Stunden und wurden schriftdeutsch geführt, da es sich gezeigt hatte, daß das Schweizerdeutsche zu schnell und daher zu mißverständlich gesprochen wurde und sich so nur schlecht schriftlich festhalten ließ. Zusätzlich war eine Auswertung von schweizerdeutschen Transskripten später auf Mundart Sprechende beschränkt. Diese Transskripte, etwa dreißig Seiten pro Proband, sind unser Material, das wir in der so fixierten Form psychoanalytisch-tiefenhermeneutisch interpretieren.[15]

Die Interaktion mit dem Betrieb

Außer den oben geschilderten Kontakten zur Firma, der Mitarbeiterkommission (MK) und der Betriebsleitung hatten wir während und nach den Interviews weiterhin verschiedene Kontakte zur MK und auch zu einer ersten Probandengruppe.

Für die Suche unserer Interviewpartner stellte uns die MK einen selber an der Mitarbeit interessierten Verbindungsmann, da der Präsident sich nicht engagieren wollte. Unser Mann, nennen wir ihn Herr V., ermöglichte uns eine Betriebsbesichtigung, bei welcher wir außer der Diffusionsabteilung alles sahen. Das Herzstück »Diffusion« blieb uns wegen der extrem geringen Kontaminationslimite verschlossen — man erwog damals, keine Raucherinnen und Raucher mehr einzustellen, weil eine halbe Stunde nach dem Inhalieren noch Rauchpartikel ausgeatmet werden und dadurch die Pausenzigarette eine Verunreinigungsquelle ist.

Herr V., der sich auch selbst für die Interviews anmeldete, gab uns im Laufe der Untersuchung in zweifacher Hinsicht Probleme auf:

Erstens neigte er dazu, den Kontakt mit Probanden zu monopolisieren, indem er, was wir erst spät in der Arbeit am Material feststellen konnten, wahrscheinlich selektionierte und nicht ganz Willige verdeckt unter Druck setzte. Seine Position zwischen uns und den Probanden entsprach auch sehr genau seiner Stellung im Betrieb, in dem er als Verbindungsmann zwischen der Entwicklung und der Produktion wirkte. Genau genommen hatte er sich diese Funktion, wie er berichtete, »selber geschaffen«.

Zweitens vertrat Herr V. von Beginn an und unbeirrbar durch uns die Ansicht, daß unsere Untersuchung den Zweck habe, den Leuten »die Angst vor dem Computer« zu nehmen. Eine Gruppe von Probanden präsentierte er uns mit den Worten: »So, hier sind die Leute, die keine Angst vor dem Computer haben!« Wahrscheinlich hoffte er, wir würden diesen ihr Geheimnis entlocken und es anderen einpflanzen. Pikanterweise tauchte diese Meinung aber das erste Mal beim obersten Chef in der Sitzung mit der MK auf. War Herr V. »his master's voice«? Zumindest führte er uns in dieser Haltung durch »seinen« Betrieb, links und rechts gleich einem Grandseigneur grüßend, kleine An- und Zurechtweisungen gebend. Uns Greenhorns erklärte er leutselig den Aufbau und die Produktion der IC, nicht aber der Hybridschaltungen[16], welche nicht in seiner Abteilung entworfen und produziert wurden.

Als wir eine Gruppe von Leuten, vorwiegend aus dem unteren und mittleren Kader, beisammen hatten, aber nicht an die Arbeiterinnen und Arbeiter in der Produktion, die »Direkten«, herangekommen waren, schlug Herr V. uns vor, die Sache erst einmal auf sich beruhen zu lassen und drei oder vier Monate später nochmals einen Anlauf zu nehmen.

Während der Interviews mit der ersten Gruppe, die vom September bis Dezember 1985 stattfanden, erkrankte Herr V., und der Präsident der MK übernahm nun trotzdem diese Aufgabe. Es dauerte jedoch bis in den Herbst 1986, bis er uns eine kleine Gruppe von neuen »Direkten« vermitteln konnte, die sich aber zum Teil nur sehr widerstrebend zur Verfügung stellten. Einer redete sich heraus, eine anderer kam zum abgemachten Termin einfach nicht, oder ein dritter war unerklärlicherweise während Wochen weder im Betrieb noch zu Hause auffindbar. Alle diese hatten aber schriftlich oder mündlich zugesagt. Die vier letztendlich doch noch Verbliebenen standen mehr oder weniger deutlich in Opposition zur Arbeit und zum Betrieb. In dieser Gruppe zeichnete sich auch ein anderes Bild des Betriebs, des Arbeitsklimas und der Haltung gegenüber der Firma ab.

Der Apéro mit der ersten Probandengruppe

Nach Abschluß der Interviews mit einer ersten Gruppe luden wir Anfang Juni 1986 die daran Beteiligten zu einem Aperitif im Betrieb ein. Die meisten kamen — der Apéro fand während der Arbeitszeit statt — und hörten sich unseren Zwischenbericht an.

Wir erklärten die Wirkungen des Unbewußten und sagten, daß man dann zufrieden ist, wenn die libidinösen, aggressiven und narzißtischen Bedürfnisse nicht nur im privaten, sondern auch im Arbeitsbereich befriedigt werden. An alltäglichen Beispielen illustrierten wir das, ohne die Fachbegriffe zu bemühen.

Wir wiesen auf die auffallende Binnenemigration unter den Befragten hin, von denen einige beinahe jedes Wochenende in ihren Heimatort fuhren. Dies brachten wir in Zusammenhang mit der strengen Trennung von Arbeit und Freizeit.

Wir stellten darauf die überkommenen Strukturen hierarchischer Art kurz zusammenfassend dar, angefangen beim Pyramidenbau bis zur immer noch hierarchischen Form der konventionellen Produktion und zeigten die dem entgegenstehenden anderen Strukturen des untersuchten Betriebes. Die Herstellung der hochkomplexen Chips ist in den überkommenen Produktionsformen anscheinend nicht mehr zu bewältigen. Daraus resultiert auch die von uns zuerst als so verwirrlich erlebte Kommunikationsstruktur des Betriebes in allen Richtungen; viele, z. B. technische Entscheidungen können gar nicht mehr von der Betriebsleitung gefällt werden, was aber zu einem größeren Informationsfluß auf der horizontalen Ebene führt. Berücksichtigt man noch die Notwendigkeit, unter Zeit- und Kostendruck neue Produkte herzustellen, was eine permanente Flexibilität geradezu erzwingt, so ist ein Vergleich mit einem Chip naheliegend.

Diese Kommunikationsstruktur und die nachdrückliche Forderung nach hohen Qualitätstandards stehen jedoch im Gegensatz zu den Bedürfnissen der Mitarbeiter als Menschen, als Individuen, eben im Gegensatz zu den anfänglich erwähnten Grundbedürfnissen. Der Betrieb und mit ihm zusammen die Anwesenden versuchen diesen Widerspruch aufzuheben, indem sie auf die familialen Erlebnismuster (Geborgenheit, Umgangsformen, Streitverhalten, Sicherheit usw.) zurückgreifen, was aus den Gesprächen über das Betriebsklima immer wieder hervorgeht. Der Preis für diesen Rückgriff ist aber eine relativ große Aggressionshemmung.

Im Gegensatz zur Familie kann die Firma das dadurch entstehende Verlangen nach Hilfe bei persönlichen Problemen nicht stillen, da die Mitarbeiter ja zwecks Arbeit und Leistung angestellt sind. Dies führt, und auch das ist in den Interviews sehr deutlich, zur »Versachlichung« persönlicher Probleme, indem z. B. aus dem Privatleben stammender Unmut nicht als solcher geäußert wird, sondern »objektiviert«

im Betrieb als Leistungsanforderung an einen Untergebenen oder an sich selber auftritt; statt wie in einer Familie die Sorgen auszusprechen, werden sie aggressiv in Anforderungen z. B. bezüglich Genauigkeit der Arbeit verwandelt, was aber gerade wegen des aggressiven Charakters nicht erlaubt ist. Der Ausweg ist die Objektivierung des Unmuts; dabei wird rationalisierend dem andern ein wirklicher oder vermeintlicher Sachfehler vorgehalten.[17] Umgekehrt treten Sachprobleme aber auch individualisiert auf: Das Problem mit dem Qualitätsstandard, das zu einem guten Teil der Produktion immanent ist, ist in einer großen Aktion, dem sogenannten »Q-day« (Qualitätstag), auf die Ebene individueller Verantwortung zu sauberer, genauerer Arbeit verschoben worden. So konnten (mußten wäre zu stark) sich auf den betreffenden Stichtag hin die einzelnen unterschriftlich und öffentlich zu besserer Arbeit verpflichten und damit sich der Kontrolle des erzielten Fortschritts durch sich selbst, die Vorgesetzten und Mitarbeiter unterziehen.

Eine weitere Folge der »Familienstruktur« ist auch, daß der große und gefühlsmäßig nicht mehr faßbare Betrieb von rund siebenhundert Leuten auf persönliche Bekannte in der Firma reduziert wird und der einzelne sich dadurch nicht mehr verloren vorkommt, wodurch er sein inneres Gleichgewicht erhalten kann.

Die durch diese Formen des Alltagsbewußtseins verheißene, aber nicht gewährte emotionale Befriedigung führt zu innerer Spannung, die vorwiegend außerhalb der Arbeit abgebaut werden muß, z. B. in Freizeitaktivitäten, klaren Beziehungsstrukturen, sofortigem Weggehen bei Ende der Arbeitszeit, deutlich erkennbar starken Beziehungen zum Elternhaus.

Unsere Probanden stimmten in der anschließenden Diskussion zu, wehrten sich auch, waren überrascht darüber, »wie wir das heraugefunden haben!« Analytisch gesehen erhielten wir eine deutliche Reaktion auf unsere Deutung, nicht zuletzt durch die im aktuellen Gespräch geäußerte Klage, daß die »Direkten« sich so gar nicht um betriebsinterne Anläße wie z. B. das bevorstehende Ralley kümmerten. Daß gerade die »Direkten« sich kaum oder wenig um die angepeilten »fa-

miliären Muster« kümmern, sondern ihre Arbeit als Geld-
erwerb erleben, war den »Nicht-Direkten« fremd. Die Rand-
ständigkeit der zahlenmäßig weit überlegenen Produktions-
»Assistenten« und -»Laboranten« erschien ihnen so unver-
ständlich wie die Rolle des schwarzen Schafes in der Familie.

Als mitten im Gespräch die Arbeitszeit um war, verließen
etwa zwei Drittel der Anwesenden innerhalb von wenigen
Minuten die noch lebendige und intensiv geführte Diskussion. Hatte unser Verständnis ihrer Situation gerade nochmals nicht zu befriedigende Bedürfnisse geweckt und sie veranlaßt, das Gespräch wie Arbeitszeit zu behandeln?

Ein Blick in den Chip

Was uns oft so labyrinthisch, so geheimnisvoll und unerklär-
lich vorkam, gewann langsam Konturen und wurde deutlicher. Im Keller, im Unbewußten, lagen wirklich die Origina-
le, die wahren Verhältnisse. Nur: Im Lift ließ uns niemand
dorthin, so daß wir immer noch mit den Grabungen beschäftigt sind. Einige Gewölbesteine zeichnen sich aber ab:
1. Es gibt in der Mikroelektronik Bedingungen, die nicht auf
Anhieb verständlich sind. So erfordern z. B. Betriebsgeheim-
nis und Schutz der Entwicklung und Produktion außer-
ordentliche Sicherheitsvorkehrungen, da vergleichsweise
kleine Einwirkungen zu ökonomisch hohen Schäden führen
können.
2. Die Firma expandierte zum Zeitpunkt unserer Untersuchung enorm, was auch Raumprobleme mit sich brachte;
Zuwachsraten beim Personal von 20% im Jahr, Verdoppe-
lung des Personals in vier Jahren. Gleichzeitig werden in der
Produktion rasende Fortschritte gemacht, die kapitalinten-
siv sind. In einer Abteilung standen z. B. früher acht Maschinen mit vier »Direkten«. Heute sind es zwei Maschinen mit
zwei Operatern, die mehr leisten als die acht alten. Folge: Arbeitsplätze werden wegrationalisiert, was bei den Betroffenen bekannt ist, und trotzdem nimmt der Personalbestand
noch zu! Dies dürfte ein Grund dafür sein, daß das Verschwinden von Arbeitsplätzen, solange dies lediglich vom

Alltagsbewußtsein wahrgenommen wird, nicht bekämpft wird. Die Belegschaft umfaßte zur Zeit der Untersuchung sechs- bis siebenhundert Beschäftigte, über die Hälfte »Direkte« aus über zwanzig Nationen.

3. Der Arbeitsablauf an der Pipeline[18], wie die Produktionsstraßen etwas salopp genannt werden, unterscheidet sich grundsätzlich von den anderen Tätigkeiten, da Schicht gearbeitet wird.

4. Das Einlenken des Direktors in der Frage der Probandenauswahl (vgl. »Bei der Mitarbeiterkommission«) ist für den Betrieb typisch. Konflikte werden — bewußt oder nicht — harmonisiert. Unterzieht sich jemand dem Betrieb nicht, gerät er zunehmend in die Isolation, wird randständig. Ändert er sich nicht, wird auch schon mal gekündigt mit — auch das Konfliktvermeidung — großzügigen Lohnzahlungen für etliche Monate bei Kaderleuten. Unten sieht es anders aus.

5. Der Betrieb fördert ein sehr deutliches Familiengefühl. Im mittleren Kader kennt jeder jeden, man sagt, es gäbe eigentlich keine Hierarchie. Von den wenigen Interviews, die wir im Betrieb machen mußten, fand keines im eigenen Büro des Interviewten statt, sondern immer in demjenigen des jeweiligen Vorgesetzten. Gleichzeitig klagten aber alle über den Druck von oben, die Versuche der Höhergestellten, sie in Zeit- und Arbeitsengpässe zu treiben. Ja, und die letzten beißen die Hunde: An der Pipeline »weiß« Mann und Frau, daß von denen da oben nichts zu erwarten ist und holt sich darum, soweit's geht, die Freiräume selber.

Genauso wie wir den Bauplan eines Chips bei unserem ersten Kontakt nur als wirres, unverständliches Durcheinander erlebten, er uns befremdend erschien, genauso standen wir ja anfänglich konsterniert vor unserem zu untersuchenden Komplex. Im Laufe der Arbeit mit unseren Probanden und im Kontakt mit der MK und der ersten Gruppe von Interviewten begaben wir uns aber in einem Lernprozeß in den Chip hinein.

Wir erinnern uns an den ersten Versuch, an die Metallarbeiter heranzukommen. Die kalten Hände reibend, standen wir damals (für uns) frühmorgens vor den Toren der Fabrik, von den zur Arbeit Kommenden kaum zur Kenntnis genommen.

232

Im Laufe der Untersuchung lernten wir nicht nur über das erhobene Material, sondern auch durch den »normalen« Kontakt mit der Firma und der Mitarbeiterkommission die Arbeiter, Angestellten und den Betrieb kennen. Wir verstanden auch zusehends, wie die Betriebsstruktur bei den Arbeitern und Angestellten greift, wie Wege und Haltungen bereitgestellt sind, die den Betroffenen ermöglichen, ihre Vorstellungen von der Realität zum Teil gegen diese aufrechtzuerhalten. Beim Kader sehr stark durch die betonte »Unersetzlichkeit« und »Freiheit von Hierarchie«; bei den »Direkten« durch die innere Abwendung vom Betrieb, durch die Verweigerung, im »Familiären« der Firma mitzumachen und durch das Bedürfnis, sich von denen da oben abzuschotten. Wie durch Stellung und Ausbildung verschiedene Angehörige des Betriebes dies machen, zeigen die drei folgenden Beiträge.

Die Beiträge von H. Bader und K. Petersen stützen sich auf Material der ersten Zehnergruppe von Probanden, die von Anfang September bis Mitte Dezember 1985 interviewt wurden; E. Modenas Darstellung benützt das Material der zweiten, vom November 1986 bis März 1987 befragten Fünfergruppe.

Anmerkungen

1 Z. B. Parin P., Morgenthaler F., Parin-Matthèy G., Fürchte deinen Nächsten wie dich selbst — Psychoanalyse und Gesellschaft am Modell der Agni in Westafrika, Frankfurt a. M. 1971. do. Die Weißen denken zuviel, Psychoanalytische Untersuchungen bei den Dogon in Westafrika, Zürich 1963.
2 Leithäuser T., Volmerg B., Psychoanalyse in der Sozialforschung, Fernuniversität-Gesamthochschule in Hagen, Bremen 1987.
Leithäuser T., Formen des Alltagsbewußtseins, Frankfurt a. M. 1979/2.
Leithäuser T., Volmerg B., Salje G., Volmerg U., Wutka B., Entwurf zu einer Empirie des Alltagsbewußtseins, Frankfurt a. M. 1981/2.

3 Reich W., Was ist Klassenbewußtsein?, Kopenhagen-Paris-
   Zürich 1934.
4 Vgl. zur Methode auch den Beitrag von R. Heim; ferner den
   Abschnitt »Zum praktischen Vorgehen« im Beitrag von S.
   Dietrich.
5 Vgl. Horn K., in: Aktionsforschung: Balanceakt ohne
   Netz?, hrsg. von K. Horn, Frankfurt a. M. 1979.
   do., Die gesellschaftliche Funktion der Psychoanalyse, in:
   Die Verarmung der Psyche, hrsg. von Englert E. H., A. Ca-
   ruso zum sechzigsten Geburtstag.
   Horn K., Beier C., Kraft-Krumm, Gesundheitsverhalten
   und Krankheitsgewinn, Opladen 1984.
6 Brede K., Schweikart R., Zeul M., Erlebniswelten der Individuen unter Bedingungen betrieblich abhängiger Arbeit zu
   erschließen in soziologisch-psychoanalytischer Kooperation, z. Z. nicht publ.
7 Vgl. z. B. Volmerg B., Senghaas-Knobloch E., Leithäuser Th.,
   Betriebliche Lebenswelt — Eine Sozialpsychologie industrieller Arbeitsverhältnisse, Opladen 1986.
   Volmerg B., Volmerg U., Leithäuser Th., Kriegsängste und
   Sicherheitsbedürfnis, Frankfurt a. M. 1983.
8 Entspricht in etwa der »Bildzeitung«.
9 Eine genauere Darstellung dieser Phase der Untersuchung
   in: Modena E., Das Projekt Arbeiterbewußtsein der Stiftung für Psychotherapie und Psychoanalyse, in: Psychologie und Gesellschaftskritik 36, Heft 4, 1985.
10 Wie diese Reaktionen mit den betrieblichen Umständen zu-
   sammenhängen können, verstanden wir erst viel später. Vgl.
   dazu die Schlußpassage des Kapitels »Die Interaktion mit
   dem Betrieb« im Beitrag von S. Dietrich.
11 Schweizerischer Metall- und Uhrenarbeiterverband, die
   größte Gewerkschaft in der Schweiz, auf dem rechten Flügel
   des sozialdemokratisch-gewerkschaftlichen Spektrums.
12 Einer der großen metallverarbeitenden Konzerne der
   Schweiz, Sitz in Winterthur.
13 Wir brachten ihm: Leithäuser Th., Formen des Alltagsbewußtseins, (vgl. Anm. 2); und Volmerg B., Senghaas-Knobloch E., Leithäuser Th., Erlebnisperspektiven und Humani-
   sierungsbarrieren im Industriebetrieb, Empfehlungen und
   Anleitungen für die Praxis, hrsg. vom Bundesministerium

für Forschung und Technologie, Frankfurt a. M./New York 1985.

14 Zufälligerweise war ein Mitglied der Stiftung kurz vorher in Mexiko in den Ferien gewesen und hatte diese Armbändchen mitgebracht. Analytisch gesehen hatte P. etwas angesprochen.

15 Vgl. Lorenzer A., Sprachzerstörung und Rekonstruktion, Frankfurt a. M. 1970/2; dazu auch Volmerg B., Leithäuser Th., Anleitungen zur empirischen Hermeneutik. Psychoanalytische Textinterpretation als sozialwissenschaftliches Verfahren, Frankfurt a. M. 1979.

16 IC = integrated circuit, der Chips.
Hybridschaltung = elektronische Schaltung, bei der auf einen Träger (z. B. Keramikplatte) die Schaltungen aufgedruckt werden.

17 Annähernd durchgehend wird auf allen Ebenen gesagt, daß die Vorgesetzten ihre Pflichten (Kontrolle, Ermunterung usw.) nicht wahrnehmen. Gleichzeitig sagen beinahe alle, die Untergebene haben, aus, daß diese die Arbeit nur widerwillig in der geforderten Qualität leisten. Würde das stimmen, wäre der Betrieb innert Kürze vom Weltmarkt verschwunden.

18 »Pipeline« bezeichnet auch eine bestimmte zentrale Verbindung innerhalb einer integrierten Schaltung.

Heini Bader
»Es ist immer eine Kampfstimmung im Hintergrund«

Herr E. ist ein rothaariger, eher kleiner, hagerer, nervös wirkender junger Mann von 27 Jahren, der jünger wirkt, fast wie ein Lehrling. Er ist das mittlere von fünf Kindern einer Lehrerfamilie — die Mutter war Primarlehrerin, der Vater ist Reallehrer.[1] Die Familie bewohnt ein Einfamilienhaus in einem wohlhabenden Dorf nahe von Zürich. Zur Zeit des Interviews lebte E. noch als letztes der fünf Kinder bei den Eltern. Zu seinen Geschwistern hat er wenig Kontakt, einzig mit seinem älteren Bruder, der dem Vater ähnlich ist, verbindet ihn die gemeinsame Leidenschaft des Bergsteigens. Die Mutter schildert er als eine sehr intelligente, warmherzige, offen undogmatische Frau, die er sehr bewundert. Ganz anders der Vater: ein strenger Mann, klar bürgerlich, wichtig sind ihm seine Militärkarriere[2], Geld verdienen, Einfluß in der Politik. Seine Eltern haben eine »wahnsinnig tolle, eine phänomenale Beziehung«. Mehr Konflikte wären vielleicht normal gewesen; er selber jedenfalls ist zu einer solchen Beziehung nicht fähig, und das hohe Anspruchsniveau dieser elterlichen Vorbildsbeziehung belastet ihn auch. Seine früheste Erinnerung steht im Zusammenhang mit einem zwar glimpflich verlaufenen, aber sehr gefährlichen Schleuderunfall im Auto der Eltern. Er war im Elternschlafzimmer gewesen und hatte die Gardinen betrachtet, als ihm in den Sinn kam, wie er im Wagen mit seinem Spielzeugauto gespielt hätte, das plötzlich weggerollt sei — er habe es später vermißt. (Den Unfall selber erinnert er nicht mehr.)

Bereits vor der Schule war er ein Einzelgänger. Im Kindergarten allerdings »ist dann ein Gruppenleben gewesen«, es hat die Starken und die Schwachen gegeben. Er erinnert sich, wie sie Schneebälle mit Wasser gehärtet haben — aber sie hätten dann damit die Leute absichtlich verfehlt. Schon als kleines Kind war er ein Gerechtigkeitsfanatiker. In den ersten Primarschulklassen hat er unter einem sehr ungerechten Lehrer gelitten. Heute erklärt er sich die Ungerechtigkeit dieses Lehrers (eines Berufskollegen des Vaters) mit der Tatsache, daß dieser einen behinderten Sohn gehabt hat.

In dieser Zeit hat er oft allein im Wald, der gleich hinter dem elterlichen Haus beginnt, gespielt, manchmal auch mit seinen Geschwistern oder dem einzigen damaligen Schulfreund. Der Lehrer der Mittelstufe[3] ist auch sehr streng gewesen, aber gerecht. Von dieser Zeit erwähnt E. nur, daß er die Freizeit immer mehr allein verbracht hat.

Nach der Primarschule ging E. dann nach Zürich ins Gymnasium, wobei der Schulweg täglich etwa zwei Stunden dauerte. Besonders die ersten Jahre am Gymnasium sind schwer gewesen, er hat sich sehr anstrengen müssen, um mitzukommen. Speziell hat er aber unter der Anonymität dieser Schule gelitten; er hat immer Angst gehabt, mit den Eltern über seine Probleme zu sprechen — eine unbegründete Angst, fügt er sofort an, denn seine Mutter sei sehr warmherzig. In dieser Zeit hat er für Militärflugzeuge zu schwärmen begonnen, und sein Traumberuf war Militärpilot. Er erwähnt auch, daß er damals »wie sein Vater gewesen ist«, er war auch technisch interessiert und hat Segelflugzeugmodelle zu basteln begonnen. Später hat er sich das Geld dafür während der Ferien in der Fabrik verdient. Er wollte auch in den Vorkurs für zukünftige Militärflieger gehen, ist dort aber wegen einer Sehschwäche nicht angenommen worden.

Am Gymnasium »sind sie eine Musterklasse gewesen, aber ohne Gruppengeist«, daher hatte er, weiterhin Einzelgänger, nur mit einem Schulkollegen vom Nachbardorf Kontakt; für Beziehungen zu Mädchen war er zu schüchtern und konnte auch mit niemandem darüber sprechen.

Mit dem Wunsch, Flugzeugkonstrukteur zu werden, hat er sich an der Eidgenössischen Technischen Hochschule (ETH) in Zürich für das Studium eingeschrieben. Die ETH erschien E. noch härter und anonymer als das Gymnasium. Anläßlich der militärischen Rekrutierung wurde er zurückgestellt, weil er der körperlichen Norm nicht genügte. In dieser Zeit hat er langsam »neue Ideen bei sich zulassen können«, wie E. sich ausdrückt. Daran maßgeblich beteiligt war sein ehemaliger Kollege vom Nachbardorf. Auch hat er sich — im Alter von 20 Jahren — in eine Frau verliebt; »das ist schlimm gewesen«, er hat wiederum mit niemandem darüber sprechen können. Schließlich hat er doch den Mut aufgebracht, mit der Betroffenen zu reden, doch ist nichts daraus geworden; aber er hat so gelernt, über sich und seine Probleme zu sprechen.

Die »Zeit der neuen Ideen«, E. nennt sie auch »die Wendezeit«, ließ ihn das Interesse an einer militärischen Karriere vergessen. Mit etwas Glück wurde er ausgemustert. Kurz darauf unterbrach er für ein Jahr das Studium und verdiente sich etwas Geld in einer Maschinenfabrik, um für drei Monate nach Indien und Nepal reisen zu können. Er wäre gerne mit dem Kollegen vom Nachbardorf gereist, mußte aber schließlich allein fahren. Dort fühlte er sich physisch und psychisch überfordert: physisch wegen der Hitze und Durchfall; psychisch, weil er das Elend in den Straßen nicht hat ertragen können — »Schwerstbehinderte, auf der Straße vegetierend«, haben ihm einen »Stich ins Herz versetzt«. In dieser Zeit ist in ihm der Wunsch aufgetaucht, Sozialarbeiter zu werden; ein Gedanke, den er bis heute — wenn auch ohne Konsequenzen im beruflichen Bereich — hegt.

Nach dem Grundstudium spezialisierte sich E. zum Organisationsfachmann; nicht so sehr, weil ihn das speziell interessierte, sondern weil der Traum vom Flugzeugkonstrukteur seine Anziehungskraft verloren hatte. Kurz vor Abschluß des Studiums hat er sich in eine »junge, frische« Frau verliebt, es war seine erste Freundin. Nach einem halben Jahr brach sie die Beziehung ab, wahrscheinlich habe er sich zu sehr »auf diese Beziehung versteift, zu viele Erwartungen in sie gesetzt«. Er ist depressiv geworden, hat auch vage Suizidgedanken gehabt. Die Depression dauerte über ein Jahr lang, trotzdem hat er seine Abschlußprüfungen bestanden. Nach dem Diplom hat er sich ungefähr ein halbes Jahr Zeit für die Stellensuche genommen, weil er nicht zuviel EDV mochte und nicht bei einem waffenproduzierenden Betrieb oder einer Großbank arbeiten wollte.

Seit eineinhalb Jahren arbeitet er in der Firma und will noch etwa ein halbes Jahr dort bleiben. Er hat sich vier Wochen unbezahlten Urlaub pro Jahr ausbedungen, was bei den Kollegen einigen Neid auslöst. In der Freizeit betreibt er Sport, Bergsteigen, Skitouren (zusammen mit seinem älteren Bruder), belegt einen Abendkurs für künstlerische Techniken, hat aber wenige Kolleginnen und Kollegen. Seit der Trennung von seiner ersten Freundin hat er einen kurzen Ferienflirt gehabt, ohne »daß er sich aber habe verlieben können«. Zur Zeit spart er für eine Ausbildung, vielleicht als Sozialarbeiter; er möchte gerne in eine Wohngemeinschaft ziehen, wofür er aber keine Leute findet; ob auch Frauen dort wohnen sollen, weiß er nicht.

Im Betrieb hat E. eine Stelle als Organisationsberater. Mit seinem Chef versteht er sich gut. (Auf dem Organigramm werden auf der Stufe von E. noch weitere Mitarbeiter aufgeführt, die in den Gesprächen mit keinem Wort erwähnt werden). Wie schon in der Einführung bemerkt, befand sich die Firma zur Zeit des Interviews in einer Phase explosiven Wachstums, was große organisatorische Probleme stellte. Dazu kommt, daß E. kleine Serien mit kürzesten Lieferfristen durch die Fabrikation peitschen muß, was höchste Leistung und maximale Flexibilität verlangt.

Zur Lösung seiner schwierigen Aufgaben benötigt E. Methoden der Durchsetzung und der Verführung — mal braust er wie ein »Militärflieger« über die Abteilung und bombt Widerstandsnester aus, mal greift er den hilflosen Klienten als Sozialarbeiter unter die Arme. Und immer hofft er auf Einklang, will es »allen Leuten recht getan haben«.

Ein Beispiel:

Herr E. ist mit der organisatorischen Beratung und Betreuung von zwei Produktionsabteilungen beauftragt. Er selber gehört nicht ins hierarchische Gefüge dieser Abteilungen. Er nimmt Aufträge von Chefs entgegen, ist auch befugt, von sich aus Vorschläge auszuarbeiten, kann auch die untersten Chargen kontrollieren. Er sagt, ihm gefalle der große Freiraum in seiner Tätigkeit. Allerdings dürfen dann seine Vorschläge nichts kosten in der Realisierung, man ist da schnell kleinlich. Dann gibt es Chefs, die am falschen Posten sitzen und keine Zivilcourage haben. Viele sind auch einfach schlechten Willens, und »das Betriebsklima ist einfach schlecht«.

Diese Charakterisierung seiner Arbeit zeigt die Konfliktträchtigkeit, was sicher keine gute Voraussetzung ist für die erwünschte harmonische Durchführung von Veränderungen. Wie löst er seine Aufgabe? Es soll nicht darum gehen, einfach mehr Druck aufzusetzen, sondern darum, die Produktionsbedingungen so zu verbessern, daß die Leute bei gleichem Arbeitsaufwand mehr leisten; dann sind alle zufrieden. Diese Form von Alltagsbewußtsein ist eine Kompromißbildung zwischen der betrieblichen Anforderung an ihn, dem sozialen Wohlwollen und seiner Eigenart, daß er das »Interesse an der Aufgabe sofort verliert, sobald er das Problem durchschaut« hat. Er ahnt um die Schwäche dieser Konstruktion und sagt, daß »er sich in Zukunft mit schwierigeren Aufgaben befassen und sich nicht mehr um Details kümmern will«. Überhaupt will er nicht mehr lange bei diesem Beruf bleiben. (Unterdessen hat er die Firma verlassen — H. B.)

Seine vorhin erwähnte Klage über Chefs, die am falschen Posten säßen und keine Zivilcourage hätten, trifft zur Hälfte auch auf ihn zu. Er spricht nirgends davon, daß er einen dieser Chefs auf die Vernachlässigung von dessen Überwachungspflicht aufmerksam gemacht hätte. S. Dietrich berichtet: »Er selbst sorgt in seinen Bereichen dafür, daß sauber und genau gearbeitet wird, und das hängt mit dieser Zivilcourage zusammen. Wenn einer schludert oder er sieht, der könnte besser arbeiten, aber er will nicht, dann scheißt er ihn zusammen.« Und mit Ausnahme eines Mitarbeiters, mit dem er jetzt ein gespanntes Verhältnis hat, hat sich das überall positiv ausgewirkt, das Verhältnis ist wieder sehr gut, und die Leute sind sogar froh, weil ihnen das vorher nie jemand gesagt hat. Eigentlich ist es nicht seine Aufgabe, für die Einhaltung der Qualität zu sorgen; allerdings müßte er sich dazu mit den Chefs auseinandersetzen. Das vermeidet er, indem er annimmt, daß die Säumigen und Schludrigen sich unmöglich wohl fühlen können und insgeheim auf die befreiende Schelte des strengen, jedoch gerechten Lehrers warten, der auch mal bei der Klasse nebenan Ruhe schafft, wenn der Kollege verspätet aus der Pause kommt. Der eine, der dann weiterstört, gehört im Grunde in die Sonderklasse.

Analog zu seiner »Wendezeit«, die ihn vom potentiellen Militärflieger zum sozial Interessierten gemacht hat, vollzieht er auch im Betrieb »Wendungen«:

Aufgrund seiner Informationen über eine der von ihm beratenen Abteilungen hat er herausgefunden, daß mit den Schichtzulagen nicht alles mit rechten Dingen zugeht. Aus einem anderen Interview wissen wir, daß es darum ging, daß den Schichtarbeitern eine ihnen zustehende Schichtzulage, die ein Ausgleich und keine Reallohnerhöhung sein soll, eben als Reallohnerhöhung bezeichnet worden ist. In Wahrheit haben sie zusätzlich eine Reallohnerhöhung zugute. Da E.s Aufgabe keine gewerkschaftliche ist, könnte ihm das ja egal sein, oder er könnte einem Vertreter der Mitarbeiterkommission einen Tip geben und so die Sache ihrem Dienstweg überlassen. Ein solcher Mißstand ruft aber den E. auf den Plan, der sich schon als Bub einen Gerechtigkeitsfanatiker genannt hat; er macht sich die Sache zu eigen. E. Modena: »Dann sei er zum Chef der Produktion gegangen, und der sei einverstanden gewesen, daß man da eine Meldung nach oben macht und da so eine Forderung aufstellt, und der Chef der Produktion sei zum Personalchef gegangen, und auch die Personalkommission sei einverstanden gewesen, und jetzt sei die Sache bei der Geschäftsleitung hängig. Er habe Mühe mit der Grundidee der Firma: mehr Profit.«

In Äußerungen dieser Art zeigt sich bei E. ein anderes Verständnis der (Firmen-)Wirklichkeit: »Der Sinn des Lebens ist der Wille zur Ehrlichkeit.« Hesses Siddharta ist sein Lieblingsbuch, das zwar »elitär ist, aber stimmt«. Politisch wäre er (1985) bei den bundesdeutschen Grünen. Leider und zum Glück für ihn sind die jenseits der Grenze zur BRD, aber auch jenseits der Grenze, die sich quer durch sein Leben zieht. Sie trennt die einfühlende Mutter vom sachbezogenen Vater, die Lust von der Pflicht. In der Identifikation mit dem Vater sorgt er im Betrieb streng für saubere Hefte und verhindert die ungerechte Behandlung der »Schüler«. Ebenso wohnt er noch im väterlichen Haus, ersehnt sich aber eine Wohngemeinschaft, vielleicht gar mit Frauen, und einen Beruf, der »pädagogisch sein muß, im Bereich Sozialarbeit liegt, künstlerisch ist und mit Sport zu tun hat«.

Aus dem biographischen Material sticht die oben beschriebene Widersprüchlichkeit heraus, die sich auch im Übertragungsgeschehen und im übrigen Material manifestiert. So versuchte E. Modena Herrn E. unter seiner privaten Telefonnummer zu erreichen, was erst im zweiten Anlauf gelang. (Das erste Mal war E.s Vater am Apparat.) Entgegen unserer Vorgabe, war es E. »nicht möglich«, einen Interviewtermin in den Räumen der Stiftung wahrzunehmen, so daß das erste Gespräch im Betrieb geführt werden mußte; es fand im Büro eines Chefs statt. Ähnlich erging es später S. Dietrich, der das letzte Gespräch mit Herrn E. führte: Er mußte sich trotz vieler Vorschläge dem Termindiktat des Probanden beugen. Neben dem Arbeitsanfall, dem E. ausgesetzt ist, scheint diese Schwierigkeit, in die Stiftung zu kommen, auf eine narzißtische Kränkung auf dem Hintergrund eines ödipalen Konflikts hinzuweisen. Man kann sich fragen, ob die Bemerkung von S. Dietrich, ob E. »anorektisch« sei, nicht ein Versuch ist, die aus seinem Verhalten resultierende Kränkung der Interviewer in der Gegenübertragung zu reparieren. Gleichzeitig aber hatte derselbe Interviewer den Eindruck, er müsse den Probanden während des ganzen Interviews »vorwärts schubsen«. Entsprechend der Widersprüchlichkeit von E. hatte aber E. Modena Mühe, beim horrenden Sprechtempo von E. seine Notizen zu machen. Zeigten sich da nicht erneut die komplementären Möglichkeiten Anpassung (Lehrer) und Widerstand (BRD-Grüner) als gegensätzliche Übertragungsneigungen mit den entsprechenden Reaktionen bei den Interviewern? Die Auseinandersetzungen um Ort und Zeit des Interviews entsprechen der Schärfe der inneren Konfliktlage von E. Nicht zufällig endet das Gruppengespräch folgendermaßen:

S. Dietrich: Ich hab' ihn natürlich auch hierher (Stiftungsräume — H. B.) geholt.

E. Modena: Wollte er nicht hierherkommen? Ich glaube, ich habe ihm gesagt, das nächste Mal komme er noch zu uns, nicht.

S. D.:   Ja, das …, ich hab' ihm nichts gesagt, er hat
                    von sich aus gesagt, ja, dann *kann* (nachdem
                    ihn E. M. als »Mutter« dazu aufgefordert hat-
                    te. H. B.) ich zu Ihnen kommen. Das hat ge-
                    wirkt (!), was du gesagt hast, offensichtlich.

Nach dieser, die Grundproblematik in der Gegenübertragung noch einmal spiegelnden Passage die darauf folgenden,
letzten Bemerkungen des Gruppengespräches:

H. Bader: Es ist immer eine Kampfstimmung im Hin-
                    tergrund.
K. Petersen: Mhm, mhm.

Anmerkungen

1 Primarschule: 1.—6. Schuljahr.
  Realschule: 7.—9., handwerklich betonte Schuljahre.
2 Im schweizerischen Milizsystem sind die meisten Offiziere
  keine Berufsmilitärs.
3 4.—6. Schuljahr.

Katharina Petersen
Es gibt immer zuwenig

In diesem Beitrag möchte ich zunächst Herrn B., einen Facharbeiter, vorstellen, so wie es sich aus den Daten des Interviews ergibt, und dann in einem zweiten Schritt einige Überlegungen zu unserer Interviewmethode anstellen. Dies wird
im jetzigen Zeitpunkt unserer Untersuchung nur unvollstän-
dig bleiben.

Ich habe Herrn B. selbst nicht persönlich interviewt und
stütze mich bei meinen Ausführungen auf das schriftlich fest-
gehaltene Protokoll der Sitzung aller am Projekt beteiligten
Interviewer, in der die Interviews dargestellt und in der
Gruppe besprochen wurden. Ich selbst sah Herrn B. später
einmal kurz bei einem Anlaß in der Firma, habe also auch einen eigenen Eindruck von ihm. Er wirkte auf mich verschlossen und eher schüchtern.

Herr B. wurde von S. Dietrich im ersten und zweiten Gespräch und von R. Heim im dritten Gespräch interviewt. Beide waren begeistert und fanden ihn »einen guten Typen«. Beide fühlten sich ihm sehr nah, empfanden ihn emotional offen und engagiert, er wurde schnell zum Liebling unserer
Forschungsgruppe. Um so mehr erstaunte mich bei dieser
Prämisse meine emotionale Reaktion beim Durchlesen der
Gesprächsprotokolle. Einerseits teilte ich die Sympathie,
spürte sein emotionales Engagement, andererseits entglitt er
mir immer wieder. Ich konnte ihn schwer fassen, er blieb vol-
ler Widersprüche.

Als ich das Protokoll durchlas, fielen mir einige markante
Eigenheiten auf, die mich irritierten und zu Überlegungen
anregten: Zum einen finden sich hier mehr Fehlleistungen
als in jedem anderen Interviewprotokoll, und zwar sowohl
von Herrn B. als auch bei den Interviewern. Weiterhin fiel
mir auf, wieviele Vorschußlorbeeren Herr B. bekam, wie
sehr er gehätschelt und getätschelt, beruhigt und beschwich-

tigt wurde, damit ja keine Konflikte auftauchen, die das Interview eventuell belasten könnten. Um dies etwas plastischer zu machen, möchte ich zunächst kurz den Verlauf der Gespräche skizzieren.

Als S. Dietrich mit Herrn B. einen Termin vereinbaren wollte, war dieser verärgert, weil wir ihn schon so lange hatten warten lassen. Er fragte, ob das denn noch akut (statt aktuell) sei. S. Dietrich beruhigte ihn und setzte einen Termin fest. Zum ersten Interview kommt Herr B. zehn Minuten zu spät, auf der Treppe noch ein Sandwich kauend. Im Zimmer wählt er den Platz vis-à-vis des Interviewers und beginnt zunächst selbst mit Fragen, wie es z. B. die anderen mit dem Kommen während der Arbeitszeit gehalten haben, und was das Blatt bedeute, das wir den Probanden verteilt hatten. (Es handelte sich um den Zeitplan, wann die Betroffenen für die Interviews vorgesehen waren.) Danach bittet er den Interviewer, ihm nun zu sagen, was er wissen wolle. Auf die Fragen nach seiner Stellung im Betrieb antwortet er bereitwillig, geht jedoch, sobald ihm Streitereien und untragbare Verhältnisse einfallen, relativ schnell auf seine eigenen Familienverhältnisse ein. Er schildert in der Folge zunächst seine Kindheit, dann die eigenen Kinder, seinen Hund und kommt erst anschließend auf seine Ehe und seine Frau zu sprechen. Mit ihr hat er große Verständigungsschwierigkeiten, über die er sich sehr lang ausläßt. Gegen Ende der Sitzung kommt er nochmals auf den Beruf zurück. S. Dietrichs Eindruck dieser Sitzung war der, daß Herr B. die ganze Stunde von sich aus geredet hat, man ihn beinahe nichts fragen mußte, daß B. sich aber auch gern ein bißchen in Details verläuft. Herr B. seinerseits hat die Sitzung zu kurz gefunden und meint, der Interviewer wisse noch gar nichts und er hätte noch so viel zu erzählen, »er sei eigentlich nicht übers Anfangsstadium hinausgekommen.« S. Dietrich beruhigt ihn mit der Versicherung, er wüßte doch schon einiges und es gäbe ja noch eine weitere Sitzung.

Die nächste Sitzung beginnt der Interviewer nun seinerseits mit einer Frage: »Ich habe ihn dann gleich nach den Verhältnissen in der Familie gefragt, weil ich das Gefühl gehabt habe, ich weiß gar nicht genau, wie er mit seiner Frau umgeht...« Die Schwierigkeiten mit ihr breiten sich aus, die Konflikte und sein Umgang damit werden aber auch plastischer. Schließlich beklagt er sich noch über einen anderen Psychologen, an den man so gar nicht herankommen kann. Am Schluß dieses zweiten Interviews begeht der Interviewer eine Fehlleistung, indem er Herrn B. ankündigt, für das nächste Gespräch werde er von einer Frau, nämlich von mir (K. P.), kontaktiert. Er entschuldigt sich über den Lapsus und schenkt Herrn B. beruhigend eine Broschüre über die Stiftung. Dies wurde von Herrn B. damit beantwortet, daß er am Schluß sich von S. Dietrich mit den Worten: »Auf Wiedersehen, Herr Burkhard« verabschiedet und sich im nächsten Interview auch nicht mehr an seinen Namen erinnern kann.

Das dritte Gespräch beginnt damit, daß er erstaunt ist, wie rasch die Stunden vorbeigehen und er das Gefühl hat, »daß er so viel über seine familiäre Situation berichtet hat, und er doch gemeint hat, wir würden uns über ganz andere Dinge mit ihm unterhalten«. Nach dieser Einleitung beginnt er dann auch prompt mit seiner familiären Situation und dem Versprechen, er hätte Probleme mit *den Frauen*, meint aber die Verständigungsschwierigkeiten mit *seiner* Frau. Er beginnt mit zwischenmenschlichen Konfliktsituationen. Gleichzeitig wünscht er sich, mehr mit Menschen zu tun zu haben, fühlt sich allein, weil die Computer die Beziehungen abbauen. Erst in der zweiten Hälfte des Gesprächs kommt er auf die berufliche Situation zu sprechen. Auch bei diesem dritten Interview zeigt sich, daß er Mühe hat, sich von der Gesprächssituation zu trennen. Soweit der Verlauf des Interviews.

Im anschließenden Gruppengespräch fällt auf, wie viele Nachträge zu den Interviews noch gemacht werden: So vieles war scheinbar vergessen gegangen. Dieses Gespräch führt über die Harmonie und die inneren Konflikte zu seinen Enttäuschungen und seinem Beziehungshunger. E. Modena bekommt das Gefühl, man klemme B. immer wieder ab, er habe Hunger nach mehr; die Gruppe schweift gleichzeitig ab, erinnert sich an die Voruntersuchung, plant, wie man den Kontakt zu den Probanden wieder herstellen könnte, z. B.

durch ein Feedback in der Firma (siehe S. Dietrich: Die Interaktion mit dem Betrieb). Gegen Ende ereifern sich die Gruppenmitglieder über seine eheliche Beziehung und streiten miteinander. Sie tragen die Konflikte für Herrn B. aus.

Zur Lebensgeschichte

Im folgenden werde ich zunächst die Lebensgeschichte von Herrn B. darstellen, in einem zweiten Schritt seine Stellung im Betrieb und wie er sich dort fühlt. Ich greife dazu die Informationen aus dem Material heraus. Bei der Sichtung des Materials gab es jedoch auffallende Schwierigkeiten mit genauen Daten, denn entweder fehlten die Zeitangaben, oder es waren widersprüchliche Jahresangaben vorhanden. So sind einige der genannten Daten aus dem Kontext rekonstruiert.

Herr B. ist »ein etwas kleinerer Mann, hat irgendwelche Narben oder Hautverfärbungen im Gesicht, etwas große Augen und sieht ein bißchen verschüchtert aus«. S. Dietrich sagt dazu: »Das ist eine Art Gesichtsausdruck, er ist in keiner Weise verschüchtert.« Herr B. steht im 48. Lebensjahr, wirkt aber älter, denn der Interviewer hatte den Eindruck eines Mittfünfzigers. Er ist das dritte von sechs Kindern, sein Vater war bei den städtischen Verkehrsbetrieben angestellt, war streng und autoritär und hat alle sechs Knaben viel geschlagen. In der Pubertät hatten diese es aber geschafft, dem Vater die Stirn zu bieten. Der älteste Bruder hat sich, und das scheint entscheidend zu sein, gegen den Vater aufgelehnt, indem er dem Vater zurückzuschlagen drohte. Damit trug er den Kampf gegen den Vater auch für die folgenden Brüder aus.

Mit dem zweitältesten Bruder wuchs B. wie ein Zwilling auf; sie besuchten bis Ende Primarschule (sechstes Schuljahr) die gleiche Klasse. Aus seiner Kindheit erinnert er sich an ein offenbar wiederkehrendes Ereignis. Manchmal, wenn das Brot (wegen der Rationierung in den frühen vierziger Jahren) knapp geworden war, hat die Mutter den Kindern am Morgen die ganze Tagesration ausgehändigt und gesagt, daß sie jetzt damit bis zum nächsten Tag auskommen und es sich selbst einteilen müßten. B. interpretiert diese, ein vier- bis fünfjähriges Kind überfordernde Maßnahme der Mutter als klug, denn damit hätten sie als Kinder die zu kleine Brotration und dadurch den Hunger nicht allzu sehr gespürt. Er ist sich dadurch auch keineswegs arm oder sozialhilfebedürftig vorgekommen; das ist damals der normale Zustand gewesen, so haben alle Leute ringsum gelebt. Durch diese Erklärung identifiziert er sich mit der Mutter, die die Notsituation im Griff haben wollte, dabei aber nicht sah, wie sie den Kindern zu große Verantwortung aufbürdete; diese wurden für ihren Hunger selbst verantwortlich gemacht, und die Mutter ersparte sich die Vorwürfe der Kinder. Die Mutter konnte nur wenig geben, und er konnte nichts dagegen tun, denn für den allfälligen Mangel und die notwendige Triebeinschränkung wurde er selber verantwortlich gemacht. Mit diesem Vorgehen wurde die objektive Lage individualisiert. Aber auch gegen den streng autoritären Vater konnte er nichts tun; sein Bruder war es, der sich wehrte. Diese bedrohlichen und überfordernden Bilder der Primärobjekte, die ihm entweder etwas vorenthalten oder gegen die er nichts tun kann, reproduzieren sich in seinem Leben immer wieder. Trotz dieser Erinnerungen empfindet Herr B. seine Kindheit als »homogen«. Der Vergleich mit seinen Kameraden in der Arbeitersiedlung läßt ihn die schmerzlichen Gefühle vergessen, nur verdrängt er damit aber auch gleichzeitig die Erinnerung an seine Kindheit, an die zurückzudenken ihm schwerfällt. Seine kontinuierlichen Erinnerungen setzen im Interview erst mit der späteren Pubertät wieder ein. Er erinnert sich an die Rekrutenschule[1], die er durch einen Versprecher von 17 Wochen auf 17 Jahre verlängerte. Damals litt er unter der »Abwesenheit von Röcken«. Heute hat er gerade mit diesen Röcken Mühe.

Nach der Schulzeit absolvierte er eine Lehre als Elektromonteur und arbeitet auch mit Starkstrom. Zehn Tage nach Beendigung der Rekrutenschule erleidet er einen schweren Arbeitsunfall, nämlich einen 12 000-Volt-Starkstromschlag, der ihm gefährliche Verbrennungen an Oberkörper, Hals, Gesicht und an einer Hand verursacht. Nach einem sechsmonatigen »regungslosen« Spitalaufenthalt bleibt er noch ein weiteres Jahr arbeitsunfähig. Heute fühlt er sich gesund, die Verletzungen sind ausgeheilt. Außer an der Brust, wo er noch ein paar Narben hat — und einem Finger, der etwas behindert ist, fühlt er sich gut. Die sichtbaren Narben an Hals und Gesicht, die dessen Ausdruck prägen, erwähnt er nicht. Herr B. bezeichnet diesen Unfall zu Beginn seiner Mannesjahre als Wende in seinem Leben.

Nach dem Unfall arbeitet er nicht mehr als Starkstrommonteur und wird auf Versicherungskosten umgeschult. Er wechselt in den Elektroapparatebau und macht so die ganze Entwicklung der Elektronik vom kastengroßen Röhrenapparat bis zu den heutigen integrierten Schaltkreisen, den Chips, mit. Seinen Plan, das Abendtechnikum zu absolvieren, gibt er auf, als sein erstes Kind zur Welt kommt. Mit 26 Jahren hat er geheiratet. Seine Frau hat vor der Ehe als Hausangestellte bei einem Akademiker gearbeitet. Streng katholisch erzogen, versagt sie ihm in der Verlobungszeit den sexuellen Kontakt. Aus der Ehe sind drei Kinder hervorgegangen; zwei Mädchen und ein Junge, zwei stehen heute in der Berufsausbildung, eine Tochter ist zur Zeit arbeitslos. Alle drei wohnen noch daheim. Mit den Kindern hat er früher immer Hausaufgaben gemacht, was für ihn spannend und lustvoll war. Er konnte dabei viele Dinge, die er selber einmal in der Schule gelernt hatte, repetieren; auch ist neuer Stoff hinzugekommen. Vor allem freute er sich über die guten Schulbücher, die seine Kinder mit nach Hause brachten. Zu ihnen hat er ein gutes Verhältnis — außer wenn sie zu laut diese moderne Musik hören — und hat von ihnen viel bekommen.

Um so mangelhafter und versagender empfindet er die Beziehung zu seiner Frau und beklagt sich viel darüber. Auch hat er schwere Bedenken, wie sich die Beziehung entwickeln wird, wenn er pensioniert sein wird (in 15 Jahren!). Er leidet darunter, daß er in seiner Ehe immer wieder zu kurz komme, sowohl im Sexuellen als auch wegen des mangelnden Interesses seiner Frau an seinen beruflichen und Freizeitbetätigungen. Sie interessiert sich nur für den gemeinsamen Hund, mit dem allein sie zärtlich sein kann, nicht aber dafür, was ihm persönlich wichtig ist. Er bemüht sich um Weiterbildung, besucht Kurse an der Volkshochschule über Rechtsfragen im Alltag (z. B. wie man sich schnell scheiden lassen kann) und über Psychologie. Versuche, seine Frau zum Mitgehen zu motivieren, schlugen fehl. Er fühlt sich dadurch mit seinen Interessen immer wieder abgelehnt, mag auch kaum mehr daheim etwas von sich oder seiner Arbeit erzählen, weil er sich nicht verstanden fühlt. Unter dieser Entfremdung von seiner Frau leidet er und entwertet sie in der Schilderung, indem er sie als dumm, distanzlos und unverständig beschreibt. Zwar informiert er sich über Scheidungsmöglichkeiten, unternimmt jedoch keinen Schritt, um das Gehörte in Tat umzusetzen. Er geht im Gegenteil immer noch jeden Mittag zum Essen heim, obwohl die Kinder zum Mittag gar nicht dort sind. Er ist der Meinung, daß seine Familie nach außen harmonisch wirkt.

Hier zeigt sich eine auffallende Parallele zu seiner Kindheit: Nach außen scheint alles harmonisch und gut, innerlich gibt es jedoch Schwierigkeiten und Konflikte. So wie er bei der Mutter zu kurz kam, so kommt er jetzt bei seiner Frau zu kurz. So wie seine Mutter die Kinder überforderte, so überfordert er jetzt seine Frau mit seiner unstillbaren Sehnsucht nach Beziehung.

Herr B. im Betrieb

In der Firma ist Herr B. Vorarbeiter und seit längerem Mitglied der »Mitarbeiterkommission«. Er hat einige Mechaniker unter sich, die die Aufgabe erfüllen, die Apparaturen, die von unqualifiziertem Personal bedient werden, funktionstüchtig zu erhalten. Das Betriebsklima schildert er als harmonisch. (Wie sollte es auch anders sein!) Um die Harmonie aufrechtzuerhalten, trägt er seinen Teil in seiner Funktion als Chef bei, da er bei Vorstellungsgesprächen mit neuen Arbeitern anwesend ist. Dabei achtet er darauf, seriöse und gut ausgebildete Fachkräfte auszuwählen, die korrekt arbeiten und den Ablauf der Produktion garantieren. Er legt großen Wert darauf, daß in den Arbeitszeugnissen nichts von Streit oder Auseinandersetzung mit dem Chef erwähnt ist, denn solche Leute kommen für ihn nicht in Frage. So bemüht er sich, mögliche Konfliktherde von vornherein auszuschalten. Seine Idealvorstellung vom Umgang mit den Untergebenen ist, die Leute für die Qualität der Produktion zu sensibilisieren, mit ihnen direkt zu reden, wie dies ein von ihm bewunderter Physiker im Betrieb tut. Er verhält sich den Untergebenen gegenüber streng väterlich: Zuerst äußert er seine Kritik ein paarmal freundlich, wenn es »aber dann nicht geht, dann muß man eben strenger vorgehen, und wenn es öfters vorkommt, dann muß der Betreffende eben gehen«. Es ist nicht tragbar, wenn irgend etwas den Betriebsablauf stört. So wie sich B. früher mit der aktiv handelnden Mutter identifizierte (Identifikation mit dem Aggressor), so identifiziert er sich jetzt mit der Firmenideologie.

Außer mit den Untergebenen und mit seinem direkten Chef, mit denen er ein gutes Verhältnis hat, findet er den Kontakt zu den Kollegen im Betrieb nicht recht. Er fühlt sich isoliert, gerät rasch in Konflikte, wenn er sich in ein privates Gespräch einläßt, weil er sich schnell einmal von den ungehobelten Bemerkungen der anderen verletzt und persönlich angegriffen fühlt. Er beklagt sich daher auch, daß sich keiner entschuldigt und sagen kann, so habe er es nicht gemeint.

In die Mitarbeiterkommission ging er nach seiner Aussage nicht wegen einer kritischen Haltung dem Betrieb gegenüber, sondern weil die Protokolle der MK schlecht geführt waren und man sie nicht verstanden hätte, dies wollte er besser machen. Es kostete ihn dann auch ein schönes Stück Arbeit, bis er wirklich verständliche Berichte abfassen konnte. Mit dieser Begründung verleugnet er sein Wissen, spaltet den aggressiven Anteil ab, denn er ist sich der zu kritisierenden Zustände im Betrieb vollumfänglich bewußt. Er schildert dies an einem Fall betreffend Reallohnerhöhung und finanzieller Abgeltung von Schichtzulagen wegen verkürzter Arbeitszeit der »Normalzeit«-Arbeitenden. Schließlich gab der Betrieb nur eine Zulage, obwohl das Ganze so verpackt wurde, wie wenn beides gewährt würde. Die Mitarbeiterkommission sei sowieso über weite Strecken nur ein Papiertiger und ein Quatschgremium. Auch sieht man die Betriebsleitung nur jedes halbe Jahr, wobei es dann höflich zu und her geht, aber im Grunde kann man nicht viel bewirken.

Früher hat er einmal beinahe gekündigt, als es darum ging, den Schichtbetrieb einzuführen. Er war dagegen, weil er dies für eine unmenschliche Arbeitsorganisation hält. (Er selber arbeitet nicht Schicht.) In der Mitarbeiterkommission hat er dann aber doch dafür gestimmt, weil er es sich seiner Familie wegen nicht leisten konnte, gegen den Betrieb anzugehen, und seine Stelle zu verlieren fürchtete. Es kam ihm nicht in den Sinn, sich der Stimme zu enthalten, weil er überzeugt ist, daß, wenn er einen Konflikt heraufbeschwört und in Opposition geht, er alles verliert. Sein intellektuell vorhandenes Klassenbewußtsein[2], sein Wissen um die Mißstände, hat er aus seiner individuellen Über-Ich-Angst vor Strafe und Verlust verraten. Er sieht zwar, wie der Hase läuft, fügt sich aber, identifiziert sich mit der Firmenideologie und rationalisiert seine Entscheidungen.

So wie er im Betrieb Konflikte vermeidet, so vermeidet er diese auch im persönlichen Bereich. Dabei muß er die Konflikte verinnerlichen, sich zurückziehen bis zur Isolation und seine aktiven Handlungsmöglichkeiten verraten. Intellektuell ist er zwar kritikfähig, kann dies aber im konkreten Feld nicht umsetzen. So vertritt er die Ansichten der Linksparteien, kann sich aber nicht entschließen, einer Partei oder Gewerkschaft beizutreten. Was er dadurch um so stärker spürt, ist die Isolation, weil er merkt, daß er als Einzelkämpfer kaum eine Chance hat. Er wünscht sich daher Kontakt mit den Leuten, kann diesen aber nur schwer realisieren. Seinen Wunsch nach Weiterbildung hat er wegen der Familie aufgegeben, diese scheint nun aber auseinanderzufallen. Veränderungsmöglichkeiten überlegt er sich zwar, aber nicht, um sie in Praxis umzusetzen, sie bleiben theoretisch. Obschon er versucht, mit den inneren und äußeren Konflikten umzugehen, vermeidet er sie immer wieder und will die ersehnte Harmonie durch »Beherrschung« wieder herstellen. Im ganzen gesehen befindet sich Herr B., wie er es selber ausdrückt, in einer Lebenskrise.

Unser Setting und eine mögliche Auswirkung

Die Interviews mit Herrn B. regten mich an, mir Gedanken über unsere Interviewtechnik zu machen, gerade weil B. so emotional beteiligt war und sich in diesem Fall der Widerspruch zwischen unserem wissenschaftlichen Vorgehen und unserem Wunschdenken darstellt. Ich denke, daß gerade deswegen hier so außergewöhnlich viele Fehlleistungen aufgetreten sind. Ich möchte an dieser Stelle die Problematik lediglich anhand des Interviewbeginns darstellen: Die Interviewer waren von B. auffallend begeistert. »Endlich erscheint der so lang ersehnte klassenbewußte Arbeiter«, der die Umwelt kritisch betrachtet und Widerstandsmöglichkeiten aufzeigt! Wir wußten ja im voraus, daß an dieser Firma kaum gewerkschaftlich organisierte Arbeiter beschäftigt sind.[3]

Nun erfüllt Herr B. aber trotzdem zumindest tendenziell unsere Idealvorstellungen. Desto mehr erstaunt die Interpretation des Interviewbeginns durch die Gruppe: Seine vielen Fragen, seine aktive Haltung seien als kontraphobische Abwehr oder als Kampfansage zu verstehen. Das mag zwar auch zutreffen, aber gleichzeitig zeigt diese Eingangspassage doch, wie er mit dieser ungewohnten Situation konfrontativ umgeht, sich nicht unterwirft, sondern sein Widerstandspotential aktiviert. Diese von unserem idealisierten Probanden dargestellten Widerstandsmöglichkeiten beunruhigen m. E. die Interviewer, und er wird darum beschwichtigt. Könnte es nicht sein, daß sie heimlich befürchten, ein Arbeiter, der auch uns gegenüber kritisch eingestellt ist, könnte die Untersuchung gefährden? In der Interviewsituation vermeiden auch die Interviewer Konflikte, die dann später erst im Gruppengespräch ausgetragen werden. Bei Herrn B. haben wir gesehen, wie sehr er offene Konfrontationen vermeidet; um so erstaunlicher ist des doch, daß er den Beginn des Interviews so aktiv und konfrontativ in die Hand nimmt.

Die Fehlleistungen im Gespräch beziehen sich teilweise auf Zeitfragen wie folgende: Herr B. verlängerte seine Rekrutenschule von 17 Wochen auf 17 Jahre; oder S. Dietrich, der die Abmachung zur zweiten Sitzung so formulierte: »So kam die 8-Uhr-Stunde morgens zu Rande — zustande —, wobei er lieber erst um halb neun gekommen wäre. Ich habe ihm dann gesagt, ich hätte nachher eine Stunde und es ginge *nicht früher*.« Andere Fehlleistungen beziehen sich auf die Identität von Personen: S. Dietrich, der ihn ins dritte Interview zur Frau der Psychoanalytikergruppe schicken wollte, oder Herr B., der die Namen der Interviewer vergaß und durch andere ersetzte.

In einem Feld, in dem Fehlleistungen auftreten, muß m. E. ein grundlegender Konflikt vorhanden sein. Die individuellen Konflikte von Herrn B. haben wir bereits angesprochen. Aber warum begehen auch die Interviewer Fehlleistungen? Ich kann es nicht nur aus der Identifizierung mit dem Probanden heraus erklären, so daß ich beim »Setting«, der Rahmenbedingung der Untersuchung, weitersuchte.

Wie früher beschrieben[4], entschlossen wir uns, für unsere Forschung einer quasi ethnologischen Inlandsstudie das psychoanalytische Erstinterview als Erhebungsinstrument zu benutzen, womit wir für die Kontakte mit den Arbeitern von vornherein einen äußerst begrenzten zeitlichen Rahmen von drei Sitzungen à 50 Minuten setzten. Dagegen wird etwa in Schriften über ethno-psychoanalytische Forschungen immer von der Parallele zur analytischen Langzeitbeziehung gesprochen.[5] Wir hingegen standen bei unseren Interviews unter Zeitdruck, weil wir alle uns wichtigen Informationen in dieser kurzen Zeitspanne bekommen wollten. Ich vermute, daß dieser Zeitdruck bei den Beschwichtigungen mit eine Rolle spielte.

Ferner benutzen wir normalerweise das psychoanalytische Erstinterview zur Diagnosestellung, die in einen Behandlungsvorschlag einmündet.[6] Selbstverständlich brauchen wir dazu auch gewisse Informationen, die m. E. aber in wenigen Sitzungen zu erhalten sind, und wenn das nicht genügt, können wir die Sitzungszahl beliebig erweitern. Wir mußten uns bei allen Arbeitern aber auf drei Sitzungen beschränken. Zudem wollten wir in unserer Untersuchung einiges mehr in Erfahrung bringen als in einem diagnostischen Erstinterview, in dem uns einige lebensgeschichtliche Daten sowie die Konflikt- und Übertragungsneigungen genügen. Wir möchten darüber hinaus noch zusätzlich über die konkrete Arbeit und das Produktionsverhältnis informiert werden, von denen wir trotz der Besichtigung der Firma keine genügende Vorstellung hatten. R. Heim formuliert es so: »Mir ist dann aufgefallen, daß ich wirklich immer dann, wenn mir die Arbeiter über ihre Tätigkeit erzählen, über die technischen Details, daß ich wahrscheinlich eine Art Blackout habe.« Wir hätten eine weitaus längere Beziehung gebraucht, um die konkrete Arbeit sowie deren subjektiven Stellenwert in der Interviewsituation selbst verstehen zu können. Wir mußten unsere Neugier einengen und dem zeitlich begrenzten Rahmen anpassen, wodurch Enttäuschungen schon vorprogrammiert waren.

S. Dietrich wirft im Gruppengespräch die Frage nach dem Hintergrund des Defizits auf, das wir bei diesen Leuten produzierten, ob wir sie nicht — auch im Interesse der Untersuchung — in periodischen Abständen irgendwie orientieren müßten und sagen: »Der Kontakt ist da.« Er spricht damit direkt die Problematik einer zeitlich derart begrenzten Beziehung sowohl für uns Interviewer als auch für die Probanden an. Herr B. klagt ja wiederholt, wie schnell doch diese Stunden vorbeigehen und er kaum etwas erzählt hat. Die zeitlich eng begrenzte Beziehung mit den Probanden, hervorgerufen durch die Untersuchungsmethode, stellt einerseits einen Konfliktpunkt dar, durch den Fehlleistungen als Ausdruck von Widerstand und Enttäuschungen auftauchen. Andererseits spiegelt sie sowohl das soziale Klima dieser Firma als auch die zeitbedingten sozialen und gesellschaftlichen Beziehungsverhältnisse.[7]

In einem diagnostischen Erstinterview ist der Leidensdruck des Patienten der Antrieb, den Fachmann aufzusuchen, um von ihm Rat und Hilfe zu erhalten. Anders in unserer Untersuchung: Wir gehen in die Firma zu den Arbeitern und motivieren sie, mit uns zu reden, uns über ihr privates und berufliches Leben zu informieren. Bei uns ist Neugier der Motor. Wir bieten ihnen eine Beziehung an, die dann aber nach kurzer Dauer — für die meisten zu schnell und damit enttäuschend — wieder abgebrochen wird. Ich vermute, daß einerseits unsere Neugier Herrn B. veranlaßte, zu uns zu kommen. Andererseits aber suchte er in seiner Krise und seinen Problemen auch Hilfe bei uns, die ihm mehr hätte geben sollen als die Psychologiekurse an der Volkshochschule. Er fühlte sich während der Sitzungen wohl und veranlaßt einen Interviewer zur Bemerkung: »Er hat gefühlt, wie Sender und Empfänger übereinstimmen, das hat er zu Hause nicht mit seiner Frau«, klagt aber über den Zeitmangel und findet, die Interviewer seien »sehr zurückhaltend und sagen wenig«. Er hatte sich die Zeit, die ihm zur Verfügung stehen würde, weitaus länger vorgestellt und fühlte sich daher zu kurz gekommen. Sein Wunsch nach Hilfe zeigt sich auch darin, daß er die Stunden von Mal zu Mal verarbeitet, so daß S. Dietrich bemerkte, die Gespräche mit B. seien ihm wie eine Therapie vorgekommen.

Nochmals: Herr B. kommt unbewußt wegen eines Leidensdrucks zum »Therapeuten«, weiß aber bewußt, daß er an einer Untersuchung teilnimmt. Der Interviewer macht bewußt eine sozialwissenschaftliche Untersuchung und muß sich gegen den vorbewußten Wunsch, Therapeut zu sein, wehren. Dieses Spannungsfeld zwischen zeitlich begrenztem Erstinterview und länger dauernder Therapie, zwischen wissenschaftlicher Neugier und Leidensdruck, zwischen Widerstand und Beschwichtigung, zwischen Realität und Wunsch, bildet einen Nährboden für die auffallend vielen Fehlleistungen und Versprecher aller Beteiligten.

Auch bezüglich des Zeitproblems finden wir in der Geschichte von Herrn B. aufschlußreiches Material. Es handelt sich dabei um die Geschichte mit der Brotration. Sie überforderte den Knaben in seinem Zeitbegriff, da dieser im Alter von vier bis fünf Jahren noch nicht völlig ausgeprägt und internalisiert ist, vor allem nicht dann, wenn es sich um die tägliche Nahrung und den Hunger handelt. Sein (Beziehungs-)Hunger wurde damals nicht gestillt, ebensowenig wie gegenwärtig in Familie und Arbeit. Sein Beziehungsangebot an die Interviewer wird wiederum durch zeitliche Faktoren eingeengt. Der Interviewer identifiziert sich in seinen Fehlleistungen mit diesen Schwierigkeiten des Probanden. Vielleicht bedauert auch er, daß die Zeit real so knapp begrenzt ist, was in ihm Schuldgefühle hervorruft.

Die Folgen der zeitlichen Begrenzung waren uns nicht bewußt. Wir haben zwar diese Begrenzung selbst festgelegt, trotzdem sind uns die unbewußten psychodynamischen Aspekte dieser Begrenzung erst hier aufgegangen. Auf dem Hintergrund der individuellen Problematik von Herrn B. und seinem Beziehungsangebot wurde uns dieser Zusammenhang erst bewußt. B.s Widerstandsmöglichkeiten — nicht nur im intellektuellen Bereich — führen ihn dazu, zu Beginn des Interviews die Antithese zum Interviewer zu setzen, indem er sich ihm schon in der räumlichen Anordnung gegenüber setzt, aber auch durch neugierige Fragen seine Situation zu klären versucht. Er möchte die Identitäten klären und den Raum strukturieren, in dem sich das Ganze abspielen soll, wobei ihm die zeitliche Strukturierung nicht gelungen ist. Trotzdem meine ich, daß Herr B. mit seinem Persönlichkeitsprofil und seinen Fähigkeiten zum Supervisor der Untersucher wurde, indem er diese Überlegungen zur Zeitfrage der Interviews und des Settings anregte.

Anmerkungen

1 Rekrutenschule: obligatorischer Wehrdienst, Grundausbildung von 17 Wochen Dauer, meist mit 19 Jahren.
2 Siehe S. Dietrich: Einleitung.
3 Siehe Vorgespräch mit W. in S. Dietrich: Geschichte des Projekts.
4 Siehe S. Dietrich: Geschichte des Projekts/Methode.
5 Z. B. M. Nadig, Die verborgene Kultur der Frau, Fischer TB, Frankfurt a. M., Juli 1986.
6 Vgl. hierzu etwa H. Argelander, Das Erstinterview in der Psychotherapie, Darmstadt 1970.
7 Vgl. E. Codignola, der dies in bezug auf das psychoanalytische Setting ganz allgemein ausführt: Das Wahre und das Falsche, Frankfurt a. M. 1986. Und Ulrich Beck: Risikogesellschaft, Frankfurt a. M. 1987.

Emilio Modena
Giovanni, alias Pierino*, 25 Jahre:
Der Unterhalt*ungs*mechaniker

Als wir uns zur Besprechung des endgültig letzten Interviews im Rahmen unseres Mikroelektronikprojektes Mitte März 1987 zusammensetzten, lagen »besondere Umstände« vor. Giovanni hatte es uns nicht leicht gemacht, hatte uns immer wieder hingehalten und war zu guter Letzt zum dritten Interview, das er mit S. Dietrich vereinbart hatte, nicht erschienen. So fehlt uns bei ihm (als einzigem von 15 Interviews) der objektivierende Bericht des Zweitinterviewers. Und außerdem fehlte K. Petersen an der Sitzung, die infolge der großen unvorhergesehenen Verzögerung in ihre Ferienzeit gefallen war. Und außerdem hatte unser zweiter Verbindungsmann in der Firma, der Präsident der Mitarbeiterkommission, die Stelle gekündigt, was bedeutete, daß wir ohne weitere größere Verzögerungen keine neuen Freiwilligen für die Untersuchung hätten bekommen können. Schließlich waren wir alle enttäuscht und verärgert von der kurz zuvor eingetroffenen Doppelabsage unserer Finanzierungsgesuche für das »Projekt Arbeiterbewußtsein« an den Schweizerischen Nationalfonds bzw. an das Hamburger Institut für Sozialforschung — beide Absagebriefe tragen das Datum des 25. Februars. Diese letztere Information steht übrigens nicht im Text des Sitzungsprotokolls, ich habe sie hier ergänzt, weil sie meiner Meinung nach ein Schlaglicht auf die Übertragungsgefühle (als Anteil der Gegenübertragung) der Forschergruppe wirft: Wir wollten die Interviewphase des Projektes nach dieser Entwicklung auf jeden Fall so schnell wie möglich abschließen. Wie die Auswertung des umfangreichen Materials geschehen sollte, stand noch in den Sternen geschrieben ...

* Pierino entspricht im Italienischen der schweizerischen Witzfigur des »Hänschen«, eines Knaben in der Spätlatenz.

Doch schauen wir uns den Text etwas genauer an:

S. Dietrich: *Ich hab ihn, ich hab ihn angerufen, und dann war er sehr freundlich, hat einen Termin abgemacht, und dann ist er nicht gekommen, dann hab ich ihn wieder angerufen, und dann ähh hat er gesagt, es ginge ihm jetzt nicht, und dann hab ich dann nochmals angerufen, und dann hat er gesagt, jaaa, schauen Sie, das beste ist doch, ich ruf Sie an, wenn ich Zeit habe, und dann, daraufhin haben wir…*

E. Modena: *Dann hast Du's mir mitgeteilt.*

S. D.:   *Jaja. Und dann haben wir gewechselt.*

E. M.:   *Und dann hab ich Dir gesagt, ja dä Cheib, oder, den erwisch ich schon, oder, er ist ein Italiener, und ähh, ich werd jetzt einfach meine Autorität in die Waagschale ähh werfen. Und ähh dann haben wir gewechselt, ja haben wir abgemacht, daß ich das Erstinterview und du das Zweitinterview machen würdest. Und dann (lacht) ist es so wie ein, dann hab ich mir genau überlegt, ich wußte von dir, wie er Schicht arbeitet, da hab ich mir genau überlegt, in welchem Moment ich ihn anrufen muß, ich hab ihn zu Hause angerufen, und zwar als er Frühschicht hatte, und dann hab ich gerechnet, er kommt nach Hause, vielleicht muß er sich ausruhen oder so, und also dann wird er nachtessen, irgendwann einmal, und so um sechs hab ich angerufen, nicht, hab ihn voll erwischt (lacht), und ähh er war ein bißchen überrascht, nicht, und ich hab italienisch mit ihm gesprochen und gesagt, also eben, er wisse ja, wir wollen mit ihm diese Gespräche abhalten…*

Es fällt auf, daß Giovanni am Telefon freundlich antwortet und einen Termin vereinbart, dann aber nicht erscheint. Dabei ist die Teilnahme an der Untersuchung völlig freiwillig — eine höfliche Absage hätte genügt. Aber nein, er induziert in uns eine freudige Erwartung, die er dann prompt frustriert. Damit erst fordert er unseren Stolz heraus. Während S. D. — der Schweizer — nach dem dritten erfolglosen Versuch geneigt wäre, die Sache auf sich beruhen zu lassen, nimmt E. M. — der Italiener — den Kampf mit dem Landsmann jetzt erst recht auf. Er spielt gleich zwei Trümpfe aus: Seine Autorität als Projektleiter und seine Italianità. Auf italienisch macht er Giovanni klar, daß es jetzt ernst gilt. Natürlich könnte sich dieser theoretisch immer noch zurückziehen, aber dazu hat er sich schon zu tief ins Kampfspiel eingelassen. Er hat neugierig den Köder »psychologische Untersuchung im Betrieb« geschluckt, nun sitzt er am Übertragungshaken fest. E. M. kann seinen Kollegen triumphierend berichten: »Ich habe ihn voll erwischt« — aber damit hat er den Fisch noch lange nicht an Land gezogen.

Vergeblich wartet er am vereinbarten Termin auf Giovanni! Als er seinen Ärger hinuntergeschluckt hat und den Probanden zwei Tage später am Telefon zur Rede stellt, muß er verblüfft erfahren, daß dieser doch da war. Die genaue Beschreibung der Örtlichkeit, die Giovanni sonst nicht kennen könnte, läßt keinen Zweifel daran offen, daß er wirklich im Haus war: Er hat nach seiner Schilderung im Parterre geläutet (bei E. M. privat), ist dann in den ersten Stock nachschauen gegangen (wo sich das Wartezimmer der Praxisgruppe der Stiftung befindet) und war sogar im zweiten Stock in einer anderen psychoanalytischen Praxisgemeinschaft. In der Tat hatte E. M. vergessen, ihm am Telefon zu sagen, er solle in den ersten Stock kommen, wo sich außer dem Warte- auch das Sitzungszimmer der Stiftung links vom Treppenhaus befindet (wo die Interviews des Projektes in der Regel stattfinden). E. M. hatte dies aber kurz vor dem vereinbarten Termin bemerkt und hatte deswegen unmittelbar vor der Stunde an der Türe im Parterre einen großen Zettel für Giovanni angebracht. Da dieser laut seinen Angaben den Zettel nicht gesehen hatte, muß angenommen werden, daß er einige Minuten zu früh an der Türe im Parterre klingelte, während der Interviewer oben wartete, dann — als dieser den Zettel im ersten Stock rechts vom Treppenhaus im Sekretariat schrieb — kurz die Nase ins Wartezimmer im ersten Stock links hineinsteckte, um — während der Interviewer den Zettel unten anbrachte — noch kurz den zweiten Stock zu besichtigen, und schließlich — als E. M. wieder im ersten Stock wartete — durchs Treppenhaus entwischte . . . »Scheißkerl«, ruft E. M. ärgerlich im Gruppengespräch aus, als er die weiteren Details erfährt, wie Giovanni auch noch S. D. beim vorgesehenen dritten Interview hat sitzenlassen, wobei sich dem Ärger allerdings auch ein Anflug von Bewunderung beigesellt für die Virtuosität des Giovanni bei der Herstellung und sogleich nachfolgenden Vermeidung von Konfrontationen mit Autoritätspersonen.

Soviel ist sicher: Es handelt sich bei dieser Szene um ein hochbesetztes triebhaftes Geschehen, welches mit viel Angst verbunden, im Sinne eines Wiederholungszwanges, automatisch abläuft — und noch etwas: Es ist kein Hahnenkampf, was da gezeigt wird, kein Kampf zweier Gleichgestellter, zweier mehr oder weniger gleich starker Gegner also, viel eher ein Katz- und Maus-Spiel, wie man es aus Comicstrips kennt, wo die Maus schließlich ungeschoren davonkommt. S. D. präzisiert: »Ich hab ihn also nicht nur dreimal angerufen, sondern ich hatte enorme Mühe, ihn überhaupt zu bekommen im Geschäft. Entweder war er, hieß es, er hat nicht, er hat Frühschicht oder Spätschicht, und ich war dann jeweils am falschen Ort, und einmal war er überhaupt nicht auffindbar im Betrieb, obwohl er dort hätte sein müssen . . .« — der Eindruck eines Versteckspiels verdichtet sich.

Diese individualpsychologische Betrachtung bedarf allerdings einer entscheidenden Ergänzung: Giovanni ist nicht der erste, der uns Schwierigkeiten macht — in der ganzen Gruppe der in der Firma beschäftigten angelernten Produktionsarbeiter gibt es einen starken Widerstand dagegen, in die psychologische Untersuchung einbezogen zu werden (von signifikanten Ausnahmen abgesehen). Ich habe das an anderer Stelle ausführlich beschrieben[1]. In diesem Sinne können wir Giovanni als »emergente« (E. Pichón Rivière[2]), als Symptomträger der Gruppe betrachten, bei dem sich auf Grund seiner ganz besonderen Charakterstruktur der Widerstand der ganzen Gruppe nur besonders deutlich artikuliert. Dieser Widerstand der in der Firma sogenannten »Operators« (übrigens mehrheitlich Fremdarbeiter) steht andererseits in einem auffallenden Gegensatz zur kooperationswilligen Haltung der vor ihnen von uns untersuchten Gruppe von kleinen Kaderleuten. Das unterschiedliche Verhalten gegenüber den Psychologen entspricht genau der verschiedenen Stellung im Betrieb, wo die einen über relativ sichere Arbeitsplätze verfügen, gewissermaßen zur »Kernfamilie« gehören, die anderen aber lediglich eine Manövriermasse auf Zeit für das Kapital darstellen und letztlich von der Rationalisierungslogik der 3. industriellen Revolution zum Verschwinden verurteilt sind.

Giovanni sieht das völlig klar und erzählt mir mit offensichtlicher Sachkenntnis, wie die Firma daran ist, Produktionsroboter anzuschaffen, die zwar enorm teuer sind, aber nach einiger Zeit besser rentieren als die heutigen, bereits stark automatisierten Maschinen. Sobald diese eingerichtet sind, braucht es »keinen Arbeiter mehr, es braucht nur noch einen Mechaniker. Die Mechaniker werden dann die Arbeiter sein«, präziser: Nur Elektromechaniker werden noch eine Chance haben. Damit widerlegt Giovanni gewissermaßen en passant den von André Gorz[3] vorausgesagten »Abschied vom Proletariat« in der modernen Großtechnologie. Der Satz »Die Mechaniker werden die neuen Arbeiter sein« kann doch nur heißen, daß es bei fortschreitender Automation zwar zu wichtigen Umschichtungen innerhalb der Klasse kommen wird, das Proletariat allerdings unter der Herrschaft des Kapitals nicht verschwinden kann, weil es von diesem stets aufs neue reproduziert wird.

Giovanni persönlich will allerdings nicht warten, bis die neuen Roboter eingeführt sein werden. Nach fünfjähriger Betriebszugehörigkeit will er in zirka einem halben Jahr den Dienst quittieren, weil er nicht gewillt ist, den bevorstehenden Vier-Schichten-Betrieb auch noch mitzumachen. Er bereitet sich zur Zeit auf den Eintritt in eine Schule vor, wo er sich zum technischen Kaufmann auszubilden hofft. Ferner will er bald heiraten, bei einer Bank arbeiten gehen und dann möglichst nach Italien zurückkehren. Er liebt das Klima hier nicht, vermißt die schöne, lichte Weiter der Toskana (wo er einige Zeit bei der älteren Schwester lebte, übrigens sein einziges Geschwister) und fühlt sich von den Schweizern permanent eingeengt, eingeschränkt, wir würden im Jargon sagen »kastriert«.

Nach diesem Exkurs in die Sozio-Logik des Materials möchte ich zur Psycho-Logik und zum Erstinterview zurückkommen. Dieses hat tatsächlich am 25. Februar stattgefunden. Giovanni — ein »mittelgroßer, pfiffiger, typischer Italiener« war einige Zeit zu früh da, saß völlig normal im Wartezimmer, grüßte freundlich und kam bereitwillig ins Sprechzimmer (das Sitzungszimmer der Stiftung), wo er den Platz nächst der Türe wählte. Ich saß ihm auf der anderen Seite des Tisches vis-à-vis. Das rundliche Gesicht verzog er etwas zu häufig zu einem lustigen Grinsen, was ihm offenbar über seine Unsicherheit hinweghalf. Und er sprach mit einer rasenden Geschwindigkeit, so daß ich etwelche Mühe hatte, ihm zu folgen und Notizen zu machen. Ich war merkwürdigerweise überhaupt nicht mehr wütend auf ihn, sondern hatte umgekehrt einen guten affektiven Rapport; da mir Giovanni eine Menge interessante, ja fesselnde Dinge aus der Arbeitswelt der Firma, aber auch aus seinem persönlichen Leben erzählte, empfand ich mit der Zeit sogar so etwas wie einen väterlichen Stolz auf die guten Leistungen »meines« Sprößlings (ich hatte ihn ja schließlich soweit gebracht ...).

Dabei nahm ich durchaus auch die fast unmerkliche Fluchttendenz wahr, was sich alles bei mir in die Fantasie von Pierino verdichtete, dem pfiffigen, vorpubertären »kleinen Hans«, dem Protagonisten so manch lustigen Witzes. Als ich ihn nach seiner genauen Stellung im Betrieb fragte, antwortete er durchaus ernst und, wie es unter Italienern in der Schweiz bei technischen Ausdrücken üblich ist, auf Deutsch »Unterhalt*ungs*mechaniker«, eine Fehlleistung, die mir erst beim Erzählen vor der Gruppe aufgefallen ist (es sollte ja Unterhaltsmechaniker heißen); präzis fügt er hinzu, sie seien die »Handlanger der Technologie«.

Nach einem durch meine weitere Frage, wie er dazu gekommen sei, provozierten Exkurs über seinen Werdegang und seine Familie (den ich hier überspringe) kommt er wieder auf die Arbeit zu sprechen und verrät mir, um welche Art »Unterhaltung« es sich dabei handelt. Er erzählt von der Faszination, welche die computergesteuerte Maschine auf ihn ausübt, wie er sich da in das Steuerungssystem hineinversetzen könne und damit zu spielen verstehe. Er sei »wahnsinnig daran interessiert und neugierig zu sehen, wie der Computer reagiert«. Einmal habe es der Chef bemerkt und ihn ins Büro zitiert, um es ihm zu verbieten. »Aber man konnte es (mir) nicht verbieten«, er habe Systeme herausgefunden, die seine Chefs einfach nicht verstünden, und wenn die Maschine einmal nicht richtig funktioniere, »dann wissen die nicht warum, das wisse nur er, (Giovanni)«. Und kurze Zeit später fügt er hinzu, er mache das zum einen aus Auflehnung gegen den Chef, zum anderen aber aus Trotz gegen den Computer. Er könne es nicht akzeptieren, daß er, Giovanni, weniger wert sein soll als der Computer. Es sei für ihn eine »sfida«, das heißt auf deutsch eine Herausforderung — ich verstehe: »Ein Kampf auf Leben und Tod ... Er selber wolle sich nicht zum Roboter degradieren lassen, und er finde immer wieder irgendwelche Lücken im System, und er spiele damit.«

Mit dem ungeliebten, aber respektierten Abteilungschef sei so etwas wie »ein stillschweigender Pakt« abgeschlossen worden. Der wisse es, daß er spiele und lasse ihn machen. Aber dafür hole er ihn, Giovanni, wenn irgendein besonderes Problem vorliege, das die anderen Unterhaltsmechaniker nicht lösen könnten. Natürlich habe ich mich gefragt, und die ganze Gruppe hat sich in der auf die Falldarstellung folgenden Diskussion gefragt, was es mit diesem »Spiel auf Leben und Tod« für eine Bewandtnis hat. Was ist daran Realität, was Fantasie? Zunächst versucht die Gruppe, die reale Qualität der nächtlichen Spiele des Giovanni besser zu verstehen (er spielt vor allem während der Nachtschicht, da man am Tage besser beaufsichtigt ist). Wir einigen uns darauf, daß es sich nicht um eigentliche Computerspiele, sondern nur um »Spiele auf einem tieferen Niveau« handeln kann, worauf H. Bader einen ersten — ödipalen — Deutungsversuch lanciert: »Er hat offensichtlich in der Nacht, wenn er unbeaufsichtigt ist, einen Hang zur Mutter (lachend).«. Das löst die Frage nach der Phallizität des Mannes aus, die uns sehr demonstrativ und angstbesetzt vorkommt, wir vermerken einen paranoiden Zug Giovannis, seine Hyperaktivität sowie einen Hang zur Grandiosität, was alles den Verdacht auf Pseudo-Phallizität verdichtet und zu H.B.s zweitem Deutungsschritt führt: »Gleichzeitig sagt er ja, daß er sich Nacht für Nacht praktisch dagegen wehrt, von der Maschinerie vergewaltigt zu werden und nur noch idiotische Arbeit ausführen zu müssen.«. E.M. formuliert daraufhin den gefundenen Konsens der Gruppe: »Also er ist zweimal der Kleine, der gegen den Großen kämpfen muß, nicht ...«

Anmerkungen

1 Als Zaungäste in der Mikroelektronik, Vortrag vor dem Arbeitskreis für Politische Psychologie, Frankfurt 1987 (zur Publikation vorgesehen in Texte, Innsbruck).
2 A.J. Bauleo expliziert das Konzept der »Emergenz« von Pichón Rivière in seinem Buch Ideologia, gruppo e famiglia — constroistituzione e gruppi, Mailand 1978, S. 41 ff. Deutsch: Ideologie, Familie und Gruppe. Zur Theorie und Praxis der operativen Gruppentechnik, Hamburg, 1988.
3 Gorz A., Abschied vom Proletariat?, Reinbek 1983.

Zu den Autoren

Heinrich Bader, Jahrgang 1948, war EDV-Analytiker mit anschließender Ausbildung zum Sozialpädagogen. Er arbeitet mit Drogenabhängigen und ist in psychoanalytischer Ausbildung.

Wolfgang Bonß, Jahrgang 1952, ist Wissenschaftlicher Angestellter am Hamburger Institut für Sozialforschung mit den Arbeitsschwerpunkten Wissenschaftsforschung, Politische Soziologie sowie Arbeits- und Sozialpolitik. Veröffentlichungen (u. a.): Die Einübung des Tatsachenblicks (1982), Sozialforschung als Kritik (hg. mit A. Honneth, 1982) und Entzauberte Wissenschaft (hg. mit H. Hartmann, 1985).

Karola Brede, Mitarbeiterin der Abteilung für Sozialpsychologie des Sigmund-Freud-Instituts und Privatdozentin an der Johann-Wolfgang-Goethe-Universität Frankfurt am Main. Zahlreiche Veröffentlichungen zum Verhältnis von Soziologie und Psychoanalyse; zuletzt: Individuum und Arbeit. Ebenen ihrer Vergesellschaftung (1986).

Stefan Dietrich, Jahrgang 1943, studierte Germanistik und neuere Geschichte in Zürich, wo er mit einer Dissertation über Ödön von Horvárth promovierte. Neben seiner Tätigkeit als Gymnasiallehrer war er in psychoanalytischer Ausbildung; Mitarbeiter der »Stiftung für Psychotherapie und Psychoanalyse« und des Psychoanalytischen Seminars Zürich.

Robert Heim, Jahrgang 1952, lebt und arbeitet als Psychoanalytiker in Zürich und ist Lehrbeauftragter am Psychologischen Institut der Universität Hannover. Veröffentlichungen zu Fragestellungen der Psychoanalyse und der Philosophie

(u. a.): Semiologie und historischer Materialismus (1983); Aufsätze in PSYCHE. Die Veröffentlichung einer Studie zur handlungstheoretischen Grundlegung psychoanalytischer Hermeneutik steht in Vorbereitung.

Alfred Krovoza, kommisarischer Leiter der Abteilung für Sozialpsychologie des Sigmund-Freud-Instituts in Frankfurt und außerplanmäßiger Professor am Psychologischen Institut der Universität Hannover. Arbeitsbereiche: Theorie der Sozialgeschichte und Sozialisation, psychoanalytische Sozialpsychologie und politische Psychologie, psychoanalytische Kulturtheorie und interkultureller Vergleich, Wissenschaftsgeschichte der Psychoanalyse.

Thomas Leithäuser, Jahrgang 1939, ist Professor für Entwicklungspsychologie am Studiengang Psychologie der Universität Bremen; zahlreiche Veröffentlichungen in den Arbeitsgebieten von Psychologie und Sozialwissenschaft.

Emilio Modena, Jahrgang 1941, stammt aus Italien und lebt seit 1950 in der Schweiz. Nach dem Medizinstudium mehrjährige Tätigkeit als praktischer Arzt und psychoanalytische Ausbildung am Psychoanalytischen Seminar Zürich. Er ist Mitbegründer des Freien Seminars in Zürich und der »Stiftung für Psychotherapie und Psychoanalyse«.

Klaus Ottomeyer, Jahrgang 1949, studierte Psychologie, Ethnologie, Soziologie und war Assistenzprofessor am Psychologischen Institut der Freien Universität Berlin. Seit 1983 ist er Ordinarius für Sozialpsychologie an der Universität Klagenfurt. Praktisch-psychologische Tätigkeit mit der Methode des Psychodramas und zahlreiche Veröffentlichungen.

Katharina Petersen, Jahrgang 1943, Studium der Musik in Düsseldorf, Hannover, Bloomington/USA und der Psychologie in Zürich. Psychoanalytische Ausbildung am Psychoanalytischen Seminar Zürich. Seit 1979 psychoanalytische Praxis, seit 1983 in der »Stiftung für Psychotherapie und

Psychoanalyse«. Lehrtätigkeiten am Institut für angewandte Psychologie und am Psychoanalytischen Seminar Zürich.

Christian Schneider, Wissenschaftlicher Mitarbeiter am Sigmund-Freud-Institut in Frankfurt; Arbeitsbereiche: Geschichte der Psychoanalyse/Methodische Probleme der Psychoanalyse, insbesonndere bei ihrer Anwendung auf soziale Sachverhalte, Kulturanalyse, Ästhetische Theorie.

athenäum⁵ taschenbücher

athenäum
Savignystr. 53
6000 Frankfurt a.M. 1